儀礼の力

中世宗教の実践世界

ルチア・ドルチェ＋松本郁代✣編

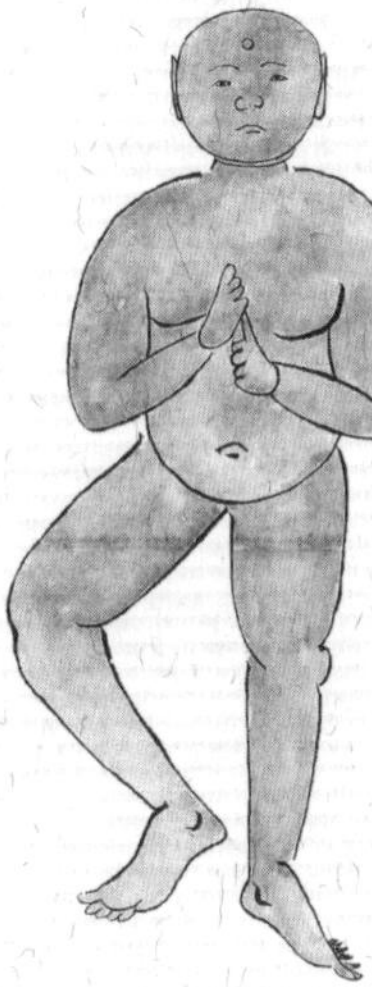

法藏館

刊行のことば

本書は二〇〇六年九月十四・十五両日、立命館大学アート・リサーチセンターにおいて開催されたシンポジウム「儀礼の力——学際的視座から見た中世宗教の実践世界」をもとに編まれたものである。

立命館大学においては、二〇〇二年、人文系と情報系の研究を融合させたプロジェクト「京都アート・エンタテインメント創成研究」（拠点リーダー：川嶋將生）が、文部科学省による二十一世紀ＣＯＥプログラムに採択され、以後、五年間にわたる研究活動が開始された。本プロジェクトのもとには、およそ三十ものサブ・プロジェクトが参加して、さまざまな角度から「京都アート」へのアプローチが試みられたが、「真言密教を中心とした聖教世界の研究」も、そうしたサブ・プロジェクトの一つであった。

このサブ・プロジェクトの責任者は川嶋であったが、本書の編者の一人でもある、当時ポスト・ドクトラルフェローであった松本郁代氏（現・横浜市立大学准教授）がプロジェクト活動の中心的な役割を担い、展覧会の開催、それにともなう図録の発行その他、大車輪の活躍をみせてくれた。そして、本サブ・プロジェクトの活動を総括する意味で開催されたのが、「儀礼の力」だったのである。

幸いその時期、ロンドン大学ＳＯＡＳ日本宗教センター・センター長のルチア・ドルチェ氏が日本学術振興会の外国人特別研究員として半年間アート・リサーチセンターに滞在しており、その間、松本・ドルチェ両氏に、時には川嶋も加わって、日本の宗教についての議論がたたかわされ、その議論の帰結としてシンポジウム「儀礼の力」のテーマも決定されていった。本シンポジウムが立命館大学二十一世紀ＣＯＥプロジェクト「京都アート・エンタテインメント創成研究」とロンドン大学ＳＯＡＳ日本宗教センターとの共催となったゆえんである。この議論をうけて松本・ドルチェ両氏は、シンポジウムのコーディネーターとして、報告者やディスカッサント、さらにはチェアの決定・交渉などすべてを行い、シンポジウム当日を迎えた。

正直私は、果たしてこのシンポジウムに、どれほどの方々が関心をもち参加してくれるのか、不安であった。しかしその不安は、シンポジウム当日、まったくの杞憂となった。私の不安を見事に打ち消す、二日間延べ二百名にもおよぶ多くの方々の参加をえたのである。事前に用意したレジメの部数では足りず、事務局が対応に追われる事態となった。これは、コーディネーターとして開催にこぎつけるまで努力された二人の先生、それと研究報告・ディスカッサント・チェアとして参加していただいた諸先生方のお力によるものであることはもちろんであろう。

またシンポジウムには、多くの外国人研究者の方々も参加された。これは日本の宗教が、外国の日本研究者にとっても大きな関心を寄せる素材であることを示すとともに、研究対象が日本の宗教であったとしても、そのテーマは、世界的な普遍性をもちうるのだ、ということを示すことにもなった。その意味においても、本シンポジウムの開催は大きな意義をもつものであったと考えている。

ただ本書は、シンポジウム「儀礼の力」を基礎とはしているけれども、執筆していただいた内容は、必ずしもシンポジウムの報告内容そのままではない。報告時とは大きく内容を変えられたり、なかには、新稿を起こしていただいたものもある。その意味で松本、ドルチェ両氏は、本書を成すにあたって、シンポジウムのコーディネーターとはまた異なる、新たな作業をしていただくことになった。両氏の力なくしてはシンポジウムの開催も、まして本書を世に送り出すこともなかったろう。本書は「京都アート・エンタテインメント創成研究」の研究成果の一つではあるが、両氏が編者となったゆえんである。

本書成立の経過は以上である。原稿をお寄せいただいた諸先生方をはじめ、お一人〱のお名前を記すことはできないが、シンポジウムおよび本書が出版されるまでお力添えをいただいた数多くの方々に、この場を借りて篤く御礼を申し上げ、「刊行のことば」としたい。

二〇一〇年二月　日

立命館大学名誉教授　川嶋將生

儀礼の力——中世宗教の実践世界◎目次

第Ⅲ部　儀礼の社会・政治的力学

儀礼の力

中世宗教の実践世界

序章　日本宗教研究における儀礼学の論点

ルチア・ドルチェ／松本郁代

はじめに

本論文集の母体となっているのは、二〇〇六年夏に立命館大学アート・リサーチセンターにおいてロンドン大学ＳＯＡＳ日本宗教研究センターとの共催で開催したシンポジウム「儀礼の力——学際的視座から見た中世宗教の実践世界」である。このシンポジウムは、欧米における儀礼理論を日本中世の儀礼研究に生かせないかという試みから、儀礼を何らかの作用、解釈、再創造を生み出す力学《ダイナミクス》を含みもった存在として捉え、儀礼の実践面に積極的な意味を見出そうとしたものである。シンポジウムでは、儀礼が包有する力学的問題が外的世界と相互に影響しあうことで、儀礼の内と外に複次元的な力学的反応が起き、儀礼をとおして様々な権能《エンパワメント》が文化的・社会的に与えられる契機を考察する機会を得た(1)。本論文集に収められた論文も、このシンポジウムで発表されたものを中心としている。

現在の日本における宗教儀礼研究は、狭義の宗教研究のみならず、民俗学や文化人類学、歴史学や文学をはじめ、美術史学や建築史学の分野まで広がっている。そして、それらの分析方法は、フィールドワークや文献資料による儀礼の復元、あるいは、儀礼を歴史的文脈や文学テクストのなかに、また、儀礼を文芸が誕生する背景として解釈するなど、儀礼の形態や実態、イデオロギー、場所や空間などの問題として解釈されている。しかし、これらの研究は、儀礼を各学問分野の範囲内で捉えているものである。このような傾向に対して、人類学や文化人類学など、一部の学問分野は欧米の儀礼学理論を取り入れながら展開しているが、他分野の学問領域においては、いまだ、儀礼から発展する何らかの力学的な動向が見出されていないといえる。

中世日本の宗教儀礼を欧米の儀礼学の立場から解釈することは、従来の儀礼研究における「儀礼」の意味を、新たなものに変えるものであり、その有効性や捉え方の是非も問われるべきである。そして、従来的な研究についても、それぞれの分野における重要な意味を認識し続ける必要があろう。本論文集では、従来の儀礼研究を、学際的視点から読み解くための一つの試みとして位置づけるものである。

欧米の儀礼学理論の概説については、第一節で論じるが、その前提として、日本語と英語における「儀礼」（ritual）が示す意味について説明しておく。英語では、宗教儀礼を示す用語として liturgy が用いられ、英語の ritual や rite を翻訳する言葉は、日本語の「儀礼」に代表される。一方、日本語における「儀礼」の原義は、もともと宗教的・呪術的信仰に関わる行事を指し、漢字は五経の一書である『儀礼《ぎらい》』に起源するが、現在では、非宗教的行事を指す言葉にも「儀礼」が用いられている。[2] そのうえ、日本語で宗教儀礼に関する用語として、例えば、仏教では「法会」や「修法」、神社では「祭祀」や「祭礼」などが存在し、これらは現在「儀礼」という言葉によっても表されている。このように、日本語と英語でも、宗教儀礼を示す多様な用語が、非宗教的儀礼の用語と合わせて「儀礼」（ritual）という言葉に代表されている。したがって、本序章でも、「儀礼」という言葉を、多様な意味をもつ用語として使用したい。

ここでは、本論文集の趣旨を明確にするために、第一節では欧米における儀礼学理論や儀礼の力学について、また第二節で日本の儀礼研究や中世の仏教儀礼研究を概観し、第三節では、本論文集に収められた各論文を、試みに欧米における儀礼学の視点から解釈した。本章ではこれらの論述をとおし、中世日本の儀礼学研究の第一歩としたいと考えている。

第一節　欧米における儀礼論

欧米における儀礼学研究は、様々な専門分野から論じられており、また、複雑な理論体系を形成しているが、二十世紀におけるA・V・ジェネップ（Arnold van Gennep）やE・デュルケーム（Émile Durkheim）、M・エリアーデ（Mircea Eliade）、V・W・ターナー（Victor Turner）、そして、C・ギアーツ（Clifford Geertz）らによる有力な儀礼理論では、[3]儀礼とは、聖なるものへ向けての象徴的な行為であり、日常社会における行事と区別して考えられていた。しかし、近年における儀礼学研究は、儀礼を象徴的行為として捉える考えとは異なる方向から議論されている。

欧米では、有力な儀礼学に関する議論の影響を受けながら、異なる専門分野によって多くの儀礼理論が精錬され、儀礼行為に関する理解に影響を与えている。しかし、日本では翻訳されていないものもいくつかあるため、以下では、儀礼学の理論的な流れを明確に把握するため、影響力の強い儀礼理論を紹介していきたい。

F・スタール（Frits Staal）は、儀礼を象徴的行為として解釈したギアーツのアプローチに異議を唱えた学者である。スタールは、自らの研究対象であるヴェーダのマントラを例にとり、儀礼行為や儀礼的な音響は特定の「意味（meaning）」をもつものではなく、一定の規則に基づいた単なる行為であると主張した。そのため、儀礼遂行者は、「意志（intention）」や「目的（purpose）」、「意味（meaning）」を表出することはなく、また、儀礼とは、「ルールにしたがって関係づけられた儀礼行為や音響のシステム」とし[4]、儀礼を形式的なものとして捉えたのである。

一方で、人類学者のR・ラッパポート（Roy Rappaport）は、スタールの議論に対し、儀礼を「人々にとって基本的な社会的な行為」と規定した[5]。彼は儀礼をコミュニケーション遂行のための一つの様式として捉えたのである。かかる意味の儀礼とは、儀礼が宗教的観念を伝えるだけではなく、宗教的な観念と経験を創出するものであるとした。また、儀礼は、その儀礼自体に関するメッセージと、背景の規範に関する情報との両方を伝えるものとして考えられたのである。つまり、ラッパポートにとって儀礼とは、聖なるものを生みだし、それを承認・標準化するものとして理解されたのである[6]。

さらに、P・ブルデュー（Pierre Bourdieu）の学説の影響を受けたC・ベル（Catherine Bell）は、儀礼を、人間の習慣的行動（practice）の一種として捉えた。つまり、儀礼をある目的をもち、ある状況に応じた活動だと考えたのである。しかし、この立場からすると、儀礼行為の背後には、行為を支える論理はあるが、そこに何らかの客観的な意味は伴わないことになる[7]。したがって、この理解に基づいた儀礼実践とは、形式主義や反復性、伝統へのこだわりを、儀礼の本質的な特性として捉えるのではなく、儀礼を形成する文脈のなかで重要な行為を生み出すための意図的な工夫として解釈するべきであるとした。ベルによる儀礼解釈は、儀礼がある宗教文化における不変の要素であり、根源的で普遍的な構造をもつ、という従来的な受け取り方に見直しを迫るものとして評価できる。

ベルをはじめとする、近年の儀礼理論研究者たちは、人々が儀礼を行ったり、儀礼的に行動したりする際に働く力学を指す用語として、「儀礼化（ritualization）」を用いている。またベルは、個人的あるいは社会的に「儀礼化される身体（ritualized body）」という問題についても言及している。このような儀礼の力学的側面の捉え方は、儀礼を歴史的視野のなかに置き、儀礼を特定の文化的、社会的脈絡のなかにおいて分析する必要性を強調している。

ベルと同様に総合的に儀礼を分析したR・グリムス（Ronald Grimes）は儀礼は過去に生じた出来事――神話としてであれ歴史としてであれ――を単に描いたり、繰り返したりするものではなく、儀礼が行われるまさにそのとき、その場に居合わせる者に起きていることを明らかにするものであると論じた(8)。

このように、近年の儀礼研究は、儀礼がその都度新たな意味や現実への働きかけを生んでいく力（performativity）(9)や、その過程（ritual process）に焦点を当てたのであるといえる。そして、この視点に立つ儀礼とは、音、図像、動作、とらえがたいものが具体化された姿（embodiment）など、複数の感覚に訴える経験として理解される(10)。かかる儀式の遂行化（performative）に関する問題は、儀礼遂行（performance）の理論から導き出され、儀礼を遂行するための文化的な重要性を強調したものである。これらは、「儀礼化」という用語によって表されている。このような儀礼理解は、儀礼が何らかの歴史的意義をもつものであり、かつ、特定の文化や社会的文脈と関わらせながら分析する必要性が力説されているのである。

以上、概観したように、近年の欧米における儀礼学では、儀礼を儀礼行為（ritual action）の問題として捉えている。これは、儀礼を行う場、儀礼に携わる者、儀礼に参加する者の間に起きる動的な力の動きに注目したもので、儀礼が遂行される過程のなかで、新たな意味が生み出され、その実態に即して相互に具体的な働きかけをしていくというものである。

このような視点に基づく儀礼の権能とは、まず、儀礼の実践によって、実践・実修者の身体そのものに変化を及ぼす点がある。そして、この変化が宗教的な効果となり、社会的な作用として人々に影響を与えるようになる。また、権能を与える力をもつ儀礼が、社会的・日常的なネットワークと連続することで、儀礼は、正統性を獲得し、社会に適するものとして認知されるのである。

かかる意味の儀礼とは、社会性を作り出す重要な意味を担うものであり、儀礼作用が地域の人間関係を作り上げ、社会組織や秩序にも影響を与えるものとして解釈できるのである。また、儀礼による作用が社会的場面に登場することで、さらに、儀礼に新たな意味が付加されたり、儀礼を実践する実修者の効験や悟りが刷新されたり、あるいは、実践の正統性や実践による支配権を獲得することができるなど、社会と儀礼とが相互に力学関係を形成し合うのである。

そして、宗教行為としての儀礼には、歴史的・伝統的なレベル、人と人とを結びつけるコミュニケーションのレベル、儀礼遂行化にともなう実践やテクストの変化、実修者や制作者の変化にみる儀礼構成のレベルなど、複次元的な儀礼力学のレベルが存在している。儀礼を各々のレベルにおける宗教行為として捉え、儀礼の実践、過程、遂行化、または、コミュニケーション、ディスコースの分析をとおして、儀礼の権能を分析することが可能となるのである。

本節で論じた欧米における儀礼学理論は、本論文集のなかで論じられている特定の儀礼行為と、その儀礼行為の遂行化に関する理論的な枠組みとして捉えることができる。さらに、本論文集には、中世日本に多く登場した、本来「正統的」ではないとされた儀礼が含まれている。このような儀礼は、従来、積極的に儀礼の問題として考察されていない。このような点も踏まえ、本節以下では、学際的な視点からこれらについての分析を試み、儀礼学を踏まえた新たな儀礼解釈を提示したいと考えている。

第二節　日本の宗教儀礼研究

欧米における儀礼の理論的枠組みの影響を受け、日本の土壌に合った理論や思想、新たな方法が開拓されているのが、人類学や文化人類学的手法による儀礼研究である。従来の民俗学研究が、地域における民俗儀礼を残存確認する点に力点が置かれていたのに対して、一九八〇年から九〇年代以降は、人類学的な立場からの研究が行われるようになった(11)。そして、人類学的な立場からの儀礼研究も、日本では、九〇年代の初めに活発になり始め(12)、儀礼を儀礼固有の問題としてではなく、儀礼の構成をはじめ、儀礼の内部と外部に起きる変化や意味についても積極的に論じられるようになった。この分析方法は、儀礼から社会集団や人間関係を捉えたもので、神仏観・社会観・人間観に再解釈を迫るものであった(13)。しかし、人類学が対象とする儀礼の多くは、現在、まさに行われている儀礼であり(14)、古い時代の儀礼ではない。また、宗教学的なアプローチとしては、仏教学や神道学における儀礼研究があるが、これらは、特定寺院や神社における行事や教学に関する教理的研究を中心とするものであった。

一方、歴史学的な立場からの儀礼研究としては、公家や武家社会で行われた儀礼や、寺社で行われた儀礼が盛んである。これらの儀礼研究に多く共通するのは、儀礼に特定の政治性や権威性を認め、儀礼による属性や、従属関係、政治交渉、意志伝達などの手段を論じたものである。いわば、儀礼を国家的・社会的役割の一環として位置づけ、儀礼が、何らかの政治性を帯びた秩序や正統性を維持するものとして位置づけられている。歴史学による儀礼研究のアプローチは、どちらかといえば、政治的なイデオロギーや支配被支配関係に規定されたなかで論じられている。

第一節で説明した欧米における儀礼学理論に基づく儀礼研究が、儀礼から生じる現象を、広く文化や社会との相互関係によって理解するものに対し、日本における儀礼研究は、儀礼をめぐる文化や社会を主な分析対象としているのが特徴である。この点が、日本の儀礼研究と欧米の儀礼学的視点と異なる。よって、本節では、中世における仏教儀礼研究を取り上げ、その研究動向を概観したい。

中世仏教の儀礼研究

中世における仏教儀礼は、多くの儀礼が創出されながらも、現在に至るまでに、その多くが途中で改変され、儀礼そのものが消滅してしまったという事実が挙げられる。このなかには、法会や密教修法など、中世の国家や社会で重要な役割を担っていたものも多数含まれていた。また、儀礼の原型は失われても、信仰や文化の形が記録にのみ残されている儀礼も存在し、中世の仏教儀礼は、儀礼研究の中心となる問題を多く抱えている。したがって、儀礼を力学的に考察することにより、儀礼の権能から生み出された実態を、新たな儀礼研究の課題に据えることができるのではないだろうか。

中世における仏教儀礼のなかでも、多くの分野から研究されている代表的な儀礼として、法会と密教修法が挙げられる。両者は、鎮護国家や祈禱などのために行われたもので、中世の宗教儀礼研究は、このような顕教と密教に関わる儀礼によって構成されているのが特徴である[15]。

法会研究のなかでも特に厚い研究史をもっているのが、南都七大寺で行われた修正会や修二会に代表される旧仏教寺院の法会であり[16]、佐藤道子氏による研究業績が代表的なものとして挙げられる[17]。佐藤氏は、伝承や資料の分析をとおし、法会が多様に変化しながら歴史的に展開した点を明らかにしており、法会を力学的に考察したものとして評価できる。

仏教学においては、栂尾祥雲氏、高井観海氏、水原堯栄氏による東密儀礼に関する研究があり[18]、三崎良周氏、水上義文氏などによる台密儀礼に関する研究や[19]、儀礼研究として長い歴史をもつ。これらの研究は、儀礼研究の基礎となるが、儀礼が教理と密接な関係をもつものとして捉え、儀礼による宗派の展開が論じられている。

歴史学の立場からも儀礼をめぐる研究が活発に行われているが、これらの多くは、儀礼を国家論、王権論、寺社勢力論などと関わる文脈のなかで論じられている。例えば、井原今朝男氏は、寺院内の教学活動であった法会や祈禱が年中行事化し、宗派の別なく、各地の中世寺院で同じ行事が営まれ、諸階層の人々が共通して抱いた宗教思想や文化の分析を行い、「中世社会は、年中行事化した民衆儀礼を国家的に編成した。それが民衆統合の機能を果たし、その頂点に儀礼王としての天皇が存在していた」（二七四頁）と位置づけた[20]。そして、儀礼によって中世寺院と地域が共有する神仏受容の仕組みをとおして、権力者と民衆との関わりを論じた。また、平安時代中期から院政期以降にかけて、密教修法が国家儀礼から個人祈禱の対象となったことから[21]、この時期以降の密教儀礼の意義が重要視されている。政治史との関わりで如意宝珠法などの修法が論じられ[22]、密教図像に関する研究が行われたほか[23]、密教修法の構造から公家社会や寺院社会論を捉える論考や[24]、近年は、密教修法の空間とその文化・思想的影響を建築史学の観点から追究した研究成果も発表されている[25]。

密教修法を対象とする儀礼研究は、主に、寺僧組織や、法流の構成、宗派別の儀礼の特徴を明らかにする作業としてであり[26]、中世寺院や社会の特殊性を映し出すものとして儀礼を捉えている。これらの研究は、儀礼周辺における世俗権力や寺院社会のバックグラウンドとしての儀礼が読み解かれ、儀礼と中世寺院や仏教、権力や権威との関係を明らかにしたもので、中世史上において重要な論点に据えられる[27]。しかし、儀礼学における儀礼とは、第一節で論じたように、歴史的固有性やテクスト論のなかに儀礼を位置づけるだけではなく、儀礼の実践や過程、遂行化の過程における儀礼行為から生まれる現象を、ディスコースやコミュニケーションとして読み解くものである。

中世の仏教儀礼は、中世史上における仏教解釈の課題とも密接であり、一九七〇年代に登場した寺院史研究の成果による側面が大きい。中世における寺院史研究は、主に、黒田俊雄氏が提唱された顕密体制論に代表され[28]、中世国家や社会構造、荘園支配、身分や差別、文化の問題とも絡み合いながら複合的な社会論として展開された。これらの概念的枠組みやイデオロギー性に対する有効性・方向性については、多くの問題点が指摘されている。しかし、特定寺院の宗派や祖師に関わらせた仏教史研究を批判的に捉え、宗教を歴史の総体的枠組みに位置づけることを可能とした点は、黒田史学の成果の一つとして挙げられる。

黒田史学に触発された寺院史研究の隆盛にともない、一九八〇年代後半から九〇年代にかけて聖教といわれる資料群が歴史・文学の分析対象として登場した。聖教は、狭義の仏教学の教えのみならず、仏教儀礼の内容を復元できる重要な資料であり、聖教は歴史史料や文学テクストとして注目され、寺院における師資相承の論理などが解明されるなど[29]、寺院の内と外から解釈する方向性が生まれた。このような視点は、儀礼の力学性を考える上で基礎的な作業として位置づけられる。

また、聖教調査の成果によって、今まで異なる学問的次元にあった仏教思想や教義が、歴史学や文学研究の成果と結びつけられ、学際的視野を要請する研究の輪が広がった[30]。そして、阿部泰郎氏を中心とする真福寺や仁和寺などの聖教調査報告書、寺院調査をもとにした論文集や報告集が相次いで刊行され[31]、現在では行われなくなった仏教儀礼が資料として提供されることになった。今や儀礼学研究における聖教解釈は、欠かせないものとなっている。

そして、儀礼を芸能や文学の発生や起源との関わりで論じる視点も、儀礼の権能を与える力を考える上で重要な意味をもつ。例えば、法会の際に行われる読経道や延年舞・能楽などの芸能は、[32]儀礼における神仏に対する作法にも通じており、宿神や後戸の神や床下参籠などの問題とも関連する。[33]そして、これらを文学や芸能の問題として捉えることでテクスト解釈論・宗教思想の問題にも発展する。[34]あるいは、口伝や伝承などの資料から、儀礼の姿を復元した論も展開され、[35]儀礼の力学的問題にも発展する可能性を孕んでいる。

中世の仏教儀礼には、仏のみならず神も登場し、一つの儀礼世界を形成している。また、密教を論理的基盤にした中世の神祇や神道思想を、祭祀儀礼の問題として捉えれば、神祇儀礼も仏教の一形態として捉えることができる。もちろん、祭祀は作法として仏教を忌避する側面もあったが、中世の神仏習合は、思想的に至高神のアマテラスにまで及ぶものであり、祭祀儀礼の力学的問題の一つとして、習合思想の発生を捉えることができるのではないだろうか。

神祇祭祀の儀礼に関しては平安時代を中心とする岡田荘司氏らによる研究が挙げられる。このほか、[36]中世諸国一宮制を歴史的問題として提示した井上寛司氏は、中世諸国一宮制の成立以前における祭礼構造が、一宮制の成立や確立にともない、どのように政治的に再編されたのかなど、一宮制の歴史的過程に祭礼の意義を見出す必要性を提起するなど、[37]神祇祭祀の儀礼研究に先鞭をつけている。近年では、大東敬明氏によって、東大寺修二会で行われた「中臣祓」から、寺院儀礼としての神祇祭祀の分析を試みた論が発表され、[38]仏教儀礼における神祇儀礼の実態から、神祇と仏教との習合が捉えられている。すなわち、儀礼学的には、祭祀や祭礼が遂行されることで生まれる思想や行為に、習合的要素が含まれている限り、仏教と祭祀や祭礼は力学的な関係を構築していると理解されるのである。

いまひとつ、中世日本の仏教儀礼には、仏教や神道などに分別できない、密教と陰陽道、仏教と神祇など習合思想に基づく儀礼が多く存在する。このような儀礼に関しては、必然的に宗派の別を超越し、歴史学や文学などの成果を取り入れた学際的手法を必要とする。このような立場からの儀礼研究としては、宗教思想史の立場から研究を行っている山本ひろ子氏をはじめ、[39]門屋温氏・伊藤聡氏・原克昭氏などが挙げられ、[40]中世密教による複雑な神仏体系の実相と特質を捉えている。密教が包有する問題を宗派別ではなく、儀礼学の問題に措定することにより、これらを含めた中世仏教の実態がより明確になると考えられる。

このように、儀礼自体に胚胎されている力学が、芸能や文芸、作法、思想など、様々な形へと結実していく過程には、儀礼から派生する新たな権能が存在していることを提示している。そして、これらを総合的に捉える一つの視点が儀礼学理論であると考えられる。

中世日本の仏教儀礼研究については、欧米の学者による研究もいくつかみられる。例えば、密教儀礼として参考にすべき研究として、R・ペイン氏（Richard Payne）[41]や、R・シャーフ氏（Robert Sharf）[42]らによる研究は、真言密教儀礼の問題として、特にパフォーマンスと表象（representation）について論じられているほか、黒田俊雄氏による研究の影響を受けたA・グラッパード氏（Allan Grapard）による神祇儀礼の政治や経済との関係についての問題、[43]そして、J・サンフォード氏（James Sanford）による立川流の儀礼、[44]B・ルパート氏（Brian Ruppert）の宝珠による密教と顕教に関する儀礼研究のほか、L・ドルチェ氏による台密儀礼の問題研究がある。[45]また、B・シャイド氏（Bernhard Scheid）・M・テーウェン氏（Mark Teeuwen）編"The Culture of Secrecy in Japanese Religion"には、密教儀礼（東密、台密、中世神道）に関する論文も収められている。[46]しかし、英語による法会に関する研究は、非常に少ない状況にある。[47]

以上に示した欧米における神道や仏教儀礼の研究は、主に宗教学の分野で行われているものである。[48]また、日本における仏教学や神道学でも儀礼研究は行われているが、多くは宗派別の教学的研究である。いずれにしても、欧米の宗教学者による日本の仏教や仏教儀礼研究が、教学や歴史や文学の分野に関わる学際的な研究を展開している点は、今後、日本の儀礼研究にも影響を与えることであろう。

このような研究動向に加え、近年の日本の宗教に関連した展覧会では、儀礼研究の上で重要な資料を提供している。儀礼を構成する宗教や信仰の形が、聖教や文書、荘厳の道具や図像、指図の出品をはじめ、仏像や聖地といったコンセプト毎の展示などが行われ、新たに発見・発掘された成果としても注目されている(49)。

以上、日本の儀礼研究について概観した。近年の中世日本における宗教儀礼は、多岐にわたる研究方法と成果をもつが、その多くにそれぞれ固有の論が組み立てられており、全てを体系的に見渡すことは容易ではない。また、欧米の儀礼学理論が必ずしも日本の儀礼研究に合致するとも限らないが、儀礼学は、儀礼を主体にし、そこから派生する問題を考察する手掛かりとして、中世日本の仏教儀礼の特徴を総合的に捉える一つの方法として考えられるのではないか。さらなる詳細については、本書所収の論文を参照していただきたい。

第三節　本論文集の主題と儀礼学

本論文集の主題は、中世に作り出された儀礼行為やその思想を、従来的な枠組みにとらわれることなく、中世の力学的な問題として捉え直し、儀礼から生み出される権能の実相を読み解く点にある。そして、儀礼と儀礼化に関する研究成果を踏まえ、中世日本における宗教の特色を考察するものである。以下本節では、本論文集に収められた各論考に対し解説を付すが、これらは、儀礼学という立場から、各論考で提示された儀礼に関する問題点を明確にするためのもので、必ずしも各論考の全てを包括したものではない点を、あらかじめお断りしておきたい。

まず、「第一部　儀礼的実修」に収められた第一章の斎藤英喜と第二章の大内典論文は、儀礼を実践する者の立場から、儀礼が実修される場のなかで創出された儀礼の力について論じたものである。儀礼の場で発せられる儀礼言語としての「祭文」や、法儀の場における「わざ」としての「声明」は、それぞれ、民間におけるいざなぎ流と公家や寺家権門における天台声明という、対極的な二つの社会で行われた儀礼である。しかし、両者には、儀礼を実践する行為者の身体の力によって作られた「コトバ」や「声」が、儀礼に効果的な役割を果たしていた点が論じられている。また、これらは儀礼の専門家である実践者が、儀礼を達成するために神話や仏と一体になることが示されている。第一部における議論は、儀礼の場で発せられるコトバの力に関する一つの典型として捉えることができる。

斎藤英喜論文「呪詛神の祭文と儀礼」は、儀礼の場におけるいざなぎ流の太夫の言語行為に着目した論である。呪詛の仕掛けに対し、太夫が呪いを調伏する祭文のコトバをその場の状況によって組み替える「すその祭文」が伝統的な祭文のコトバだけではなく、太夫が儀礼の場で発現させた「りかん」というコトバの技術そのものに力学的特徴がある。すなわち、いざなぎ流太夫が発した儀礼言語とは、実践者がそのまま神話世界を再現したのではなく、儀礼のなかで神話が現在的な意味に書き換えられた点を提示している。

大内典論文「声明の美的表現力と権能――法華懺法の受容から」は、儀礼の遂行者、実践者に着目した論である。声明師によって発声された法華懺法の声明が、悟りの身体から発せられる声の「わざ」として声の響きとなり、聴聞者にとって感覚的な説得力をもつことで、『法華経』の功徳を獲得することができ、同時に、声明が美的権威、宗教的権威を体現するものであるという。ここでは、本来、人間の言葉や聴覚をとおして仏を伝える「声」を、「わざ」による声明として理解することで、生身の人間が発する「声」が仏事そのものとして機能した点を見出している。この論は、悟りの身体そのものを儀礼の中心に据えている第二部の儀礼的身体に連続する問題でもある。

田中貴子論文「夢想感得像――夢想による仏画・垂迹画の制作について」は、文学テクストを通じて、儀礼になる「夢想」の分析を提示した論である。夢のなかに新しい本尊の形になる図像が伝えられ、夢想のなかで、異形でありながら正統化される意味を捉えたものである。そして、夢想のなかで神と仏が語ったコトバによって、夢想者と神の世界とが結ばれ、新たな本尊の創出と宗教的実践が遂行されたとする。実践者による夢想は、託宣的な夢であることで正統化され、夢そのものが神秘体験となり、その体験は、特別なイメージを内包するものである。かかる意味で、夢を見る実践者の身体は重要な意味をもつのであった。儀礼としての夢想を見る実践者の力は、託宣のコトバを受けるだけではなく、図像などの新たなイメージをも生み出したが、これらのイメージの多くは、異形のものであった。このような儀礼と異形イメージとの関連性は、次の第二部にも連続する問題である。

「第二部　儀礼的身体」は、中世密教によって創出された新たな儀礼についての分析である。第四章の彌永信美論文と第五章のルチア・ドルチェ氏の論に共通する議論は、中世の宗教世界に登場した「生身」についてである。なかでも、中世密教では本尊が「生身」に見立てられたが、本部の論考は、それによって生み出された儀礼的身体について考察されている。また、このような身体創出に関わる儀礼のなかで重要な要素であったのが、かかる身体を正統化するために新たに作り出された儀礼本尊や、相承血脈であったと位置づけている。

彌永信美論文「密教儀礼と「念ずる力」――『宝鏡鈔』の批判的検討、および『受法用心集』の「髑髏本尊儀礼」を中心にして」では、密教のなかでも「異端」の代表的な儀礼として伝えられていた立川流の「髑髏本尊儀礼」を中心に分析したものである。現在残されているテクストから髑髏本尊に関わる儀礼を抽出し、その「髑髏本尊」の儀礼的特徴を反復性と長期性に見出した。そして、このような異端イメージが作られたテクスト文脈の分析をとおして、新たな修法を創出する上で重要な要素となる宗派や、修法の正統性を保証する血脈などの創出についての分析を行った。髑髏本尊儀礼とは、髑髏を本尊としながら、生殖のプロセスを人工的に再現し、生きた人間としての「生身の本尊」を産出することである。彌永論文は、この儀礼に特徴的な身体性や性に対する執着行為そのものに、社会に死者を蘇らせる宗教技術としての力を導き出している。さらに、髑髏本尊儀礼の成功とは、その身体による反復性が不可欠であることを導いた。

そもそも「生身」とは、語られる文脈によってそれぞれ意味が異なる。特に、中世では、京都の嵯峨釈迦堂や長野の善光寺における阿弥陀如来が、生き仏の「生身」として、信仰の対象とされた事例に見られるように、本尊として考えられてきた。特論のなかで阿部泰郎氏が論じられたように、「生身」を信仰するということは、生命を信仰の対象に捉えることなのである。この点について、儀礼的身体としての「生身」をより深く追究した論考が、第五章のルチア・ドルチェ論文「二元的原理の儀礼化——不動・愛染と力の秘像」である。

ルチア・ドルチェ論文は、非典型的な二つの尊像の発展形態に見られるイメジャリーに注目し、イメジャリーの変化と、イメジャリーが生み出した新たな身体について論じ、これらを儀礼の遂行化にともなう力学的な問題として考察したものである。特に、日蓮が著した『不動愛染感見記』と三室戸寺蔵「摩尼曼荼羅」にみられる非典型的な不動と愛染のイメジャリーは、二次元的な曼荼羅世界から、さらに、行者の身体や行者に宗教的な力を与える三次元的なイメジャリーへと連続するものとして捉えている。いわば、儀礼遂行化の過程における不動と愛染のイメジャリー変化が儀礼化し、象徴的で視覚的な「生身」そのものを生み出したとする。さらに、それらは、舎利信仰や生身信仰など生死に関わる問題に連続するのである。

彌永氏とドルチェ氏の論考では、共に、本尊としての卒塔婆（身体）・宝珠（髑髏）が、新たな身体として提示されている。これらの身体的本尊とは、宗教儀礼によって生み出された身体としての意味と、それ自体が完全なる仏の身体として登場したのであった。この第二部では、中世密教のなかでも、身体論に関する再考を提示したものである。儀礼遂行化の過程で生命力が引き出される身体論については、従来あまり正面から論じられなかったが、救済や修行史とも密接に関わる問題であり、その一端が彌永氏とドルチェ氏によって示されたといえよう。第二部は、儀礼を中心に論じているが、教学的問題やテクストと図像の構成が宗派の展開に関わる問題としても論じている。

第三部「儀礼の社会・政治的力学」に収められた論考は、ある共同体や組織の歴史的変遷に対応して形成された社会的儀礼について論じたものである。通常、特定の場や集団によって遂行される儀礼は、儀礼次第という形式をはじめ、社会組織やその統制下におかれていた。しかし、一度、組織的な変革や環境の変化が起きると、これらに対応した新たな儀礼が執り行われた。本部所収の論考では、儀礼の遂行を目的に、儀礼そのものが変化する様子と、儀礼が現実的な機能性を胚胎していたことから、儀礼のダイナミック・チェンジが起きた点について論じられている。第一部、第二部が儀礼の内因性から儀礼学を追究したとすれば、第三部は、儀礼状況を左右する社会的外因から儀礼学を追究した論として位置づけられる。

ローリ・ミークス論文「尼寺における生活を再考する——儀礼、信仰、社会生活の場としての中世の法華寺」は、尼寺である奈良法華寺で行われた年中行事を詳細に分析したものである。法華寺の尼僧たちが開かれた場で儀礼を執り行った目的の一つに、尼僧が地域社会において一定の経済的・政治的な役割があった点を挙げている。ミークス氏は、儀礼という観点から尼寺の日常生活を見直すことにより、尼僧が行う儀礼の社会的機能を明らかにした。さらに、儀礼をとおして、法華寺の創建者である光明皇后にまつわる縁起を人々に再確認させることで、在俗からの帰依や信仰を得たメカニズムについて言及し、尼僧が行った儀礼には、在地社会との重要な関連性があった点を指摘した。

スティーブン・トレンソン論文「醍醐寺における祈雨の確立と清瀧神信仰」は、国家の重要な儀礼の一つであった祈雨儀礼が、社会的要請によって実修の場や修法方法が変化した点を論じている。もともと、神泉苑で公的に実修されていた祈雨儀礼が、その後、特定の権門寺院である醍醐寺に移された背景には、祈雨神とされた醍醐寺の清瀧神が、当時、王家や貴族の女性を救済する信仰を集めていた点が関連していた。そして、女人往生を願う竜女信仰とが重なり、醍醐寺で祈雨儀礼が行われはじめた点が導き出されている。さらに、論考では、実修僧が儀礼テクストとは異なる解釈を行ったとして、祈雨儀礼の神とされた竜女の神格変化について分析している。トレンソン氏は、祈雨儀礼における竜女の神格変化について、祈雨という社会的機能もった儀礼テクストと、祈雨実修のために儀礼テクストを解釈した実修僧という、二つの異なる儀礼の力学を提示した。この祈雨実修の僧によって見出された清瀧神と竜女との両部不二の神格は、第二部のドルチェ論文で言及された視覚化・象徴化を遂行する儀礼の問題にも関連する。

松本郁代論文「神輿入洛の儀礼と「洛中洛外」――南北朝期から室町期の山門嗷訴をめぐって」は、政治的な目的を訴える手段に関連した儀礼について論じたものである。嗷訴は、本来、宗教儀礼の範疇には入れられないが、僧の集団である衆徒が行った点、神輿の「神」を政治的手段に使役した力は、衆徒が神を清浄から荒々しい儀礼の本尊へと導く儀礼的行為であるとした。さらに、嗷訴のパフォーマーである衆徒と、神輿に担がれた神とが一体化することで、その身体が神がかった聖なる存在へと変化する点を捉えている。神輿が嗷訴に用いられ、嗷訴が儀礼化される過程に注目したことで、儀礼が社会的・政治的状況に応じ、儀礼における神の定型や形式的行為の変化を捉える事例として考えられる。また、政治目的をもつ儀礼は、支配力の表現手段であるが、このような儀礼の存在は、社会的秩序の変化を宗教の力によって瞬発的に入れ替えるものであり、政治的要求が起きた特定の期間繰り返された儀礼として捉えている。

阿部泰郎氏の特論「儀礼と宗教テクスト——中世密教聖教の権能をめぐりて」は、中世に成立し、儀礼テクストとして用いられた重要なコレクションである真福寺や仁和寺の聖教を事例としながら、特に密教テクストの多様性について考察したものである。儀礼テクストの組織的な位相は、守覚法親王による口伝に見出すことができ、また、秘伝とテクストを相伝する目録は、中世における密教儀礼に関わるものであった。そして、儀礼次第や形式、図像、記録類や縁起物語などの儀礼に関するテクストが神話とも関係したことから、文学世界とも交差した相互性を有すテクストであったとともに、真福寺や仁和寺や称名寺などの聖教が相互に相伝され、書写されることによっても、密教儀礼テクストの相互関係があった点が明らかにされた。

以上、本論文集に収められた論考に対し、儀礼学という側面から解説を施した。この論文集で論じられた儀礼解釈は、もちろん、中世日本における儀礼文化の全ての局面をカバーしているものではなく、限られた事例と紙幅のなかで論じたものである。しかし、本論文集が試みに提示した欧米における儀礼学研究の観点によって、儀礼自体の詳細な分析のみならず、儀礼の遂行化の過程に生まれる意味の複合性やその形態を、学際的な視野から相互に議論する素材を提示したい。そして、さらに中世日本における儀礼学と儀礼研究の理論的探求が可能となるよう発展していくことを希望したい。

註

(1) このシンポジウムの趣旨と比較的近い研究成果として、奈良女子大学古代学学術研究センター設立準備室編『儀礼にみる日本の仏教』（法藏館、二〇〇三年）が挙げられる。奈良の旧仏教寺院で行われた儀礼からみた仏教や寺院社会のあり方や、法会の変遷や場の役割などが分析され、儀礼の力学的問題を概念化する一つの事例を提示したものとして評価できる。

（2）清水昭俊「儀礼の外延」（青木保・黒田悦子編『儀礼——文化と形式的行動』東京大学出版会、一九八八年）参照。また、日本語に翻訳する際に「儀礼」という用語がもつ意味や内容の問題もあり、五経の一書である『儀礼（ぎらい）』を意味する漢字でもある（諸橋轍次『大漢和辞典』大修館書店）。

（3）Durkheim, Émile *Les formes élémentaires de la vie religieuse*. Paris: Alcan, 1912.（E・デュルケム『宗教生活の原初形態』上・下、岩波書店、古野清人訳、一九七五年）、Eliade, Mircea, *Traitè d'histoire des religions. Morphologie du sacré*. Paris: Payot, 1949.（『エリアーデ著作集　第三巻　聖なる時間と空間　宗教学概論3』せりか書房、久米博訳、一九七四年）、Turner, Victor *The forest of symbols: Aspects of Ndembu ritual*. Ithaca: Cornell University Press, 1967; *The ritual process: Structure and anti-structure*. Chicago: Aldine, 1969.（V・ターナー『儀礼の過程』新思索社、冨倉光雄訳、一九九六年）、Geertz, Clifford "Religion as a Cultural System," in *The Interpretation of Cultures: Selected Essays*. New York: Basic, 1973.（C・ギアーツ『文化の解釈学Ⅰ』『文化の解釈学Ⅱ』岩波書店、吉田禎吾ほか訳、一九八七年）。

（4）Staal, Frits, *Rules Without Meaning: Ritual, Mantras, and the Human Sciences*, New York: Peter Lang, 1989, p.344 and 394.

（5）Rappaport, Roy A. *Ritual and Religion in the Making of Humanity*. Cambridge, U.K: Cambridge University Press 1999, p. 31.

（6）Rappaport, Roy A. 註（5）前掲書、pp. 263–290.

（7）Bell, Catherine, *Ritual Theory, Ritual Practice*. New York: Oxford University Press, 1992, p. 91.; *Ritual: Perspectives and Dimensions*. New York: Oxford University Press, 1997.

（8）Grimes, Ronald A, *Beginnings in Ritual Studies*. Washington: University Press of America, 1982; *Ritual Criticism : Case Studies in Its Practice, Essays on Its Theory*. University of South Carolina Press, 1990; *Rites out of place: Ritual, Media, And the Arts*, Oxford University Press, 2006.

（9）Performativity の概念は、一般的に「(行為) 遂行性・遂行化」と訳されるが、この言葉の概念は、言語学と言語哲学に基づくもので、言語行為論とJ・L・オースティンの論による。オースティンによると、「遂行的」(performative)な発話とは、発話が反復されることで、発話に何らかの現象が新しく生み出されることを意味するとされた(J・L・オースティン著・坂本百大訳『言語と行為』大修館書店、一九八九年。原典は、Austin, John L., *How To Do Things with Words*. Cambridge, MA: Harvard University Press, 1962.)。また、このperfomativeの対義語としてあるのが、constative(「事実確認的」「陳述的」と訳される)である。このconstativeな発話とは、実際をそのまま認識した発話を意味し、performativeのように変化を基本とする意味にはならない(ジョナサン・カラー著・荒木映子・富山太佳夫訳『文学理論』岩波書店、二〇〇三年)。

(10) Sullivan, Lawrence E. "Sound and Senses: Toward a Hermeneutics of Performance." *History of Religions* 26, no. 1 (1986): 1–33.

(11) 福島真人「儀礼とその釈義——形式的行動と解釈の生成」(民俗芸能研究の会・第一民俗芸能学会編『課題としての民俗芸能研究』ひつじ書房、一九九三年)には、文化人類学的立場から、欧米の儀礼学理論を用いて、民俗学や歴史学における儀礼の本質に対し、「非言語的形式行為である儀礼を、言語的に解釈するというのが一体どういう問題を含んでいるのか」(一〇二頁)について論じられ、儀礼学理論によって儀礼研究のあり方を問いただしている。

(12) ただし、欧米における文化人類学の儀礼研究は、一九六〇年代末から七〇年代であり、八〇年代には激減したといわれ、日本との時間差があることが指摘されている。

(13) 鈴木正崇「日本民俗学の現状と課題」(『講座日本の民俗学』1民俗学の方法、雄山閣出版、一九九八年)参照。

(14) 民俗学における儀礼研究の画期は、日本が高度経済成長を経て、日本社会のあり方が変質した一九八〇年から九〇年代以降における研究動向のなかに見出される。また、文化人類学による儀礼研究も、九〇年代の初めに儀礼研究が活発になり始めたといわれている。

(15) このほかの仏教儀礼として、池見澄隆『中世の精神世界——死と救済』(人文書院、一九八五年)、原田正俊「五山禅林の仏事法会と中世社会——鎮魂・施餓鬼・祈禱を中心に」(『禅学研究』七七、一九九九年)などに代表される、浄土宗や禅宗など、新仏教系の儀礼が挙げられる。

(16) 奈良女子大学古代学学術研究センター設立準備室編『儀礼にみる日本の仏教』(法藏館、二〇〇一年)。
(17) 佐藤道子編『中世寺院と法会』(法藏館、一九九四年)、同「法会と儀式」(伊藤博之他編『仏教文学講座 第八巻 唱道の文学』勉誠出版、一九九五年)、同『悔過会と芸能』(法藏館、二〇〇二年)、同『東大寺修二会の構成と所作』上・中・下・別巻(法藏館、二〇〇五年)。このほか、南都法会の専論として髙山有紀『中世興福寺維摩会の研究』(勉誠出版、一九九七年)がある。
(18) 栂尾祥雲『秘密事相の研究』(『栂尾祥雲全集』第二巻、密教研究所、一九五九年)、高井観海『密教事相大系』(高井前化主著刊行会、一九五三年)、水原堯栄『邪教立川流の研究』(全正舎書籍部、一九二三年)など。
(19) 三崎良周『台密の研究』(創文社、一九八八年)、同『台密の理論と実践』(創文社、一九九四年)、水上義文『台密思想形成の研究』(春秋社、二〇〇八年)また、東密と台密の実践に関しては、宮坂宥勝・松永有慶・頼富宏編『密教大系 第九巻 密教の実践』(法藏館、一九九四年)などが基本文献として挙げられる。
(20) 井原今朝男「中世寺院による民衆統合」(『増補中世寺院と民衆』臨川書店、二〇〇九年)。
(21) 速水侑『平安貴族社会と仏教』(吉川弘文館、一九七五年)、同『呪術宗教の世界』(塙書房、一九八七年)。
(22) 上川通夫「院政と真言密教」(『日本中世仏教形成史論』(校倉書房、二〇〇七年)。
(23) 密教美術に関しては、内田啓一『文観房弘真と美術』(法藏館、二〇〇六年)が刊行され、文観の像造と政治的関係、文観の作品と思想などが分析され、文観の作品から文観の生涯が描き出されている。また、覚禅鈔研究会編『覚禅鈔の研究』(親王院堯榮文庫、二〇〇四年)では、密教図像集である『覚禅鈔』が、歴史学・美術史・文学の立場から儀礼をとおした政治的・文化的な問題が中心に論じられている。
(24) 上島享「中世宗教秩序の形成と神仏習合」(『国史学』二〇〇四年)、同「日本中世の神観念と国土観」(『中世一宮制の歴史的展開』下、岩田書院、二〇〇四年)では、宮中儀礼のなかで構築された神仏関係をとおして、国家の支配体系や国土観について論じられている。また、最近の成果としては、藤井雅子『中世醍醐寺と真言密教』(勉誠出版、二〇〇八年)、西弥生『中世寺院と密教修法』(勉誠出版、二〇〇八年)など、醍醐寺を中心とする法流や修法という観点から中世の寺院社会や寺院組織を論じている。

（25）山岸常人『中世寺院社会と仏堂』（塙書房、一九九〇年）、同『中世寺院の僧団・法会・文書』（東京大学出版会、二〇〇四年）、藤井恵介『密教建築空間論』（中央公論美術出版社、一九九八年）、冨島義幸『密教建築空間史論』（法藏館、二〇〇七年）など。

（26）永村眞『中世東大寺の組織と経営』（塙書房、一九八九年）、同『中世寺院史料論』（吉川弘文館、二〇〇〇年）など。

（27）最近、遠藤基郎氏によって『中世王権と王朝儀礼』が公刊された。本書では、「天皇家王権」仏事について、政治史や事件史の蓄積などを踏まえ、寺院側の主体的な儀礼運営関与や、それにともなう貴族社会の政治的意義について論じられた。結論に「儀礼の目的——それは統合のためだったのか？」という一節を設け、「天皇家王権による統合の面から論じようとしている」（三九二頁）仏事・法会に関わる儀礼研究に対し批判的観点を示し、寺院社会側による内発的な王朝儀礼のあり方や、寺院による儀礼の主体的な維持活動の析出をとおして、天皇家王権が「仏教の外護者として振るまい、その正当性を調達した」（三九三頁）とし、「天皇家王権」が「寺院社会への依存」した側面を主張した。（遠藤基郎『中世王権と王朝儀礼』〈東京大学出版会、二〇〇八年〉）。中世の仏教儀礼を捉える国家・社会構造を問い直すものである。

（28）黒田俊雄『黒田俊雄著作集』第二巻、顕密体制論（法藏館、一九九四年）。

（29）例えば、上川通夫「中世寺院社会の構造と国家」（『日本中世仏教形成史論』校倉書房、二〇〇七年）、伊藤聡「称名寺の中世神道聖教——特に伊勢神宮に関する伝書をめぐって」（『説話文学研究』四〇、二〇〇五年）、阿部泰郎「『中世先徳著作集』総説」（『中世先徳著作集』真福寺善本叢刊3、臨川書店、二〇〇六年）など。

（30）その先駆的業績として、阿部泰郎・山崎誠編『守覚法親王と仁和寺御流の文献学的研究　仁和寺蔵御流聖教』資料篇（仁和寺蔵御流聖教）、論文篇（勉誠社、一九九八年）が挙げられる。

（31）寺院調査報告書として、仁和寺に関しては、阿部泰郎編『仁和寺資料【記録篇】五宮灌頂記』（名古屋大学比較人文学研究年報第一集、二〇〇〇年）、同『仁和寺資料【神道篇】神道灌頂印信』（名古屋大学比較人文学研究年報第二集、二〇〇一年）、同『仁和寺資料【縁起篇】』（名古屋大学比較人文学研究年報第三集、二〇〇二年）、同『仁和寺資料【記録篇】真言伝法灌頂師資相承血脈』（名古屋大学比較人文学研究年報第四集、二〇〇四年）。随心院に関しては、随心院聖教調査研究会『随心院聖教と寺院ネットワーク』が

刊行続行中のほか、荒木浩編『小野随心院所蔵の密教文献・図像調査を基盤とする相関的・総合的研究とその探求』（大阪大学大学院文学研究科荒木浩研究室、二〇〇五年）、同『小野随心院所蔵の文献・図像調査を基盤とする相関的・総合的研究とその展開　Vol.1』（大阪大学大学院文学研究科荒木浩研究室、二〇〇六年）、同『仏教修法と文学的表現に関する文献学的考察』（大阪大学大学院文学研究科荒木浩研究室、二〇〇七年）。勧修寺に関しては、勧修寺聖教文書調査団による『勧修寺論輯』が刊行中。真福寺に関しては、国文学研究資料館編『真福寺善本叢書』（臨川書店）が挙げられる。天台系では園城寺文書編纂委員会編『園城寺文書』第七巻、教義・教学（園城寺、二〇〇四年）に聖教が翻刻されている。

(32) 柴佳世乃『読経道の研究』（風間書房、二〇〇四年）、松尾恒一『延年の芸能史的研究』（岩田書院、一九九七年）、土谷恵『中世寺院の社会と芸能』（吉川弘文館、二〇〇一年）、天野文雄『翁猿楽研究』（和泉書院、一九九五年）。

(33) 服部幸雄『宿神論』（岩波書店、二〇〇九年）、黒田龍二『中世社寺信仰の場』（思文閣出版、一九九九年）。また、福原敏男「常行堂修正会の後戸――コクの部屋をめぐって」（民俗芸能研究の会・第一民俗芸能学会編『課題としての民俗芸能研究』ひつじ書房、一九九三年）には、服部氏によって発表された、強力な霊力を発動させる摩多羅神を祀り込めた後戸論が発表されたことで、芸能史・文学・歴史学・宗教学・思想史・民俗学・建築史などの「脱領域的分野」で後戸論・摩多羅神論が展開した導火線となったと評価している。摩多羅神供養のために作られた様々な儀礼から権能が生み出されたことを証左するものである。

(34) 昨年、小峯和明氏による『中世法会文芸論』（笠間書院、二〇〇九年）が刊行された。この書は、儀礼のなかでも法会こそが「最も具体的な実践の場として重視されるもの」として位置づけ、特に、願文・表白・諷誦文・呪願・教化・講式・経釈・説経など、法会に関わる言説が法会に果たした役割についての論証をとおし、〈法会学〉という一つのジャンルの確立を見出している。

(35) 藤巻和宏「宀一山と如意宝珠法をめぐる東密系口伝の展開――三宝院流三尊合行法を中心として」（『むろまち』五、二〇〇一年）など。

(36) 岡田荘司『平安時代の国家と祭祀』（続群書類従完成会、一九九四年）、三橋正『平安時代の信仰と宗教儀礼』（続群書類従完成会、二〇〇〇年）などが挙げられる。岡田荘司・藤森馨「二十二社の研究史と二十二社制」（『中世諸国一宮制の基礎的研究』岩田書院、二〇〇〇年）には、平安時代の祭祀儀礼研究についてまとめられている。

（37）井上寛司「中世諸国一宮制研究の現状と課題」（『中世諸国一宮制の基礎的研究』岩田書院、二〇〇〇年）参照。

（38）大東敬明「儀礼編――寺院儀礼における中臣祓」（新井大祐・大東敬明・森五朗編『〈久伊豆神社小教院叢書7〉言語・儀礼・参詣――〈場〉と〈いとなみ〉の神道研究』弘文堂、二〇〇九年）。

（39）山本ひろ子氏による『変成譜――中世神仏習合の世界』（春秋社、一九九三年）、同『異神――中世日本の秘教的世界』（平凡社、一九九八年）。

（40）門屋温「『麗気記』の図像学――中世神道のイメージとシンボル」（『日本思想史学』三三、二〇〇一年）、同「「神器・神宝」考――神道図像学の試み」（『日本学研究』五、金沢工業大学日本学研究所、二〇〇二年）、伊藤聡「伊勢灌頂の世界」（『文学』第八巻四号、一九九七年）、原克昭「『麗気記』をとりまく撰者たち――註釈のなかで屹立する《神典》」（『文学』第七巻三号、二〇〇六年）など。

（41）Payne, Richard, *The Tantric Ritual of Japan*: *Feeding the Gods–the Shingon Fire Ritual*, Delhi: International Academy of Indian Culture and Aditaya Prakashan, 1991. Payne, Richard, ed., *Tantric Buddhism in East Asia*, Boston : Wisdom Publications, 2006など。

（42）Sharf, Robert “Thinking through Shingon ritual,” *Journal of the International Association of Buddhist Studies* 26/1（2003）, pp. 51–96; “Visualization and Mandala in Shingon Buddhism,” in Robert Sharf and Elizabeth Horton Sharf, *Living Images: Japanese Buddhist Icons in Context, Stanford*: Stanford University Press, 2001. 儀礼と図像の関係について、Goepper, Roger, *Aizen–myôô. The Esoteric King of Lust: An Iconological Study*, Zürich Museum Rietberg: Artibus Asiae, 1993. など。

（43）Grapard, Allan G. , *The Protocol of the Gods : A Study of the Kasuga Cult in Japanese History,* Berkeley: University of California Press, 1992. ; , “Linguistic Cubism. A Singularity of Pluralism in the Sanno cult,” *Japanese Journal of Religious Studies*, 14, 2–3 （1987）. ; , “The Shinto of Yoshida Kanetomo”, *Monumenta Nipponica*, 47–1（1992）Rambelli, Fabio, “The Ritual World of Buddhist Shinto: The Reikiki and Initiation on Kami–related Matters”, *Japanese Journal of Religious Studies* 29, 3–4（2002）など。

(44) Sanford, James, "The Abominable Tachikawa Skull Ritual," *Monumenta Nipponica*, 46/1 (1991), pp. 1–20. ; "Wind, Waters, Stupas, Mandalas : Fetal Buddhahood in Shingon," *Japanese Journal of Religious Studies*, 24/1–2, 1997など。

(45) Ruppert, Brian, *Jewel in the Ashes. Buddha Relics and Power in Early Medieval Japan*, Harvard University Asia Centre, 2000. Dolce, Lucia, "Reconsidering the Taxonomy of the 'Esoteric': Taimitsu Hermeneutical and Ritual Practices," in *The Culture of Secrecy in Japanese Religion*, Mark Teeuwen and Bernard Scheid eds., London & New York, Routledge, 2006 (b), pp. 130–71; "Taimitsu Rituals in Medieval Japan: Sectarian Competition and the Dynamics of Tantric Performance," in *Transformations and Transfer of Tantra in Asia and Beyond*, Istvan Keul ed., Berlin/New York: Walter de Gruyter Publishers, fortchcoming 2009.

(46) *The Culture of Secrecy in Japanese Religion*, Mark Teeuwen and Bernard Scheid eds., London & New York, Routledge, 2006 (b), pp. 130–71.

(47) 東大寺修二会などの研究がフランス語で発表されている (Berthier, Laurence, *Syncrétism au Japon. Omizutori : The Rituel de l'eau de Jouvence*, Paris: Ecole Practique des Hautes Études V section, 1981)。英語では, Dolce, Lucia, "The Contested Space of Buddhist Public Rituals: The *shūnie* of Tôdaiji," in *Grammars and morphologies of ritual practices in Asia* (*Ritual Dynamics and the Science of Ritual*, vol. 1). Wiesbaden: Harrassowitz., 2010.

(48) 宗教学に関しては、日本と欧米では学問の質が異なり、日本の宗教学は、どちらかといえば宗教の本質を追究するために、社会学的な研究方法をとるものが多く、中世日本を研究の範疇に入れる欧米の宗教学とは様相を異にする。

(49) 最近のものを挙げれば、神奈川県立金沢文庫「陰陽道×密教」(二〇〇七年)、三井記念美術館・大阪市立美術館「道教の美術　TAOISM　ART――道教の神々と星の信仰」(二〇〇九年)、東京国立博物館「伊勢神宮と神々の美術」(二〇〇九年)、奈良国立博物館「聖地寧波　日本仏教一三〇〇年の源流」(二〇〇九年) などが挙げられる。

第I部

儀礼的実修

第一章　呪詛神の祭文と儀礼

――「呪詛祭」の系譜といざなぎ流「すその祭文」をめぐって

斎藤英喜

はじめに

近年の宗教史研究では、個人の信仰や救済・内省、あるいは王権・国家のイデオロギーという、従来の歴史学・思想史の枠組みとは異なる宗教性の究明が大きな課題となっている。[1]「儀礼の力」というテーマもまた、それを探求するためのひとつの戦略的布置であった。救済や内省に価値を置く宗教概念からは低次元なものとされる「儀礼」の側に、近代的な宗教観を超える可能性を探ろうとする試みである。もちろん「儀礼」への注目は、早く人類学的・象徴論的な儀礼研究のうちに見出すことができるが、それらは多く儀礼の構造分析がメインテーマであった。[2]それにたいして「儀礼の力」という問題設定は、構造分析からは捉えきれない、儀礼執行者の実践の固有性に目をむけようとするものだ。儀礼の「現場」から立ち上がってくる宗教性を捉える方法といってもよい。

以上の問題設定にたいして、本稿では、儀礼の場で用いられる「言葉」に焦点をしぼり、言葉の働きがどのように「儀礼の力」を作り出すかを探ってみたい。フィールドとするのは、高知県香美《かみ》郡《ぐん》物部《ものべ》村《そん》（現・香美市物部町）に伝わる「いざなぎ流」の祭文である。[3]

図1　いざなぎ流の宅神祭、巫神の迎え神楽（撮影：2008年1月7日、写真右端：著者）

いざなぎ流といえば、中世の本地物や説経、民間説話などと類似する物語性豊かな祭文を多数伝えることでつとに有名であるが、それら物語的な祭文は、現在も太夫たちによって執行されている祈禱、祭祀の場で読まれる、まさしく「生きた祭文」としてあった。それは「いざなぎ流」の祭文と同系統とされる奥三河の花祭祭文や中国地方の神楽祭文が、(4) その読誦される儀礼の場をほとんど失った現在にあって、いざなぎ流の存在はきわめて貴重といわねばならないだろう。いざなぎ流の祭文を通して、儀礼の場で発せられる言葉が、どのように「儀礼の力」を発揮するかを考えていくことが、本論の課題である。

とくにいざなぎ流から注目されるのは、祭文を読誦する宗教者＝太夫の「実践」が儀礼の力を発揮するときに不可欠であったことだ。太夫たちは、伝えられた祭文を反復し、音読するだけではない。祭文を読むことをベースにしながら、儀礼の現場に即応した「りかん」という、あらたな言葉を作り出すことで、不可測な活動をする神々とコミュニケーションをとり、さらには神々の力を「式王子」として使役する「法文」というテキストも編み出していったのである。(5)

多種多様な祭文を伝えるいざなぎ流のなかで、ここでは「すその祭文」にスポットをあて、その祭文が読誦される「取り分け」という儀礼との相関から、儀礼現場に発動される言葉の「力」を見ていきたい。呪詛信仰に関わる「すその祭文」は、いざなぎ流の特徴をもっとも際立たせるものとして有名であるが、「呪い」という神ならざるダークな呪術世界を「呪詛神」という神へと変成させていくところは、儀礼現場での言葉の働きと深く関わっていたからだ。そこには近代的な宗教観からは捉えきれない、「儀礼の力」が生み出す宗教性が見えてこよう。

さらにこうしたいざなぎ流の「すその祭文」の歴史性を探るために、土御門系陰陽師の呪詛系祭文や中世後期、近世初期の地方民間宗教者たちが伝えた呪詛系祭文との比較・検討を行なっていきたい。いざなぎ流の太夫が「陰陽師の民間的残存」のひとつの姿であることは早くから指摘されてきたが、(6)近年の「近世陰陽道」研究の進展によって、いざなぎ流太夫の近世的形態は土御門家に支配された「諸国陰陽師」の分類に入らないこと、彼らは土佐における土着系陰陽師である「博士」の系譜に連なることが判明しつつある。(7)そのことの究明は、いざなぎ流太夫が、近世から遡及される中世後期の民間系陰陽師の系譜に連なることを想像させてくれよう。それを「祭文」の解読を通じて考えてみたい。

以上のような問題設定のもと、具体的な考察に入っていこう。

一　土御門系陰陽師の〝呪詛神祭文〟

一九八〇年代、小松和彦が紹介・考察した、いざなぎ流の「すその祭文」は、山深い村に伝わった知られざる民間信仰いざなぎ流の名前を一気にメジャーにした有名なものである。(8) あらためてその内容の概略を紹介しておこう。

釈迦の時代、子供がいなかった釈迦は、財産を養子とした提婆《だいば》の王に譲ることにした。だが、その後、実子の釈尊が生まれたので、財産はそちらに譲ることになった。それを恨んだ提婆の王は釈尊と争うが、負けてしまう。それを恨んだ提婆の王の妃が、自ら釈尊への呪い調伏を仕掛けるが、咎のない釈尊には効き目がなかった。そこで通りかかった唐土じょもんの巫《みこ》に呪詛の仕掛けを依頼する。最初は断っていた唐土じょもんの巫も、多数の財宝・供物を用意されて、釈尊への「因縁調伏《いんねんちょうぶく》」を仕掛けた。その呪いが掛かって病になった釈尊は、同じく唐土じょもんの巫に依頼して「調伏返し」をしてもらう。すると提婆の王の妃に呪いが返って病になる。妃はふたたび唐土じょもんに「調伏の一掃返し」を頼むが、これではきりがないので、唐土じょもんは「呪詛の祝い直し」をして、日本・唐土・天竺の潮境に「南海とろくが島の呪詛の名所」を設け、そこに呪詛神を送り鎮めた。(9)

釈迦一族の内紛、そして呪詛を請け負う呪者の登場と、呪詛神の祭り鎮め……。ここには「呪い」の起源から始まり、それがいかに「神」として祭り鎮められたか、まさしく呪詛神の起源を語る神話世界が繰り広げられていく。小松の研究射程は、呪い・祟り・憑き物といった民俗社会のなかの「負の領域」への着目から、柳田民俗学の予定調和的な村落イメージを捉えなおすことにあったが、いざなぎ流の信仰世界は、そのテーマにマッチしていたのである。

「すその祭文」を伝えるいざなぎ流は、民俗信仰の異端、特殊な存在としてみなされることが多いのだが、しかしいざなぎ流の「すその祭文」はけっして孤立したものではなかった。陰陽道の宗家たる土御門家には「呪詛之返祭文」という呪詛系祭文が伝わり、さらに中世後期から近世初期にかけて列島社会で活動した民間系宗教者たちへと視野を拡大すれば、同様な呪詛系の祭文テキストが見出されるからだ。いざなぎ流の「すその祭文」は、それらとの系統的な繋がりをもつことが想定されよう。問題はその具体的な検証である。

そこで、それらとの比較考察に入る手続きとして、陰陽師による呪詛神の儀礼＝呪詛祭の歴史的系譜の概略をたどってみることにしよう。(10)

「すそのはらへ」から「呪詛祭」へ

十一世紀初頭に書かれた清少納言『枕草子』に呪詛の祓えのことが記されている。

ものよくいふ陰陽師して、河原にいでて、すそのはらへしたる……。

（『枕草子』三巻本三一段）

「すそのはらへ」は、直接的に呪詛が仕掛けられたことへの対処ではなく、陰陽師の卜占によって「呪詛の気」が推断されたとき、その災厄を祓う目的で行なわれたものである。この一節が「こころゆくもの」の一項に入っているのは、清少納言自身がかつて陰陽師による「すそのはらへ」で、気持ちが晴れた、満足したという経験があったのだろう。「すそのはらへ」は、気分がふさぐとか悪い夢を見たといったときに、一種の病気治療的な祈禱として行なわれたようだ。特定の呪詛を仕掛けられたときの対処呪法ではない。ちなみに古記録に記された「河臨御禊」「七瀬祓」（『親信卿記』）、「河臨解除」「三元河臨禊」（『貞信公記』）なども、大きくそうした「すそのはらへ」に当たるといってよい。

ところで「すそのはらへ」が「ものよくいふ陰陽師」によって執行された記事からわかるように、「すそ」（呪詛）を祓う儀礼には、陰陽師の誦む祭文が伴っていた。その祭文は『紫式部日記』の「陰陽師とて世にあるかぎり召しあつめて、八百万の神も耳ふりたてぬはあらじと見えきこゆ」の一節から、「中臣祭文」（「中臣之祓祭文」）の系統が推定されている。[11]「中臣祭文」の文末、

> 自二今日一以後、遺罪ト云罪咎ト云咎ハ不レ有ト祓給ヒ清給事ヲ、祓戸乃八百万乃御神達ハ、佐乎志加乃御耳ヲ振立天、聞食セト申。
> （『朝野群載』巻第六「神祇官」）

が「八百万の神も耳ふりたてぬ」に該当するからだ。

周知のように、「中臣祭文」（「中臣祓」とも）は、神祇官の中臣が国家儀礼としての「大祓」で用いた「六月・十二月晦日の大祓祝詞」（『延喜式』巻七）の別バージョンである。公的な国家儀礼の大祓祝詞を、私的な場で用いられるように改変したのが「中臣祭文」である。その改変は神祇官の中臣がつねに清浄さを要求される公的祭祀に携わることから、貴族たちの日常的な穢れ、災厄への祓えには関与できず、その方面は陰陽師たちが担ったという歴史的過程[12]と繫がる。それは奈良・平安初期の律令に規定された陰陽寮の卜占技術者としての「陰陽師」から、平安中・後期、貴族たちの宗教的な救済・浄化を担当していく呪術的宗教者と

しての「陰陽師」の誕生[13]ともクロスする。こうしたあらたな「陰陽師」の突出した存在こそ、安倍晴明（九二一〜一〇〇五）である[14]。

さらに「中臣祭文」が陰陽師たちの手に渡っていくことで、祓詞末尾で罪・穢れを消去する四柱の祓戸の神たちにたいして、

◇瀬織津姫　炎魔法王なり。悪事神の名なり。
◇速開津姫　五道大神なり。一切の悪事を除く神なり。
◇気吹戸主　太山府君なり。
◇速佐須良姫　司命司録神なり。一切の不祥を消除する神なり。

というような陰陽道の神格へと読み替えていく注釈（「中臣祓注抄」建保三年〈一二一五〉成立）[15]も生み出されていった。ここに出る太山府君（泰山府君）、司命司録神、炎魔（閻魔）法王は、安倍流陰陽道が最重視した「泰山府君祭」の祭神たちであったことは見過ごせない。祓えの神々を陰陽道の世界観のなかに奪取せんとする実践的な解釈といえよう。

なお、こうした祓えの神への読み替えが、密教系神道書『中臣祓訓解』ともリンクしつつ、独特な中世神道の言説世界を生み出していくことは周知のとおりである[16]。さらに六字経法をベースにした「六字河臨法」という特異な呪詛返し儀礼が編み出され、そこでは密教僧侶と陰陽師が共同で行なう次第が定められていく[17]。陰陽道と密教の相互影響、競合関係が展開していくのである。密教サイドから「呪詛神」の本地として「呪詛神。貴布禰。須比賀津良。山尾。河尾。奥深」（『覚禅鈔』第二・六字経）という言説も生み出されたことは注目されよう。

さて、これらの呪詛祓えの儀礼・祭文は、あくまでも呪詛の災厄、呪詛の気を祓いやることが目的である。ここにはいまだ「呪詛神」という神格は出てこない。それを転回させるのが、十二世紀初頭から始まる「呪詛祭」（『殿暦』長治二年〈一一〇五〉）という儀礼執行である。呪詛祭の次第については、鎌倉時代中期の安倍泰忠が編纂した『陰陽道祭用物帳』[18]に見ることができる。

呪詛祭有二反閇一。於二中央座一読二祭文一云々。呪詛祓ト云ハ河臨ノ祓也。

「反閇」は一般に出行儀礼として、「禹歩」というマジカル・ステップを踏む所作として知られているが、禹歩とともに採り物を幣にして呪言を唱える、一連の呪術儀礼としてあった[19]。呪詛の返却を目的とする河臨祓と反閇とが習合して「呪詛祭」というあらたな儀礼が出来上がったのである[20]。なお『小反閇作法並護身法』（十二世紀前半）のテキストからは、「反閇」の作法中に呪詛返却の機能があったことも確認されている[21]。

さて、この「呪詛祭」において、陰陽師が中央の座で「祭文」を誦むことが規定されている。それは呪詛を返却するための「中臣祭文」をさらに改変した祭文であろう。まさしくいざなぎ流の「すその祭文」に連なる、陰陽道系の「呪詛の祭文」の原型がここに登場してくることが予想されるのである。

ただし残念ながら、中世前期において陰陽師が用いた「呪詛の祭文」のテキストはいまのところ確認されていない。現在わかっているなかでもっとも古い形と思われるのが、若杉家文書中の『祭文部類』に収録された天文二十一年（一五五二）の年号をもつ「呪詛之返祭文」である[22]。

次に「呪詛之返祭文」を解読しつつ、中世陰陽道の〝呪咀神祭文〟の内実を見てみよう。

土御門家「呪詛之返祭文」の儀礼構造

「呪詛之返祭文」を収載する『祭文部類』は、天正十一年（一五八三）八月に、安倍泰嗣が家伝の祭文（土御門有春の正本など）を書写し、編纂して伝奏権中納言・広橋兼勝に差し出されたものという。(23) 収録された祭文は泰山府君祭・呪詛返却祭・天曹地府祭・荒神祭・属星祭・霊気道断祭・土公祭・地鎮祭・百怪祭・河臨祭・招魂祭・防解火災祭・歳星祭の十三種である。中世に広く行なわれた代表的な陰陽道祭に関わるものと思われる。

鎌倉時代には、平安時代以上の多種多数の陰陽道祭祀が繰り広げられ、とくに武家社会、地方社会における新しい時代の動向に合わせた、あらたな祭祀を開発している。(24) それは宮廷や幕府という権力周辺から、さらに広い社会に適応する陰陽道祭祀の出現といってもよい。『祭文部類』に収録される祭文は、中世に拡大した陰陽道祭祀の実態を伝えているといえよう。いうまでもなく「呪詛祭」の祭文もそのひとつである。

なお、室町時代の儒者・東坊城和長撰『諸祭文故実抄』（永正十五年〈一五一八〉）も陰陽道・宿曜道・密教の祭文を多数収載している。(25) 陰陽道祭文としては、天曹地府祭・泰山府君祭・玄宮北極祭祭などがあるが、こちらには呪詛系祭文は収載されていない。『諸祭文故実抄』には天皇、将軍に関わる「権力」と結びついた傾向の祭文が多いようである。室町幕府時代では、安倍・賀茂ともに従二位に昇進するなど「陰陽道の繁栄」(26) を思わせる面をもつが、その時代の陰陽道祭の種類は減少し、祭文も類型的なものが多くなる。その意味では『諸祭文故実抄』の収載祭文は、室町時代の宮廷系陰陽道の傾向を反映しているともいえよう。これにたいして『祭文部類』に収載された祭文群は、ひとつ前の時代、つまり鎌倉期の、陰陽道がより社会的な広がりを対象とした祭祀の祭文を収録していることが推定できるのである。「呪詛之返祭文」は、その特色を際立たせるものといえそうだ。

さて、『祭文部類』収録の「呪詛之返祭文」の内容を分析してみよう。便宜上三つの段落に分けて解読していく。

(1)謹請東方主呪詛君　謹請南方主呪詛君
謹請西方主呪詛君　謹請北方主呪詛君
謹請中央主呪詛君　謹請四季主呪詛君
謹請天上地上主呪詛君

まず清壇を設け、「東方主呪詛君」以下の呪詛神を迎えていく。一般の神祭りで神々を祭場に勧請するスタイルと同じである。呪詛は「呪詛神」となるのだが、ここでは「呪詛君」のネーミングであることに注意しておこう。

(2)自家忿諍相呪詛、或他家有口舌相呪詛、或夫婦相呪詛、或悪女嫉妬怨呪詛、或怨家懐忿怒呪詛……或僧侶巫覡思利益呪詛、或傍官同僚争官職名誉呪詛、或天地鬼神呼日月星宿呪詛……。

次に家諍、他家口舌、夫婦、悪女嫉妬、同僚争官、日月星宿、さらに疫神霊鬼、山林川沢、巷街墳墓、社頭寺傍、水中石下などに発生・棲息する様々な呪詛を列挙していく。山林、墳墓、社頭などの多様な場所の呪詛は、そうした場所で呪詛が仕掛けられたことを意味するのだろうか。あるいは、かつて仕掛けられた呪詛の気が、山林川沢、水中石下などに憑依して災厄として滞っている様を表すのだろうか。そのあたり確定できないが、呪詛の種類がカタログのように叙述されていくところは興味深い。

(3)謹重啓五方主呪詛君、諸法八部将軍……車駕各還本府、今日以後永蒙慶泰、早除所拙速掃災患謹啓。

この後に祭文を誦み、人形を祈念し、その人形に呪詛悪事を移し、本人の立替とするといった儀礼実修のマニュアル的な文句・覚書が付されている。[27]

さて、(3)パートでは、「五方主呪詛君」にたいして「解謝」して、おのおの「本府」に還ってもらうことを祈る。それによって以後、呪詛の災厄は速やかに取り除かれるというわけだ。呪詛君が多種多様な呪詛の災厄を引き連れて「本府」に送却されていくイメージである。いかなる呪詛をも呪詛君の力によって祭り鎮めることができるという、まさしく「儀礼の力」が発揮されるところだ。その儀礼は、主神となる神を勧請し、供物を献上することで、その神霊の力によって荒ぶる眷属たちを引き連れ、本地に引き取ってもらう発想である。

しかし細部で注目したいのは、呪詛神を「呪詛君」と呼んでいるところだ。またそれに対応して、送却する本地を「本府」と呼ぶ。「呪詛君」と「本府」の名称は、おそらく対応していよう。すなわち、「府君」という「府」の長官のイメージである。それは陰陽道系の呪詛祓の注釈に「泰山府君」が登場することとリンクするのではないだろうか。この点、確定はできないが、泰山府君祭は土御門系陰陽道が最重視した祭祀であったことを考えると、あえて泰山府君を連想させる「呪詛君」「本府」という用語を用いたことは、注目されるところである。

さて、ここでわかるように土御門系「呪詛之返祭文」は、特定の個人に仕掛けられた個別的な呪詛を打ち返すための祭文ではない。人に振りかかる「呪詛」という災厄総体にたいして、それを「本府」に送却することで平癒を導く宗教儀礼である。また(2)のパートに示された呪詛の内容から「呪詛之返祭文」は、宮廷や武家社会といった場所に限定されず、かなり広い社会階層にも通用できることが推定される。それは「泰山府君祭文」や「天曹地府祭文」のような、天皇・将軍の権力維持と結びつく儀礼とは違う系統にあろう。

こうした土御門系「呪詛之返祭文」のスタイルは、いざなぎ流の「すその祭文」のルーツと考えることが可能なのだが、見過ごせない違いは、「呪詛之返祭文」には呪詛神（呪詛君）に関する物語的縁起がまったくないところだ。いざなぎ流の「すその祭文」は、先にあらすじを紹介したように、呪いの起源をめぐる、見事なストーリー仕立てになっていた。そこにこそ、いざなぎ流の祭文の特質が見出されよう。いざなぎ流の祭文が中世の本地物、説経、民間説話とも類似する世界をもつことにたいして、土御門系の祭文には、そうした「物語性」は一切なかった。きわめて儀式的な言語として完結していたのである。

では、いざなぎ流の「呪詛の祭文」がもつ、独特な物語縁起のスタイルの系譜はどこに見出すことができるのだろうか。次に視野を拡大して、地域社会で活動した民間系宗教者による〝呪詛神祭文〟を見てみることにしよう。

二　地方宗教者たちの〝呪詛神祭文〟

中世後期、列島社会の各地には、地域社会を舞台に活動する、法者・禰宜・祝師・太夫などと呼ばれた多様な宗教者たちが存在していた。彼らは名神大社、諸国一宮、または中央と結びつく有力寺院、あるいは氏神社の祭祀や法会に携わっているが、しかし地方宗教者たちと祭文との関係を示すのは、そうした神社の神前拝殿の祭祀儀礼や仏教寺院の法会ではなく、より小規模な「村方祭祀」の場であったという。(28) 地方祭文の多くは、「常祀の祭儀」ではなく、神強制・悪霊強制の祭儀のなかにこそ多く関わるという指摘も重要である。

さて、地域社会に伝わる呪詛系祭文としては、

◇金沢称名寺資料「呪詛神祭文」鎌倉〜南北朝時代(29)
◇三河禰宜資料「呪詛返祭文(30)」
◇備後田中家資料「呪詛祭文之祓」近世中・後期(31)
◇安芸国「呪詛祭文」（天文二年〈一五三三〉）(32)

の四種が確認できる。このうち、備後田中家資料「呪詛祭文之祓」を詳しく見てみよう。

備後田中家資料「呪詛祭文之祓」を読む

(1)謹請東西南方中央ニ御座ス呪詛神ハ太疫将軍ト申奉ル、御類眷属ハ九万九千九百八十四神ノ童子ニテ有ナリ

まず五方の呪詛神の勧請。呪咀神は同時に太疫将軍＝疫神で、膨大な数の童子＝眷属を引き連れている。儀礼の冒頭が呪詛神の勧請から始まるのは土御門系祭文と同じスタイルである。

(2)抑々呪詛神根元ヲ尋レバ、昔天竺南方ニ国有リ、名ヲ難国《ナンコク》ト申スナリ、其国ノ王ハ長者王ト申ス、生受

ル自リ此方《コノカタ》万人ヲ損セラレ、ソノ悪事ヲ成ス、上下万民ヲ悩乱セシメ、彼ノ王ニ相随フ眷属部類九万九千九百八十四神有リ、人ヲ滅サンガ為ニ呪詛神ニ成リ給フナリ、然則《シカルトキンバ》、不偏不思議ノ事ニ依テ人ニ害《ワザワイ》セラルヽモ、愁歎イタサシムルモ、此ノ呪詛神ノ謂ナリ。

「抑々呪詛神根元ヲ尋レバ……」と、呪詛神の来歴をめぐる物語が語られる。こうした出だしは、中世の本地物のスタイルとも共通しよう。呪詛神の来歴を求める「物語」が始まるのだ。

登場するのは、昔に天竺南方にあった「難国」という国。その国の長者王なる人物が主人公である。彼は生まれつき悪なる人物で、人々を殺害し、上下万人を困らせていた。そして王の眷属も人間を滅ぼさんために呪詛神となったというのだ。いざなぎ流の「すその祭文」の複雑なストーリーに比べれば、物語とも呼べないほどの単純なものだが、土御門系祭文にはなかった呪詛神来歴の「物語性」を志向していることは見過ごせない。それはこの祭文が村方祭祀など、民間社会へと広がっていくこととリンクしよう。「呪詛神」なるものの物語縁起を語ることが、人々の共感を生み、またその災厄を鎮める力を納得させていくのだろう。それを儀礼の場で誦むことに、まさしく「儀礼の力」が発揮されるのである。同時に、物語を語り伝える者であり、その儀礼を管掌する民間宗教者たち（法者・禰宜・祝師・太夫）の呪的カリスマを保障するといえよう。

(3) 其故イカント云所ニ、領無ク田地ノ論ヲ成シ、地境《サカエ》ノ畑ニ依テ財宝ニ呪詛モアリ、人ノ縁類出世ノ知ニ入リ、又夫婦入改《イリカワリ》ニ依テ呪詛モアリ、高キ山深キ海ニ沈モル呪詛モアリ、或ハ水神火神地神石神金神ト申テ□呪詛モアリ、或ハ陰陽師法師比丘尼ノ暗目《クラメ》ヲモツテ籠《コメ》タル呪詛モアリ、続いて、具体的な呪詛の発生源が詳しく述べられていく。人間同士の利害関係から始まって、自然のうちに沈澱している呪詛の災厄、また陰陽師などの術者によって仕掛けられた呪詛など、この世に充満している「呪詛の気」を述べ立てていくのである。その構成は、ほぼ土御門系祭文とも類似していよう。

(4)呪詛スル事無量无ベンノ神ナリ。サレバ此ノ呪詛神ヲバハナシ返シ奉ラズバ、子々孫々ニイタルマデ万善事《ヨロズヨキコト》ヲ妨ゲ、或ハ病煩ヲ授《アタ》ヱ、悪事ヲ好ミスルナリ。

しかし、そうした呪詛をするということは、すべて人間には計り知れない神＝呪詛神の行ないである。だから、「呪詛神」を人から離し、送り返さねば、病気の災いや悪事を好むということは子々孫々まで消えないだろう。

ここにおいて冒頭の呪詛神の根源、その由来の物語が生きてくる。呪詛神の正体、素性を知っている法者だからこそ、その呪詛神を離し返す＝送却することが可能だという理屈になるわけだ。

(5)然則何歳何ナル月日時ヲ撰定テ申籠タル呪詛神ニテ座ストモ、唯今ノ大願主並ニ信心ノ家内ヲ某只今丹誠抽出《ヌキンデ》テ、七珍万宝色々ノ礼奠ヲ捧ゲ、呪詛神ヲ元ノ本地ヱ返シ奉ル所ナリ。是ニヨリテ、子歳人呪詛神ヲハ、山城国賀茂大明神ノ宝殿へ返奉ル。……。

かくして、いつ・いかなる時を選んで仕掛けた発生した呪詛であっても、「大願主」の信心深い心から用意した数々の供物で祭れば、呪詛神となって元の「本地」へ返却しうるというのである。そして続いて、「子歳」の人が仕掛けた呪詛神ならば、山城国賀茂大明神の宝殿へと送却すると述べられていく。このあと、丑・寅・卯……とそれぞれの年の人の呪詛神が続く。

この十二支の生まれ年の人が送りつけた呪詛を返却する手法は、同様のものが中世の呪詛神祭文にも見られる。高位の神仏の力を借りて、呪詛神を「本地」へと返却するという発想である。

若子歳ノ人呪詛ナラハ者釈迦如来本地返給了
若丑歳ノ人呪詛ナラハ者金剛手菩薩本地返給了
若寅歳ノ人呪詛ナラハ者薬師如来本地返給了
若卯歳ノ人呪詛ナラハ者文殊師利菩薩本地返給了
若辰歳ノ人呪詛ナラハ者地蔵菩薩本地返給了
若巳歳ノ人呪詛ナラハ者普賢菩薩本地返給了
若午歳ノ人呪詛ナラハ者虚空蔵本地返給了
若未歳ノ人呪詛ナラハ摩利支天本地返給了
若申歳ノ人呪詛ナラハ者観世音菩薩本地返給了
若酉歳ノ人呪詛ナラハ阿弥陀如本地返給了
若戌歳ノ人呪詛ナラハ勢至菩薩普本地返給了
若亥歳ノ人呪詛ナラハ弥勒菩薩本地返給了

（金沢称名寺資料「呪詛神祭文」）

土御門家「呪詛之返祭文」に見られた呪詛君を「本府」に返却するという発想は、陰陽道の泰山府君祭をベースにしていると推定したが、ここでは多様な神仏の本地返却が特徴となっている。呪詛を送りつけた本人が依頼したと想定される高位の神仏の霊威によって、呪詛返却を行なうという方法である。(33)それは中世の民間社会に広がっていく、本地物と共通する独特な「神仏習合」信仰の反映といっていいだろう。呪詛神を本地へと送り返す「儀礼の力」は、そうした信仰圏のなかで活動する法者や禰宜、祝師といった民間宗教者たちの呪的カリスマのうちに宿っていくのである。

さて、こうした呪詛系祭文を見てきたとき、いざなぎ流の「すその祭文」がけっして孤立した異端的な存在ではないことは明らかだろう。呪詛・調伏という攻撃的呪術に対抗しつつ、それを「呪詛神」として祭り鎮めていく宗教者たちの系譜のなかに「いざなぎ流」の太夫たちも位置づけられるのである。

そのことを確認しつつ、あらためていざなぎ流の「すその祭文」の特質はどこに見出されるのだろうか。いざなぎ流の儀礼世界へと分け入ることにしよう。

三　いざなぎ流の「取り分け」儀礼と「すその祭文」

旧物部村別府《べふ》の中尾計佐清《けさきよ》太夫（平成十二年没）が所持した『御神祭文集書物』という祭文の覚書帳には、以下のような呪詛に関わる祭文が収録されている。

◇「すその祭文　大ばりう」（提婆流）

　呪詛神の起源を語る祭文。

◇「尺寸がえしの祭文」（釈尊流）

釈尊と提婆王、その妃のあいだで発生した呪詛事件を語る根本祭文。冒頭で概要を紹介した祭文と同系統。ただし、細部には重要な違いがある。後述。

◇「月よみの祭文」「日よみの祭文」「月読の祭文」「月読」「月割経」

月・日ごとにどのような呪詛が仕掛けられたか、それに対処する総括的な祭文

◇「女柳の祭文」(女流)

女性からの恨み・呪いが掛かったときに用いる祭文

◇「西山の月読方祭文」(西山法)

西山法という猟師の呪法による呪詛に対処する祭文

◇「仏法の月読の祭文」(仏法)

卒塔婆や墓などを使った呪咀に対処する祭文

◇「七夕方月よみ」(七夕法)

七夕法(織物に関わる技術を使う)という呪法に対処する祭文

こうした複数の呪詛に関わる祭文を多数所持していることが、いざなぎ流の特質であった。それはどんな手法で呪詛を仕掛けられても、完璧に対処できるという呪者としての自負に繋がるようだ(34)。実際、彼らは多くの呪詛の祭文をもつことを誇るという。もちろん、多くの呪詛に対処できることは、同時にまた、彼ら自身がその呪詛の方法を習得していることを示唆していよう。

注目されるのは、これら多種類の呪詛系祭文が、彼らの執行する「取り分け」と呼ばれる呪詛祭の儀礼次第と対応していることだ。取り分け儀礼の進行に合わせて、誦むべき祭文がセレクトされていくのである。

それはどのような次第になっているのか。

「取り分け」の儀礼現場から

「すその祭文」は、打ち掛けられた「呪い調伏」の災厄を呪詛神として祭り鎮める経緯を語るものである。ならばそれが誦まれる「取り分け」も、直接、仕掛けられた呪いに対処することが目的なのか。そうではない。個別的な呪詛返しではないのである。それは先に見た土御門家祭文、備後田中家祭文の性格ともリンクしてくるところだ。

「取り分け」とは、基本的に太夫が執行する宅神祭・氏神祭祀・大山鎮めなどを行なうとき、その本祭の前段行事として行なうことを目的とする。祭りをするとき、家や家周辺の掃除をするようなものだと太夫は説明している。祭りの空間に穢れや不浄なものがあっては祭りがうまくいかないので、まず「穢らい不浄」を除去しておくという発想である。こうした「取り分け」の中心に「呪詛神」を祭り鎮める祭文が読誦されるのだ。

このとき、いざなぎ流太夫が言う「呪詛」は、狭義の「呪い調伏」を包括しつつ、様々な穢れ、不浄のものを意味する「すそ」と解釈されていく。「呪い調伏」を実行しなくても、人間が抱く憎しみ、嫉妬などの邪悪な感情が「すそ」として、家や家の周辺に付着・累積してしまう。それが山の神、水神、地神などの神々にたいする「くもり」「へだて」となってしまい、神々からのお叱り（祟り）を受けることになる。それをあらかじめ防ぐために、神祭りの前には「取り分け」を行なって、神々の怒りを解き、「すそ」を除去しておくのである。

ではどのように「取り分け」は執行されるのか。また多様な呪詛系の祭文は、どのようにセレクトされ、儀礼の場で活用されるのか。「取り分け」の概略を見ておこう(35)。

(1)取り分けには、「法の枕」「ミテグラ」という二つの祭壇が用意され、「法の枕」に山の神の幣、水神の幣、四足《しそく》の幣、天下正《てんげしょう》の幣、天神の幣、そして「すその幣」。式王子の一つの「高田の王子」を立てる。一方、「ミテグラ」の中心には、祭文に登場する提婆王を象る「提婆の人形幣」が立つ。

(2)御幣・祭壇のまえで太夫はいくつかの祓えを行ない、さらに守護となる神を迎える。そして「御幣立て」という唱え詞を唱え、「すそ」をはじめとした祟りなす山の神、水神、荒神さらに神々の眷属たるヤツラ王、川ミサキ・山ミサキ・さんかの四足・いぬ神・さる神・蛇神など、山川に棲息する妖怪・変化の類いにたいして、人々の身肌から離れて、ミテグラのもとに集まってくるように呼び掛ける。

(3)ミテグラに集まったことが確認されたら、太夫は「山の神の祭文」「水神の祭文」「地神の祭文」「荒神の祭文」といった神々の祭文を読誦し、祟りをなしていた神々に許しを乞う。そして神の眷属にたいしても、人々に取り憑いた状態から納得して離れてもらって、それぞれ本拠である神々のもとにお帰りいただき、鎮まってもらう。これを「山のものは山へ、川のものは川へ」という。

(4)こうした神々、眷属の災いを一つひとつ取り分けていった最後に、もっとも重要な人の恨み・嫉みなどから発生した「呪詛=すそ」の処理に移る。ここで太夫は「すその祭文」を読誦する。祭文を読む順序は、

①「すその祭文・提婆流」

②儀礼の場に即して、「月読・日読」などをセレクト。さらに、その家にかかっているすその種類を特定し、「女流」や「西山流」などを使い分ける。

③最後に、「唐土じょもん」への礼儀としての「すその祭文　釈尊流」を読誦。

(5)祭文がすべて誦み終わったら、「すそ」が集まった御幣、ミテグラを縄で縛り上げ、逃げることができないように「剣の印・ばらもんの印・あじろの印・金輪の印・岩の印」など様々な呪的バリヤーを施し、村の外れや境いに設定された「すそ林」というところに穴を掘って、縛り上げた御幣、ミテグラを埋めてしまう。最後に式王子のひとつである「高田の王子」の行ないを掛けておく。

きわめて複雑な次第であるが、大きく前半の神々への「くもり」「へだて」への対処と、後半の「すそ」の二部構成になっていることがわかる。この二部立ての構成は、もともとは別々に行なわれていた儀礼が、ある時期にひとつの次第として統合されたことも考えられるかもしれない[36]。

さて「すその祭文」が読誦されるのは、(4)のパートである。そこでは三つの種類があった。以下、祭文の内容に即しつつ、その儀礼次第を見てみよう。

「すその祭文　大ばりう」（提婆流）

最初に読誦されるのは①「提婆流」である。次のような内容のものだ。

提婆の王は日本でいるべ切るべの戦さに負けられて、日本を発ちいでて、西に黒雲東に黒雲もたておいて、山が七里川が七里海が三七二十一里はしゃけばせ給ふて、人間衆生、犬猫牛馬畜類に至るまで、みな我等が千丈取りこに取りほそうよのうとは申して……。（中尾計佐清太夫所持「すその祭文　大ばりう」[37]）

戦さに負けた提婆の王が悪霊となって、人々を取り殺そうとする。そこで呪者が巫に悪霊＝提婆の王を憑

図2　祭に先立って行なわれる、取り分け儀礼

図3　中央に法の枕、左右にミテグラを置く

図4　セレクトされた呪詛系の祭文を誦み上げる

図5　「すそ」が集められたミテグラを「すそ林」に埋める

依させて、悪霊の託宣を得る。提婆の王は、御殿をかまえ、月々・日々に大祭を執行してくれるなら鎮まろうという約束をしたので、最後は鎮守堂や宝神宮などを建てて、提婆の王＝悪霊を鎮めることができたという展開になっている。

悪霊となる「提婆の王」とは、提婆達多にもとづくネーミングのようである。釈尊の従兄弟とされる人物で、後に釈尊に従って出家するが、釈尊を嫉み敵対し、「三逆罪」を犯した人物ともされていく。『法華経』にも「提婆達多品」があり、仏教世界のなかでの悪なる者の象徴とされる存在である。法華持経者が民間宗教者の系譜につらなることも見過ごせない。いざなぎ流の祭文は、そうした仏教系説話の読み替えといえよう。

仏教世界のなかで「悪」＝提婆達多にもとづく「提婆の王」が、いざなぎ流では呪詛神の起源として位置づけられた。「取り分け」儀礼の祭壇、「ミテグラ」に立てられた「提婆の人形幣」は、文字どおり提婆の王を象るものだ。そこに「すそ」を寄せ集めるのである。

ところで、悪霊となる提婆の王が人間たちを滅ぼすというストーリーは、先にみた備後田中家資料「呪詛祭文之祓」の長者王の物語とも類似していよう。呪詛祭の根本祭文として、まず「呪詛神」の根源を語るという内容である。だから、取り分けの次第でも、最初に「提婆流」の祭文が読誦されるわけだ。呪詛神の由来語りである。

選び出される祭文

続いて、取り分けの②では、儀礼を行なう家などの事情に合わせて、複数の「すその祭文」をセレクトして、誦みわけていく。たとえば某家では、かつて女性の恨みに関わる呪詛があったとか、または猟師の法、あるいは仏法による呪詛があったということが「くじ」などの占いで判明したら、それに該当する祭文を選んで読誦するのだ。それは以下のような祭文である。

正月太郎月に申の年の人が、寅の年の者に向わり申して、神の鳥居へ血文字をかけ、仏のまなこへ針をさし、堂宮あらいて、水花三度け上げ、けもどし、人は悪かれ、我が身はよかれと申して、荒神けみだしさらちの法文、抜き字を使ふて、さか字に使ふて、因縁調伏致してこれあり候ふとも、七本かごみてぐら、九つの人形つくりて、五穀一枚ぞろへ、七つの鳴り物、みちたち刀に、三千石のひけいに……、これ乗りくらへ、身肌を離いて立ち退き影向なり給へ

（「女流」の祭文）

正月子の日に子の年人が子の方その方一生一代、いかずが方へまいりて、地がたき、ねがたき、念じるかたきがあるよと申して、朝日を招いて、夕日を招いて、日打ち月打ちかけ打ち、のさ打ちかけして、咎本次第、向こう相手の肝先三寸、さざらにそばかと打ちたる式、南無呪詛神でもこれあり候ども、今日猟師の法、この祭文では、身肌を離いて立ち退き給へ。

（「西山の月読方」の祭文）

正月子の日に子の年の人が子の方その方一生一代、いかずが方へまいりて、子の方角へ向わり申して、地がたきねがちき、念じるかたきがあるよと申して、四方卒塔婆にけづりたて、さかばんつけに書きやしるいて、七ツの墓をつき、七板卒塔婆もけづりたて、さかばんつけに書きやしるいて、七ツの墓をつき、地にて地神荒神はないかと申して、読みやをこいて、かたきをうって、疫をとどめ、なまちをすゑ、子孫絶へ、曾孫絶へと申して……、これあり候ども、今日、釈迦の小巫がそなはり申して仏法この

祭文で、読みや納めてまいらする。（「仏法の月読」の祭文）

誰が、どんな方法で呪詛を仕掛けたのか、それがこれらの祭文のテーマである。そこであらためて、土御門家の「呪詛祭文之祓」と比較してみると、こういうことがいえそうだ。土御門家「呪詛之返祭文」、備後田中家の「呪詛之返祭文」、田中家「呪詛祭文之祓」の祭文では、呪詛の種類がカタログ的に羅列されていた。どんな呪詛が仕掛けられているかは不明でも、そのカタログ的な羅列のうちから、鎮め祭るべき呪詛が当てはめられる。これにたいして、いざなぎ流の場合は、個別・具体的に、誰が、どのような手法を用いて、どんな呪詛を仕掛けたのかに徹底的にこだわっていく。神の鳥居へ血文字で呪いの言葉を書き、あるいは仏のまなこへ針を指す、または「のさ打ち」や「荒神けみだしさらちの法文」を用いた呪い調伏など、その個別の呪法ごとに、祭文テキストが区別され、独立していったのである。

さらに、いざなぎ流の「すその祭文」の場合は、呪詛を仕掛ける人の社会的な背景や、憎悪や嫉妬といった感情ではなく、どのような呪法によるものかという呪詛法のテクニックにこだわることが見えてくる。太夫が相手どるのは、呪詛を仕掛ける人間の嫉妬や怨嗟などの感情ではなく、呪詛法のテクニックなのである。彼らの祭文には、人々の憎しみの心を浄化しようとか、懺悔させようといった目的はない。様々なテクニックを使って仕掛けられた呪詛を「身肌を離いて」「立ち退き影向なり給へ」と、送却していくことが一番の目的なのである。

最後の③のパートで読誦されるのが「尺寸がやしの祭文」（釈尊流）である。釈迦一族の相続争いに端を発した呪い合戦の物語を語る、あの有名な祭文である。呪いの起源神話ともいえるものだが、太夫たちにとって重要なのは、呪い調伏の呪法を駆使する「唐土じょもん」という法者の存在であった。取り分けのなかで、太夫はこの祭文を「唐土じょもんの巫」への「礼儀」として誦むと位置づけるのだ。それはどういう意味なのか。

「すその祭文・釈尊流」と太夫の「りかん」

「釈尊流」の祭文が語る釈迦一族の内紛のなかで登場する提婆の王が、「提婆流」の悪霊となる提婆の王と同一人物であることはまちがいない。しかし、この祭文でキーパーソンとなっているのは、唐土じょもんの巫という人物である。彼は、釈尊、提婆王、妃という直接的な利害関係をまったくもたない、まさしく第三者である。相手に咎がある／なし関係なく、呪詛法のテクニックを駆使する、呪法のプロなのだ。

あらためて、いざなぎ流の太夫が相手どるのは、多様な呪詛法のテクニックであったことを確認しよう。だからこそ、そのテクニックの創始者たる唐土じょもんの巫こそが、呪詛神を管理し、処理してくれる呪法の源泉となる。取り分けの現場では、太夫は、この祭文を読誦することで、起源としての唐土じょもんと神話的に一体化し、「すそ」を鎮め祭ることができると考えるのである。だから太夫たちは、取り分け執行の「礼儀」として、この祭文を重視するのである。また太夫は「呪詛の次第を始めた法者は唐土じょもんの尊。取り納めるにも右の尊を頼まなくては出来ない(38)」という説明もする。唐土じょもんが、取り分け＝呪詛の祭りを執行する太夫の「後ろ立て」となるわけだ。

ここには、人に依頼されて呪詛を仕掛けることへの善悪の価値観は見られない。それとは異なる価値観が働いているのである。太夫にとって重要なのは、呪詛することの善悪ではない。どのような呪法・テクニックが使われたか、それにはどう対処できるかという、呪法のテクニックが重要なのだ。だからこそ、呪詛法の創始者たる唐土じょもんの活躍を語る「釈尊流」の祭文が、最後に誦まれるもっとも重要な「すその祭文」となるのだ。

ところで、太夫たちが所持する「釈尊流」の祭文にも多数のバージョンがある。そこには内容の違いも見られるのだが、注目されるのは、「すその祝い直し」、すなわち呪詛神を「すその名所」へと送り鎮める結末がないバージョンがあることだ。そのひとつ、中尾計佐清太夫のテキストの結末部はこうなっている。

大調伏の調伏返しのご祈念致してござれ、提婆つれさせ給ふた妻の妃へ、ちぢんかえらせ給ふて、一まま半しきならてにはれふし申してござればも百人のみ弟子揃えて祈れど祈りが身合い申さん、百八人の医者が揃うてくすれども薬が身に合い申さん、百八人の灸師が揃うて灸すれども、灸が身に合い申さん、にをうごんぜとも名づけたり、河原人とも名づけたり、にをごんぜんとは何の事、河原人とは何の事、三病患い人にて疑い処がわしません、今だが衆生に伝えて三病患い、治す神子も、医者も、灸師も、よもないと言ふのは其の因縁とも読まれたり。

（「尺寸がやしの祭文」）

唐土じょもんの巫による「大調伏の調伏返し」によって、提婆の妃は、いかなる治癒法も効果がない「三病患い」＝「ハンセン病」になってしまう。つまりこの祭文は、儀礼と切り離して読むと、「三病患い」という病気に罹るのは、罪・咎のない相手にむやみに呪い調伏を仕掛けた報いであることの結末になるのだ。むやみに呪い調伏を仕掛けると、こういう報いを受けるという教訓譚とも読めよう。唐土じょもんがいかにして「すそ」を祭り鎮めたかではなく、呪い調伏の恐ろしさが強調されているのである。

だとすると、計佐清太夫が所持する「尺寸がやしの祭文」は、取り分け儀礼の執行にとっては、不適格な、不完全な祭文テキストなのだろうか。内容だけで判断するとそう考えられるかもしれない。だが、われわれが見て「不完全」な祭文は、計佐清太夫以外にも、滝口弥久忠太夫「し屋く尊流」、小松豊孝太夫「呪詛の祭文釈尊流」など、けっして少なくはない。提婆の妃の悲劇的結末で幕を閉じる「釈尊流」の祭文も多く伝わっているのだ。

さらに重要なのは、計佐清太夫自身は自らの「尺寸がやしの祭文」を、不完全なものとは認識していないことだ。事実、太夫はこの祭文を用いて、自らが執行する「取り分け」を滞りなく完遂させていくのである。祭文の結末に呪詛神の祝い鎮め、送却が語られていなくても、「すそ」を祭る儀礼にはなんら支障はないのだ。はたして、それはどう考えたらいいのだろうか。

ここにこそ、太夫たちの執行する儀礼の現場で生成する言葉の力が見えてくる。祭文の結末が、呪詛神の送却・祭り鎮めとなっていなくても、太夫自身の祭文読誦によって、「すそ」の取り分けは完遂できるという考え方だ。すなわち、儀礼執行にとっては書かれた文字テキストがすべてではないという、儀礼実践の現場に生きる者の発想である。

提婆の妃への調伏返しで終わる「尺寸がやしの祭文」に登場する唐土じょもんは、現代的な価値観からは呪詛を請け負った「悪人」ということになる。その祭文のなかでは、唐土じょもんは呪詛の処理を果たしていないのだから。だが、太夫たちの価値観は違う。彼らにとって「唐土じょもん」は、呪詛神の送り鎮めをする／しないに関わりなく、呪詛法を創始し、それを駆使するテクニックをもっているかぎり、呪詛の取り分けの儀礼遂行の「後ろ立て」となりうるのだ。そこにあるのは、呪詛の実行とその処理とを同質の行為とみなす呪術テクニック至上主義という思想といってもよい。だから、提婆の妃への調伏返しで祭文が終わっていても、その祭文を読誦すれば、取り分けは実行しえるわけだ。

さらに注目されるのは、祭文に追加されるあらたな言葉が儀礼執行の現場で編み出されていくところだ。

太夫たちが「りかん」(「読み分け」ともいう)と呼んでいる手法である。彼らは儀礼のなかで、ただ祭文をテキストどおりに読誦しているわけではない。祭文にもとづきながら、それを誦むことの儀礼上の効果や、その日行なう儀礼にふさわしい目的、固有な事情など臨機応変に言葉を加えていくのだ。それが「りかん」である。「りかん」がスラスラ言えないと一人前の太夫になれない、というのが太夫たちの実践的な認識なのである。

取り分けのなかで計佐清太夫は、「尺寸がやし」のあとに以下のような「りかん」を加えていく。

昔唐土じょもんの巫の立て置く、すその名所へ、地は三寸と買取り申して十三年の年切りかけて、送り鎮め、打ちや鎮めてまいらする。鎮まりいけ、鎮まり影向なり給へ。

祭文には語られていない、唐土じょもんによる呪詛神の送り鎮めの文句である。太夫は書かれた祭文のテキストをこえて、まさしく唐土じょもんの法者としての力を、「りかん」のなかで誦み加えていくのだ。(39)ここで呪詛神を送り鎮める場所を、唐土じょもん自身が「立て置く」=設置したということが重要だろう。「本府」という泰山府君信仰と連関する土御門系の祭文、また神仏習合的な「本地」に送却する地方の民間宗教者たちの祭文にたいして、いざなぎ流は、呪い調伏の発動者自身が、その呪詛のエネルギーを鎮める場所を作りたてるのだ。太夫の呪能と不可分な縁起譚といえよう。

＊＊＊

いざなぎ流の「取り分け」の儀礼は、屋内での次第を終えると、「すそ」を寄せ集め、呪縛したミテグラなどを「すそ林」という特別な場所に埋め、封印する。(5)のパートの次第である。それは祭文のなかで唐土じょもんが呪詛神を「南海とろくの島のすその名所」に封じた「物語」の儀礼的再現といってよい。

しかし儀礼の現場においては、たんなる祭文＝神話の再演では終わらない。ここにおいても、祭文中には出てこない、あらたな作法が追加されるのだ。「高田の王子の行ない」と呼ばれる呪法である。高田の王子とは、いざなぎ流太夫が使役する式王子のひとつである。[40] それを使役する呪法は、祭文とは別に、あらたに「法文」と呼ばれる呪術的テキストを必要とする。式王子を召喚し、使役する呪法はすべて法文にもとづくのである。その法文とは、祭文で祭られる神たちの世界観を前提にしつつ、それを具体的に応用していく力を導き出すテキストといっていいだろう。[41]

一回、一回の儀礼の現場のただ中において、太夫自身の裁量によって、祭文の言葉を組み替え、あるいはあらたな文句を付けたし、さらには本来の目的とは異なるような呪術的なテキストを作り上げていく。「儀礼の力」とは、太夫が発する言葉、音声のなかに顕現してくるのである。その儀礼現場の彼方には、中世の宗教者たちの世界が幻視されるだろう。

註

（1）「宗教性」への捉え直しをめぐる社会的動向としては、既成の宗教教団の枠を離れた「霊性」（スピリチュアル）なるものへの復権も見過ごせない。主要に、一九九〇年代からＷＨＯ（世界保健機構）が、人間の「健康」の定義に「スピリチュアル」という用語を加える動きから、現代的な広がりをもったという。それは現代思想における「ポストモダン」の動向とも無縁とはいえないだろう。このあたりの問題については、湯浅泰雄「霊性問題の歴史と現在」、葛西賢太「「スピリチュアリティ」を使う人々」（湯浅泰雄監修『スピリチュアリティの現在』人文書院、二〇〇三年）、島薗進『スピリチュアリティの興隆』（岩波書店、二〇〇七年）などを参照。またスピリチュアリティの動向と「いざなぎ流」との接点をめぐっては、斎藤英喜「民俗宗教のスピリチュアリティ――「陰陽師ブーム」と「いざなぎ流」の世界から」（佛教大学編『生命論と霊性文化』思文閣出版、二〇〇九年）で論じた。

（2）人類学的な「儀礼研究」については、レヴィ・ストロース『野生の思考』（大橋保夫訳、みすず書房、一九七六年）など。

（3）いざなぎ流祭文の主要なテキストは、吉村淑甫監修、斎藤英喜・梅野光興共編『いざなぎ流祭文帳』（高知県立歴史民俗資料館、一九八七年）に収載されている、以下の祭文である。「大土公祭文」「いざなぎ祭文」「すその祭文」「山の神祭文」「水神祭文」「地神祭文」「荒神祭文」「天刑星祭文」「七夕祭文」「恵比寿祭文」「御崎祭文」「大将軍の本地」「弓の本地」「天神祭文」「金神祭文」「枕木祭文」「田之宿祭文」「おんなじの祭文」「天宮祭文」「釈迦皇帝祭文」。

（4）奥三河の花祭祭文については、山本ひろ子「大神楽と「浄土入り」」（『変成譜』春秋社、一九九三年）、同「神楽の儀礼宇宙」（『思想』一九九五年十二月号―一九九七年十月号）が最新の研究成果。中国地方の神楽祭文については、岩田勝『神楽源流考』（名著出版、一九八三年）、同『神楽新考』（名著出版、一九九二年）、鈴木正崇「巫覡と神楽」（『神と仏の民俗』吉川弘文館、二〇〇一年）、井上隆弘『霜月神楽の祝祭学』（岩田書院、二〇〇四年）などがある。

（5）こうした視野からの「いざなぎ流」の祭文と儀礼の研究として、斎藤英喜『いざなぎ流　祭文と儀礼』（法藏館、二〇〇二年）。なお「いざなぎ流」研究史の二〇〇六年までの総括としては、斎藤英喜「「いざなぎ流」研究史の整理と展望」（日本宗教民俗学会『宗教民俗研究』第一四・一五合併号、二〇〇六年）を参照のこと。またいざなぎ流をめぐる最新の研究水準にもとづいた概括として、梅野光興『いざなぎ流の宇宙』（高知県立歴史民俗資料館、一九九七年）がある。

（6）小松和彦『憑霊信仰論』（伝統と現代社、一九八二年。後に増補版・講談社学術文庫、一九九四年）。木場明志「民間陰陽師の咒法――高知県香美郡物部村「太夫」における事例」（『日本人の生活と信仰』同朋舎出版、一九七九年）。

（7）木場明志「近世日本の陰陽道」、「近世土御門家の陰陽師支配と支配下陰陽師」（木場明志編『陰陽道叢書3　近世』名著出版、一九九三年）、高埜利彦「近世陰陽道の編成と組織」（『近世日本の国家権力と宗教』

東京大学出版会、一九八九年）、林淳『近世陰陽道の研究』（吉川弘文館、二〇〇五年）、梅田千尋『近世陰陽道組織の研究』（吉川弘文館、二〇〇九年）など。またこうした近世陰陽師研究の成果を踏まえた「いざなぎ流太夫」の歴史的研究として、梅野光興「神子・博士・陰陽師」（『比較日本文化研究』六号、二〇〇〇年）、小松和彦「民俗社会における「陰陽師」の存在形態――高知県物部村の「いざなぎ流太夫」の場合」（日本宗教民俗学会『宗教民俗研究』第一四・一五合併号、二〇〇六年）、同「民俗社会における「陰陽師」の存在形態・補遺――近世槇山郷の博士関係文書紹介」（『比較日本文化研究』一一号、二〇〇七年）がある。また近世土佐の「博士」をめぐる最新研究として、山本琢「近世土佐国における博士の存在形態」（『大谷大学大学院研究紀要』第二三号、二〇〇六年）、同「近世・近代移行期における宗教者組織の再編と解体」（『宗教民俗研究』第一九号、二〇〇九年）がある。

（8）小松、註（6）前掲書。また小松和彦による「すその祭文」の研究としては、「呪詛神再考」（『現代思想』一二巻七号、一九八四年）、「いざなぎ流の祭文――「呪詛の祭文・釈尊流」」（大阪大学文学部共同研究センター編『日本語・日本文化研究論集』一九八八年）、「いざなぎ流祭文研究覚帖　呪詛の祭文（上）・（下）」（『春秋』三五五、三五七、三五八。一九九四年一月、四月、五月）がある。

（9）小松、註（6）前掲書「式神と呪い」に収載された門脇豊重太夫本の要約にもとづく。

（10）以下の概括は、斎藤英喜『陰陽道の神々』（思文閣出版、二〇〇七年）による。

（11）岡田荘司「私祈禱の成立」（村山修一他編『陰陽道叢書2　中世』名著出版、一九九三年）。

（12）岡田荘司「陰陽道祭祀の成立と展開」（村山修一他編『陰陽道叢書1　古代』名著出版、一九九一年）。

（13）山下克明『平安時代の宗教文化と陰陽道』（岩田書院、一九九六年）。

（14）斎藤英喜『安倍晴明――陰陽の達者なり』（ミネルヴァ書房、二〇〇四年）。

（15）『神道大系　中臣祓註釈』に収録。

（16）『中臣祓訓解』の先行研究としては、久保田収『中世神道の研究』（臨川書店、一九五九年）、櫛田良洪『真言密教成立過程の研究』（山喜房仏書林、一九六四年）、岡田荘司「『中臣祓訓解』及び『記解』の伝本」（『神道及び神道史』第二七号、一九七六年四月）、鎌田純一「中臣祓訓解の成立」（『中世伊勢神道の研究』続群書類従完成会、一九九八年）、桜井好朗「『中臣祓訓解』の世界」（『祭儀と注釈』吉川弘文館、一九九三年）など。

(17) 六字河臨法については、速水侑『観音信仰』(塙書房、一九七〇年)、村山修一『日本陰陽道史総説』(塙書房、一九八一年)、渡部真弓「中臣祓と日本仏教」(『神道と日本仏教』ぺりかん社、一九九一年)、桜井好朗「六字河臨法の世界」(『儀礼国家の解体』吉川弘文館、一九九六年)など。

(18) 小阪眞二「陰陽道祭用物帳・翻刻」(『民俗と歴史』一九七九年七月号)。

(19) 小坂眞二「陰陽道の反閇について」(下出積與他編『陰陽道叢書4　特論』名著出版、一九九三年)。また「反閇」をめぐる最近の研究としては、田中勝裕「『小反閇並護身法』の一考察」(『佛教大学大学院紀要』第三三号、二〇〇五年三月)、大野裕司「玉女反閉局法について」(『北海道大学大学院文学研究科　研究論集』第六号、二〇〇六年)など。

(20) 小阪眞二「禊祓儀礼と陰陽道」(『早稲田大学大学院文学研究科紀要』別冊三、一九七六年)。

(21) 田中勝裕「反閇と地戸呪」(『佛教大学大学院紀要』第三五号、二〇〇七年三月)。

(22) 村山修一編『陰陽道基礎史料集成』(東京美術、一九八七年)に収録。安倍泰嗣撰『祭文部類』(天正十一年〈一五八三〉)。なお同書をふくむ「陰陽道」関係テキストについては、山下克明「陰陽道関連史料の伝存状況」(『東洋研究』第一六〇号、二〇〇六年)参照。

(23) 村山、註(22)前掲書の解説、参照。

(24) 近年、鎌倉幕府と陰陽師との関係をめぐる研究は活発であるが、主な研究成果として、金澤正大「関東天文・陰陽道成立に関する一考察」(村山修一他編『陰陽道叢書2　中世』名著出版、一九九三年。初出は一九七四年)、新川哲雄「鎌倉と京の陰陽道」(日本思想史懇話会編『季刊　日本思想史』第五八号、二〇〇一年)、佐々木馨「鎌倉幕府と陰陽道」(佐伯有清編『日本古代中世の政治と宗教』吉川弘文館、二〇〇二年)、赤澤晴彦「陰陽師と鎌倉幕府」(日本史研究会『日本史研究』四九六号、二〇〇三年十二月)などがある。また陰陽師とともに「宿曜師」の活動にも注目すべきことが、戸田雄介「鎌倉幕府と宿曜師」(『佛教大学大学院紀要』第三五号、二〇〇七年三月)によって指摘されている。

(25) 東坊城和長撰『諸祭文故実抄』(永正十五年〈一五一八〉)。東大史料編纂所所蔵・神宮文庫所蔵。未翻刻(一部は『大日本史』に収録)。収載された陰陽道系祭文は、「天曹地府祭文」「泰山府君祭文」「三万六千神祭文」「天地災変祭文」「玄宮北極祭祭文」である。なお、『諸祭文故実抄』をめぐる先行研究としては、山下、註(22)前掲論文、伊藤慎吾「東坊城和長の文筆活動」(『国語と国文学』第八二巻六号、二〇〇五年）、同「室町後期紀伝儒の祭文故実について」（『国語国文』第七二巻八号、二〇〇六年）がある。

(26) 柳原敏明「室町政権と陰陽道」（村山修一他編『陰陽道叢書2　中世』名著出版、一九九三年。初出は一九八八年）。

(27) 中世陰陽道の「呪詛祭」については、鎌倉時代後期の賀茂氏系の祭祀マニュアル書『文肝抄』（賀茂在材が編者に推定）にも次第が記されている。「委細事見祭文」の注記があるが、残念ながら祭文本文はない。なお、『文肝抄』の本文は、村山、註（22）前掲書に収載。また山下、註（22）前掲論文を参照。他に『文肝抄』に関する研究としては、室田辰夫「『文肝抄』所収荒神祓についての一考察」（『佛教大学大学院紀要』第三五号、二〇〇七年三月）、同「『文肝抄』編者についての検討」（『佛教大学大学院紀要』第三七号、二〇〇九年三月）がある。

(28) 岩田、註（4）前掲書を参照。

(29) 神奈川県立金沢文庫『中世の占い』（図録、一九八九年）に翻刻。また広島県立歴史博物館『中世の民衆とまじない』（図録、一九九〇年）にも写真版を収載。

(30) 豊根村古文書館蔵。藤森寛志氏の提供による。

(31) 岩田勝編『中国地方神楽祭文集』（三弥井書店、一九九〇年）に翻刻。

(32) 岩田、註（31）前掲書に翻刻。

(33) 岩田、註（31）前掲書解説を参照。

(34) 小松、註（8）前掲論文「いざなぎ流祭文研究覚帖」。

(35) 「取り分け」については、髙木啓夫『いざなぎ流御祈禱』（物部村教育委員会、一九七九年）、小松、註（8）前掲論文「呪詛神再考」、斎藤、註（5）前掲書第四章「「呪咀の祭文」と取り分け儀礼」を参照。

(36) 松尾恒一の調査によれば、平成十五年（二〇〇三）十一月に行なわれた藤岡好法太夫による祭儀（取り分け）では、「鎮め物」のうち、「すそ」は「すその御社」に鎮まるようにして、一方山川の精霊・眷属は縛りを解いて、山の神、水神のもとに送却するように祈禱したという。ここには「取り分け」が、本来、山川の鎮めと「すそ」との別々の儀礼としてあったことの片鱗を見せていよう。松尾「物部の葬送習俗といざなぎ流祈禱」（小松和彦編『日本人の異界観』せりか書房、二〇〇六年）を参照。

(37) 以下、祭文のオリジナルテキストの引用にあたっては、あて字などの部分を正字にした。

（38）物部村大栃在住、小松豊孝執筆『咒阻方の法式次第』。
（39）以上の分析は、斎藤、註（5）前掲書による。また祭文と「りかん」の関係をめぐる最新の研究としては、梅野光興「いざなぎ流　祭文と呪術テクスト」（阿部泰郎編『日本における宗教テクストの諸位相と統辞法』名古屋大学大学院文学研究科、二〇〇八年）がある。
（40）「式王子」については、小松、註（6）前掲書、髙木啓夫『いざなぎ流御祈禱の研究』（高知県文化財団、一九九六年）、斎藤、註（5）（10）前掲書を参照。
（41）梅野、註（39）前掲論文参照。

第二章　声明の美的表現力と権能――法華懺法の受容から

大内　典

はじめに

「法華懺法」は、中国天台の祖智顗（五三八―五九七）が自らの行体験に基づいて、仏教的真理の深い覚醒に至る実践法を記した『法華三昧行法』の「略伝」とされる。[1]『慈覚大師伝』では、最澄が「大綱」を伝えていた法華三昧の行を円仁が「改伝」したものとする。[2]やがてそれは、「朝懺法に夕例時」と言い習わされて天台宗の朝課に常用されるとともに、大小さまざまな法要の場で勤修されることになり、さらに宗教儀礼の枠をこえて、文学・芸能の世界へ、さらには政治の世界にまで影響を与えていく。中古文学の担い手たちに、源平の争乱のなか熊野へ落ちのびた平維盛が、「一心敬礼の声澄めば、三世の諸仏随喜を垂れ、第二・第三の礼ごとに、無始の罪滅らんに、いと貴く」感じ入る情景を、あるいは傷心の光源氏が北山の僧坊で、「法華三昧おこなふ堂の懺法の法の声、山おろしにつきて聞こえくる」のを「いと尊く」聴く姿を描かせたのは、この法儀である。またその一節から、「一心敬礼声澄みて」と歌う一群の仏教歌謡も生まれた。さらに近年、日本文学、宗教文化史の分野では、中世における公武の緊張関係のなかで、法華懺法は政治権力の継承を確認する装置としても利用されたことが論じられている。[3]

法華懺法が、このようにある種の芸術的創造活動や政治的影響力と結びついた事実は、儀礼という営為に備わる実質的な、あるいは創造的な力の存在を雄弁にものがたる。では、法華懺法の場合、その力はいかにして生じたのか。当論は、勤修する者、聴聞する者が法華懺法をどのような法儀と受け止め、その響きに何を聴いていたのか、という観点からその問いに取り組むものである。「法華三昧行法」の略伝といわれてきた法華懺法だが、後に詳しくみるように、両者の構成には「略伝」という解釈の妥当性を疑わせるほどの開きがある。にもかかわらず、それは本来の「法華三昧行法」に等しい宗教的意義を有するものと受け止められていた。それにはそう解釈するだけの根拠および、そうしなければならない理由があったと思われ、それはそのまま、法華懺法勤修の場で人々に働く力と関わるものでもあったろう。また、法儀の場で法華懺法は、いわゆる「声明」として実修された。「一心敬礼」、「第《てい》二《じ》第《てい》三《さん》」というその一節が歌謡や文芸の素材となったのには、法華懺法が音楽表現として発揮した力の存在があったと考えられる。

そこで当論は、まず、法華懺法が日本天台の教学体系のなかにどう位置づけられ、またそれが定着していった当時の社会においてどのように受け止められていたのかを探る。次いで、それが「声明」という音楽表現として法儀の場に現れていたことに目をむけて、その実唱に関わるシステムから、どのような力が発生したのかを考える。この二方向からの考察により、最終的に、法華懺法実修の場に生まれた力学の構造について論じてみたい。

一　法華懺法がまとう「正統性」

1．法華懺法／法華三昧

まず、「法華懺法」をめぐる用語のあいまいさから、この法儀に対する認識を探ってみたい。古来、「法華懺法」「法華三昧」「法華三昧懺儀」などの用語、儀軌名がしばしば混用されてきた。「法華懺法」に関する比叡山内の所伝を列記してみる。

・「嘉祥元年（中略）大師於レ是改二伝法華懺法一先師昔伝二其大綱一大師今弘二此精要一」[4]（『慈覚大師伝』）
・「貞観二年庚辰以二安楽行品一伝二法華三昧一今懺法是」[5]（『天台座主記』）
・「嘉祥元年春慈覚大師伝二半行半坐三昧行法華一。毎二四季終一期二三七日一建二普賢道場一懺二悔六根罪障一。永期二未来際一修二法華三昧一」[6]（『叡岳要記』）
・「伝教大師大同四年二月十五日於二一乗止観院一始二修法華三昧一」[7]（『叡岳要記』）

これらの記述においては、大同四年（八〇九）に最澄が始修した「法華三昧」の行法と、後に嘉祥元年（八四八）に円仁が伝えた「法華懺法」、同じく円仁が貞観二年（八六〇）に安楽行品をもって伝えたという「懺法」の前身としての法華三昧、そして智顗が「四種三昧」として体系化した止観実習のための四種の方法中、半行半坐三昧に分類される法華経による三昧法とは、明確に区別されていないように見える。しかし今日では、現行の「法華懺法」と、四種三昧における法華三昧の別行本である『法華三昧行法』ないし『法華三昧懺儀』に説く行法が同一のものでないことは、ひろく了解されている[8]。現在の理解では、「法華懺法」は、『法華三昧行法』の五つの部分（門）のうちの第四「明六根懺悔法」（『懺儀』では「正修行方法」）を構成する十の手順（十法）中、三業供養、礼仏、懺悔、行道、誦法華経の五法における口唱の文だけを抄出し、伽陀、梵唄、引声といった声楽的要素を加えたものである。しかし、この勤行式がいつどのようにして成立したか、いつの時点から現行の次第で実唱されたのかについては、現在のところ不明である。ただ、いくつかの資料から、法華懺法の次第をある程度時代を遡って検証することはできる。表1は、それらをまとめたものである。これによって、『法華三昧行法』中のこの部分と現在天台宗で用いられている「法華懺法[9]」の次第を照合することができる。さらに両者の間に、中世末の高僧定珍（一五三四―一六〇三）による注釈書『法華懺法私[10]』、西教寺正教蔵の承応元年（一六五二）写の注釈書『法華懺法私[11]』および鎌倉初期に天台声明の楽理を集大成した湛智（一一六三―一二三七）の『声明目録[12]』（貞応三年〈一二二四〉）に示される次第を置くと、部分的な変容はあるにせよ、湛智の時代には現行法華懺法の原型ができていたことがわかる。

さらに、『梁塵秘抄』に収められた法文歌「一心敬礼声すみて　十方浄土に隔なし　第二第三数ごとに　六根罪障罪滅す[13]」や『声明口決』所載の訓伽陀「一心敬礼声すみて　十方世界にへだてなし　第二第三たびごとに　六情根のつみきえぬ[14]」にみえる「第二第三」は、「法華懺法」の「六根段」中の文言であるが、これは『法華三昧行法』では「懺悔眼根法」の末尾の割注のなかに行者に対する作法の指示として表れるものであって、唱えられる文言ではない。したがって右に挙げた「第二第三たびごとに」の詞章は、これらの法文歌や訓伽陀が、眼耳鼻舌心身の六つの段ごとにこの文言を繰り返す「法華懺法」を題材としていること、

表1　「法華三昧行法」と「法華懺法」次第の比較

法華三昧行法	懺法（湛智『声明目録』）	法華懺法私（定珍）	法華懺法私（西教寺正教蔵）	現行法華懺法
一　厳浄道場				
二　浄身				

三　三業供養				伽陀（総礼）
三礼	惣礼三宝	総礼三宝	総礼三宝	総礼三宝
供養文	供養文	（距跪偈）供養文	供養文	供養文
四　奉請三宝	奉請	奉請段	奉請段	
五　讃歎三宝	唯願	唯願我段	唯願我段	法則
	梵唄	乞唄文		歎仏呪願
	乞呪願詞	如来唄	如来唄	
		呪願	呪願	
六　礼仏	敬礼段	敬礼段	敬礼段	敬礼段
七　懺悔	六根段	六根段	六根段	六根段
	四悔	四悔段	四悔段	四悔段
八　行道遶旋	十方念仏	十方念仏	十方念仏	十方念仏
九　誦法花経	経段	経段	経段	経段（安楽行品）
十　思惟一実境界	十方念仏		奥の十方念仏	十方念仏
			合殺（釈迦合殺）	
	後唄	後唄	後唄	後唄
			三礼	三礼
			七仏通戒偈	七仏通戒偈
	六時偈	後夜偈（六時偈）	後夜偈（六時偈）	後夜偈（六時偈）
	切音錫杖			神分　霊分　祈願
	頌		［九条錫杖］（別部）	九条錫杖
				伽陀（回向）

さらにこうした法文歌や訓伽陀が詠まれた時代、すなわち平安末期には、「法華懺法」がその享受層の耳に、現行形態の原型に相当するような形で届いていたことを示す。

ここで注目したいのは、この勤行式化した「法華懺法」が、法華三昧行法と等しく位置づけられていたことである。明応元年（一四九二）[15]七月の坂本東南寺における講義録の体裁をとる『法華懺法聞書』には、次のように記される。

此ノ懺法トハ云。四種三昧ノ中ノ法華三昧ノ修行。（中略）伝教大師於テ二吾山ニ一四種三昧ヲ建立シ玉フ其ノ随一也。凡ソ常ニハ南嶽ノ懺法トフ云歟。然ト雖ノ南嶽懺法トハ云ハ今世ニ不ル二流布セ一歟。仍テ天台ノ法華三昧行法ノ記トテ有リレ之。以テレ是ヲ今ノ懺法トハ中様ニエタリ見。

「法華懺法」は四種三昧のなかに位置づけられる法華三昧修行であり、智顗が著した『法華三昧行法』であるとしている。しかし、この『法華懺法聞書』は本文中で、法華三昧行法にはない「後唄」「六時偈」について注釈を加えているから、ここで解説している行法は明らかに勤行式化した「法華懺法」である。にもかかわらず、それが「三昧修行」とされている。ここには、用語の混乱というよりも、「法華懺法」に対する特別な意識が現れているのではないだろうか。

『法華三昧行法』と「法華懺法」との次第構成上の違いは明らかである。それは、後者を前者の「略伝」と解するのをはるかに越えた違いである。前者は、「半行半坐」による「三昧」のうちに諸法実相を観じる方法を示すものであるから、その行法の中心が旋繞（半行）と坐禅観法（半坐）であることはいうまでもない。ところが後者は、その要となる部分のうち第十の「思惟一実境界」（『法華三昧懺儀』では「坐禅正観」）を欠いている。次第を見れば、「法華懺法」では、「敬礼段」、「六根段」および安楽行品の読誦に比重が移っているのは一目瞭然である。にもかかわらず、「今に伝はる法華懺法は高祖の法華三昧行法の中心の肝要な所を抽出し、前後に伽陀等を加へたもの[16]」と了解されてきた。歴代の学僧たちに、そう納得させるだけの教理的根拠は何だったのか。

2．読経と観法

そこには法華三昧行法に見える智顗の読経観、懺悔観が関わると考えられる。『法華三昧行法』の第八明行道法が説くように、この行法での行道には読経が伴う。続く第九項に、「明誦経方法」として、読経に関する極めて具体的な説明を加えていることは、智顗の読経重視の姿勢を示すだろう。ここでは、すでに法華経に親しんでいる場合の方法として具足誦を、いまだ法華経を読んだことのない場合の方法として不具足誦が説かれ、具足誦は次のように説明される[17]。（傍線は引用者による。以下同様）

> 行者先已誦法花一部通利今入道場可従第一而誦一品二品或至一巻行道欲竟即止誦経如前称諸仏菩薩名字三自帰依竟環本坐処若意猶未欲坐禅更端坐誦経亦得多少随意斟酌但四時坐禅不得令廃事須久坐若人本不習坐禅但欲誦経懺悔當於行坐之中誦経久誦疲極可暫斂念消息竟便更誦経亦不乖行法故経云不入三昧但誦持故見上妙色身

坐禅を始めようと意が欲しない場合はさらに端坐して読経せよ、あるいは、もし坐禅を習っていず、ただ経を誦して懺悔をしたいのであれば、行道しながらあるいは坐しながら読経せよ、という指示がなされており、読経が坐禅に匹敵するほどの位置づけを与えられているようにみえる。

　ここに示唆される読経重視の姿勢については、すでに津田左右吉が論じている。津田は、『法華三昧懺儀』が説く行法と「法華三昧」、「三昧」という用語の語義との関連を吟味するなかで、半行半坐という以上、この行法においては行道読経が坐禅と同等の地位に置かれているわけで、それは、この行法が経典読誦を重んじる法華経や普賢観経を典拠とすることの当然の帰結とする。(18) 津田は、samādhi の音写である「三昧」と坐禅、読経を結びつける智顗の行理論の論理的矛盾を論難しているが、実践的修行者としての体験に立って構築された智顗の宗教思想体系を、実証的史学者であった津田のような論理で検証することには無理がある。(19) ここでは、あくまで智顗の体系のなかで読経がいかに位置づけられたかという視点で分析していく。注目したいのは「読経懺悔」という表現である。ここでいう「懺悔」が意味するところは、第十明坐禅実相正観法に説かれる。『法華三昧行法』が示す行法は、坐禅により一切法が空如実相であることを観じる正観で完結するが、その正観は懺悔と深く関わって説明される。(20)

　一切妄想顚倒所作罪福諸法皆従心起離心之外則无罪福及一切法若観心无心則罪福無主知罪福性空則一切諸法皆空如是観時能破一切生死顚倒三毒妄想極重悪業亦无所破身心清浄念念之中照了諸法不受不着微細陰入界以是因縁得与三昧相応

　すべての現象は心が生み出すものであるから、罪福も一切の現象も心を離れて実在するものではない。観心により、心そのものもそこから生ずるものも一切が空であることを知れば、罪福も空であることになり、迷いや極重の悪業も消滅する、とされている。これを、智顗は「大懺悔」と称している。R・ローズ氏が分析したように、『法華三昧懺儀』に説かれる実相正観の方法とこの「大懺悔」に関する説は、智顗が『釈禅波羅蜜次第法門』(『次第禅門』)で論じた「観無生懺悔」をうけている。[21]『次第禅門』の第六章「分別禅波羅蜜前方便」で、智顗は懺悔について体系的に論じている。それによれば、懺悔は、三昧に達する障害となる自らの罪を破るためになされるもので、作法懺悔、観相懺悔、観無生懺悔の三種に分類されるという。作法懺悔は、善事を行い、悪事を振り返って滅する懺悔、観想懺悔は静心のなかでさまざまな好相を感得して罪を滅する懺悔、そして観無生懺悔は、一切諸法は本来空であることから、自らの罪悪の空をさとり、滅罪に至る懺悔である。[22]智顗は、三番目の観無生懺悔を最も尊く、最も妙なる懺悔、「大懺悔」とする。これが『法華三昧懺儀』中でも、「是名観心無心法不住法。諸法解脱滅諦寂静。作是懺悔名大懺悔。名荘厳懺悔。名無罪相懺悔。名破壊心識懺悔。行此懺悔心如流水不住法中[23]」として踏襲されるのである。

したがってローズ氏が言うように、『懺儀』が示す三昧行法の核をなすのは、一切諸法が空であるがゆえに罪も空であることを感得して滅罪をはかる大懺悔、すなわち、智顗が最高の懺悔と位置づけた観無生懺悔ということになる。[24]これを踏まえた上で「読経懺悔」の問題に戻ると、読経に対する智顗の極めて積極的な姿勢が確実になる。

観無生懺悔が行法の核となれば、必然的に『法華三昧行法』はその具体的方法である坐禅正観を重視することになる。しかし、そうであればなおさら、「もし坐禅を修得していず、ただ経を誦して懺悔することを欲するならば、行道の間も座しながらも経を誦し、休息を入れながら読経を続ける事も法に背かない」としたことの意味は大きい。正観によって遂げられるべき懺悔が、読経によって遂げられることになるからである。換言すれば、読経は正観に等しい価値づけをされているのである。

『法華三昧行法』や『次第禅門』は智顗の初期の著作であり、空観を土台とする。その後智顗の思想は三諦説へと発展する。しかし、『摩訶止観』において三昧を得る修行法を四種三昧として体系化したとき、智顗は法華三昧の行法を半行半坐三昧のひとつと位置づけ、具体的な次第は『法華三昧行法』に定めたとした。したがって、その思想が熟していくなかでも、読経に対する彼の姿勢は一貫していたとみることができるだろう。

ここで、日本天台において著された「法華懺法」の解説書から、読経の扱いをみてみよう。『天台宗全書』第一一巻に所収されるもののうち、先に引いた『法華懺法聞書』を含め、坐禅正観を欠いた「法華懺法」を「法華三昧」とする解釈が生まれてくる時代に近い成立と考えられるのは、以下の四点である。

(1)『法華懺法聞書』一巻
明応元年(一四九二)七月、東南寺(滋賀県下阪本)で行われた講義記録とされる。

(2)『法華懺法抄』一巻
享禄四年(一五三一)九月九日の中奥書をもつ。仙波無量寿寺(埼玉県川越喜多院)の実海(一四六〇―一五三二)撰。弟子の慶厳が追記。

(3)『法華懺法私』二巻
西教寺正教蔵。承応元年(一六五二)写本。成立、撰者ともに不明。

(4)『法華懺法私』六巻
文禄二年(一五九三)成立か。定珍(一五三四―一六〇三)記。『法華懺法』の最も詳細な注釈書。

このうち(2)(3)(4)に、法華懺法における読経の意義が解説されている。当代随一の学僧とされた定珍は、六根段の後になぜ読経を加えるかについて、「経《ニ》説《キ》二常好坐禅一《トモ》。宣《フ》二修摂其心一《トモ》。是即《チ》六根懺悔《ノ》後《チ》坐禅観想《スル》貌《チ》也是

一　又《タ》六根四悔《ハノ》事懺悔。安楽行品理《ハノ》懺悔也是二一　以《テ》二此《ノ》二義《ヲ》一加《ル》二経《ノ》段《ヲ》一也」とふたつの理由を述べる。(25)ひとつ目の理由は、安楽行品に「常に坐禅を好み、心を摂《おさ》めることを修得せよ」とするのは、六根懺悔の後に坐禅観想することをいうからだとする。そのために経の読誦を加えるというのであれば、それは読経が「坐禅観想」に相当するといっているに他ならない。ふたつ目の理由は、六根段および四悔までは事の懺悔、安楽行品の読経は理の懺悔だからとするが、先にみた智顗の懺悔観を踏まえれば、これは読経が観無生懺悔とみなされることを意味するだろう。

西教寺正教蔵本は、「四悔《マテハ》前方便読誦経正《ハ》観也」と明言する。そして、六根懺悔の後に安楽行品を誦読するのは、ひとつには「此品《ノ》始《ニハ》説《ク》二常好坐禅《ト》一故《ニ》是《ヲ》読誦《スル》也。尤《モ》懺悔滅罪《ノ》後《ハ》心地《ノ》修行可《キ》レ有《ル》故《ノ》」であり、ふたつには、「六根懺悔処《ノ》事《ハ》懺悔《ノ》也。経段理《ハノ》懺悔」だからである、と定珍と同じ理由を挙げている。続けて「理《ノ》懺悔者《ト》。常好《ニ》二坐禅《ミ》一在《ヲ》二於閑処《テ》一修《ニ》二摂其心《シ》一《ヲ》。安住不動《ナルコト》如《ク》二須弥山《ノ》一。観《シ》二一切法空如実相《ヲ》一」として、読経は理の懺悔であり、一切法空如実相を観じることだという解釈が示される。(26)この書は孤本とされ、成立年代、撰者ともに不明であるから、その説をどの程度一般化できるかは疑問であるが、論の基本的な方向性は定珍と軌を一にする。

さらに、定珍より七十四歳年長で、これも中世天台教学の発展に貢献した高僧のひとりである実海も、次のように同様の解釈を示している。(27)

尋《テ》云《ク》。六根懺悔《ノ》後読《ニ》二誦《スル》安楽行品《ヲ》一耶。答是有《ハリ》二三義一。一《ニハ》品《ノ》始《ニ》説《ク》二常好坐禅《ト》一故《ニ》読《ニ》二誦《スル》之《ヲ》一也。尤《モ》四悔六懺《ノ》後心地修行《ヲ》可《キ》レ専《ニス》也。二《ニハ》懺悔事《ハノ》懺悔也。経段理《ハノ》懺悔也。理《ノ》懺悔者《ト》常好坐禅〇常住一相是名近処文一切語言道断《スル》時三世《ノ》妄執皆滅除《シテ》至《ル》二心地不生《ノ》処《ニ》一是名《ヲ》二近処《ル》一也《ト》。所詮四安楽《ノ》修行近《カク》二不生《ノ》理《ニ》一即是名《ヲ》二近処《ル》一也《ト》

このように、いずれの注釈書においても、法華懺法における読経は『法華三昧行法』の坐禅正観を代替するものと位置づけられている。そうであれば、次第中に坐禅正観を含まない「法華懺法」も、安楽行品の読誦によってそれを補完しており、法華三昧の行法としての要件を完全に満たすわけである。しかもその解釈は智顗に遡るものであるから、「法華懺法」を法華三昧とみなすことは、教理的な正統性を有することになる。

こうして「法華懺法」は、天台宗の高祖智顗自らの開悟体験に連なる最も深遠な行法たる宗教的権威を保障され、法儀のなかでも突出した位置づけを獲得したと考えられるのである。しかし、この「権威」が権威であり続けるためには、それが絶えず再確認されるしくみが必要であろう。当節で取り上げた法華懺法の注釈書自体が、その役割をになうひとつであったと考えられるが、ここでは法華懺法が法儀として実践される場に、そのしくみを探ってみたい。

二 「法華懺法」の力と声

法華懺法は、行者自らが世界の真の姿に目を開くための自行から、やがて法要化した化他の儀礼としての性格を備えて平安貴族の宗教生活のなかに浸透していく。その過程で、法華懺法にはさまざまな機能が付与され、多様な力が期待されるようになる。その力がいかにして説得力をもったのか、それを手がかりに論を進めよう。

法華懺法はまず、死者の追善儀礼として機能するようになった。慈恵大師良源（九一二―九八五）が、自らの死後「追福」のために四十九日間法華堂において十二人の僧に法華懺法を修めるよう遺言したのは、その端的な現れといえよう[28]。さらに、説話・伝承のレベルでは、法華懺法に多様な力が想定されている。例えば、天台僧鎮源撰とされる『大日本国法華験記』を分析してみると、全一二九話のうちに法華懺法を扱う話が十五話収められるが、うち十三話が、法華懺法を修した行者が往生を遂げる往生譚である[29]。作者鎮源は、源信が定めた「霊山院釈迦堂毎日作法」および「霊山院式」に付された結縁者名のなかにみえる「鎮源」その人とみられている[30]。そうであれば、法華懺法と往生との関連づけは、源信を中心に起きていた叡山における浄土信仰の発展を背景にしたものであろうが、その問題については今は立ち入らない。ともかくも、「往生」という決定的宗教体験が法華懺法によってもたらされると信じられたわけである。また、法華懺法にはある種呪的な力も期待されていた。先に挙げた『法華懺法聞書』および西教寺正教蔵『法華懺法私』には、修験道と法華懺法との結びつきに関する由来談として、役行者の唱える法華懺法によって餓鬼が救われた話が載る[31]。同様の力は、『野守鏡』が挙げる蓮界上人の逸話にも認められる。関白九条兼実の娘で、後鳥羽天皇の中宮であった宜秋門院が病になったとき、蓮界上人が法華懺法を読むと、女院は、自分の六根を悩ませていた鬼が上人の唱える法華懺法の声に驚いて泣く泣く出てくる夢を見、その後快癒したという[32]。

勤行式化された法華懺法は、声に出して唱えられるものとして存在している。したがって、法華懺法に期待されたこうした多様な働きは、それが唱えられ、聴かれることを前提として成り立っていることになる。もちろん、すでに触れたように、法華経自体がそれを読誦することの功徳を強調するし、法華懺法のいまひとつの典拠である普賢観経も経文読誦による六根の浄化を説くから、法華懺法が読誦されることによってさまざまな功徳をもたらすという認識は、経典理解からの自然な展開といえる。ただそれだけでなく、法華懺法が受容されていく時代は、声と「仏事」のつながりを強調する思潮を有していたことも、法華懺法がまとった力と声との関係を考える上で大きな手がかりになると思われる。

近年、中世文学・芸能の研究において「音」や「声」が注目されるなかで、「声為仏事」の一文に集約された声の思想を背景に、平安後期から中世にかけて聖俗の世界を結び、読経道、声明、唱導、今様など、種々の声の技芸が発達したことが論じられている。法要の場で法文歌が誕生し機能するしくみを考察した、小島裕子氏の論をたどりながら、「声為仏事」の思想と文芸、音芸との関係を俯瞰してみる。

「声為仏事」の所説は、『維摩詰所説経』菩薩行品第十一で「以音声語言文字作仏事有」と説かれることに発し、その注釈書『注維摩詰経』において「即此娑婆国土仏事也」と補足説明された。智顗がこれを受け、『金光明王経玄義』巻上で、「此娑婆国土音声為仏事」としたことで、中国天台、ひいては日本天台の教理のなかに定着したと考えられる。この「声為仏事」の思想は、十世紀末、まず文人貴族と天台僧が組織した勧学会の存在根拠となった。法華経を講じ、念仏を唱えた後、詩や偈を誦して夜をあかす比叡坂本勧学会の活動について、自らもその一員であった源為憲（　—一〇一一）は、その著『三宝絵』（九八四撰）において、「娑婆世界はこゑ仏事をなしければ、僧の妙なる偈文をとなへ。俗のたうとき詩句を誦するをきくに、心おのづからうごきて。なみだ袖をうるほす」と説明している。[33] 小島氏は、安居院流唱導家澄憲（一一二六—一二〇三）が『法華経釈』において「経」の字を釈すのに、「声仏事を作す、これを称して経と為す」と記すなど、この思想が唱導師の活動の基盤となったこと、また、家寛[34]が後白河法皇へ声明秘曲を伝授するに際し、澄憲の草案に基づいて記した序文にも、「声為仏事」が声明の存在意義の論拠として引かれていることを踏まえ、この思想が、中世の音に関わる声や楽の得道観を支えたと論じている。[35]

たしかに、「声為仏事」の一文は、仏道と文芸、声の技芸とを結びつける強力な論拠となりえたであろう。法華懺法に期待された種々の働きも、声が仏事をなすと考える同じ根をもつものとみえる。しかしながら、源為憲が「声為仏事」を引いたとき、実は論の重心は典拠そのものでの扱いから移動している。ここから

「声」に対する独自の理解を探ることができるだろう。

『維摩詰所説経』菩薩行品第一一で「以音声語言文字作仏事有」の文言が出るのは、香りのある飯が仏のはたらきをなすと説く維摩の言葉に驚いた阿難に対し、仏が、仏事はありとあらゆる形態でなされうることを述べる次の箇所である。(36)

或有仏土以仏光明而作仏事。有以諸菩薩而作仏事。有以仏所化人而作仏事。有以菩提樹而作仏事。有以仏衣服臥具而作仏事。有以飯食而作仏事。有以園林台観而作仏事。有以三十二相八十隨形好而作仏事。有以仏身而作仏事。有以虚空而作仏事。衆生応以此縁得入律行。有以夢幻影響鏡中像水中月熱時炎如是等喩而作仏事。有以音声語言文字而作仏事。或有清浄仏土寂寞無言無説無示無識無作無為而作仏事。

これに、『注維摩詰経』は、さまざまな形態での仏事がありうるなかで、音声・言語・文字をもって仏事がなされるのは娑婆国土においてのことである、との説明を加えている。(37)智顗は、全く別の文脈でこの一文を用いている。金光明経の要旨を解説するにあたってその方法論を説明する箇所に、次のようにある。(38)

此娑婆国土音声為仏事。或初従善知識所聞名。或従経巻中聞名。故名在初。以聞名故。次識法体。体顕次行。行即是宗。宗成則有力。力即是用。用能益物。益物故教他。聞名是自行之始。

「此娑婆国土音声為仏事」は、「釈名」すなわち経題について解釈することの意義を述べるために、言語によることの根拠として引かれているのである。

いずれにしても、典拠とみなされる経論がいうところの「声為仏事」は、仏道は多様な形態をとって具体化され、人間の世界では仏の説法という言語の形で現れることを意味する。ところが『三宝絵』では、「妙なる偈文」「尊き詩句」が声となり、響きとなって、聴き手の耳に入り心を動かすという主張がなされ、文芸や声のわざの正統性を裏づける根拠としてこの表現が用いられている。そこには、人間のなす言葉のわざ、声のわざ、しかも美的なそれが仏事となるという、典拠にはなかった観念、価値観が表出されている。この転換が何に起因するものかは論ずべき問題であるが、それについては稿を改めたい。ここでは、「声為仏事」の思想の展開が、声、響きの美的、感性的位相への関心と密接に関わることに注目して論を進める。なぜならば、法華懺法に期待された力には、感覚を捉えるその響き自体が少なからず関与していると思われるからである。

先に見た法華懺法の逸話のなかに、蓮界上人に関わるものがあるが、蓮界上人とは、当時天台声明の革新者と目された湛智（一一六三―一二三七?）に対して古流の立場に立った蓮界房浄心（一〇九八―一一六六）のことである。希代の声明家として名を馳せた蓮界上人の法華懺法が女院を治癒に導いた逸話は、法華懺法の力が美的表現力と結びついていたことを示唆する。事実、後に東大寺の学僧凝然（一二四〇―一三二一）は『声明源流記』に「慈覚大師、昔し弥陀の引声を伝え、良忍上人、近頃懺法の美曲を弘む」と記しており[39]、法華懺法が「美曲」と位置づけられていたことを知りうる。ここに音曲としての法華懺法の響きが、「声為仏事」の思想を介して別の力へ転換されていく様をみることができよう[40]。後白河法皇への声明伝授に際して記された安居院澄憲の一文には、次のようにある。

齊会之場。修善之所。以二法要一為レ先。以二音韻一為レ事。声為二仏事一蓋《シ》此謂歟。如《キハ》二長音・唱礼・云何唄一者。密宗以レ之為二規模一。如《キハ》二九條錫杖・始段唄一者。顕教以レ之為二準的《ト》一。此《ノ》外唐梵諸讃・経論伽陀・普賢懺法・弥陀念仏。悉《ク》以二音曲一而成二道儀一。皆以二声明一而辱《「導カ」》《ヲ》二観行一。

「声為仏事」を論拠として、普賢懺法すなわち法華懺法を含む声明の曲はすべて仏道を成就するものであり、声明は観行を導くものと位置づけられている。ここには、音曲すなわち音楽表現様式である声明が、美的表現欲求を内在させた「音曲」のまま、成道、勧行に通じるという認識が表明されている。

この展開の独自性を確かめるために、再び智顗の読経観に戻ってみる。『法華三昧行法』には、声の表現そのものについての関心が認められる。それは、「明誦経方法」の最後で読経の際の具体的な指示を示す箇所に表れる。[41]

夫誦経之法當使文句分明音声弁了不緩不急繫心経中文句如対文不異不得謬誤當以静心了音声性如空谷響雖不得音声性而心歴歴照諸句義言詞弁了運此法音死《（ママ）》満法界供養三宝普施衆生令入大乗一実境界

経中の文言に常に意をつなげ、その意味を明確に考える、読み違えない、といった注意は、聖典を読むに際して当然求められるものだろう。智顗はさらに、音声を明瞭にすること、遅すぎず速すぎず唱えること、という踏み込んだ指示を与えている。もちろん続く部分で、「音声の本性は谷に響くこだまのようなもの」としてその実体性を否定しており、最も力点を置くのは、あくまで読まれる語句の意味ではある。しかし、「仏の教えを法界に充満させ、三宝を供養し、あまねく衆生に施す」ことを実現するのは、明瞭に、ほどよい早さの発声で、その経文の意味するところが響き出したときなのである。美的関心とは異なる抑制的な態度ではあるが、声という現象の重要性を智顗が意識していたことを読みとれる。

ところが、法華経の読誦は、わが国においてやがてその抑制的な姿勢をはるかに越えて展開していく。法華持経者たちの活動、逸話を記録した『大日本国法華験記』（長久年間〈一〇四〇―一〇四四〉）には、まずその第一段階をみてとることができる。**表2**は、『験記』に収録される一二九話中、法華経読誦の音声表現について触れたものの一覧である。これを見ると、特筆すべき点がふたつある。ひとつは、名高い持経者たちの読経には、傍線を施した部分が示すように、深遠、貴い、微妙、和雅、高遠、好音、清く美しい、幽美、清浄、柔和、琴瑟を調ぶるごとき、鈴鐸を振るうごとし、と、その美しさを称える形容詞が付されていること。もうひとつは、ゴチック体にした部分にみられるように、そうした読経の場に「聴き手」が居合わせており、その聴き手が読経の声に随喜讃嘆し、涙を流して感動する様が描かれていることである。これらから、法華経がその「験」を発揮するためには、聴く者の感覚に訴える美的な声で読経されることが必要だという了解を読みとれよう。美しい響きで読まれる経文を聴くことによってこそ、聴き手は法華経の功徳を共有することになった。

先にも記したように、『験記』の撰者とされる首楞厳院沙門鎮源は、源信が横川霊山院で主催した釈迦講の結縁者であったと考えられる。彼が源信を取り巻く人脈の内にあったとすれば、源為憲の影響を受けたことは十分考えられる。『験記』にみられる右のような読経、しかも美的な読経重視の姿勢は、「声為仏事」思想を背景にしていたとみることもできよう。

やがて読経は、虎関師錬（一二七八―一三四六）が『元亨釈書』（一三二二）の「音芸志」に「経師」と記すような「音芸」になっていく。(42)近年、経師の芸、すなわち読経道については、清水真澄氏や柴佳世乃氏の研究によって、その実像が解明されつつあるが、(43)両者とも主たる関心は文学史的見地からみたその成立であるため、具体的な声の響きやその背後にある美意識には焦点が当てられていない。ところが『元亨釈書』は、読経道の歴史を辿るなかで、「光空清雅ニシテ。聞者不レ倦。春朝哀婉。獄使泣而捨。（略）道命法師以二雅麗之音一。得二感霊之異一」などと記し、歴代の名経師の表現法への強い関心を示している。ことに読経道の始祖とされた道命阿闍梨（九六四―一〇二〇）については、巻一九「霊恠」においても取り上げ、「其声微妙ニシテ。自合二律呂一。清濁軽重。韻節和雅ナリ。衆人側レ耳、久聴不レ足」と評している。[44] ここには、読経を音の技芸として評価する意識が現れている。これだけでは具体的に何を評価しようとしているのか明瞭ではないが、柴氏によれば、ここで評価の基準として挙げられている項目は、読経の口伝を体系的にまとめた能誉の『読経口伝明鏡集』（一二八四）で強調されている読経の芸の要点と重なるという。[45]『読経口伝明鏡集』には、実唱に関する具体的な口伝が集められているので、そこから当時の評価基準を探ってみる。

同書にはいくつかの伝本があり、系統によって内容の異動も小さくないが、[46] 読経の芸を学ぶものが修得すべき三事として、「字声を糺す」[47]、「清濁を分つ」、「音曲を習う」べき、と挙げることは共通する。能誉の原本の系統とされる文安五年写本によってその内容をみると、「字声を糺す」は、唐代中国語の四種の韻律である平声・上声・去声・入声の四声を始めとする発音に関する規則、「可分清濁事」は、漢字を清音で読むか濁音で読むかの規則、そして「可習音曲事」は、音芸として隣接分野になる声明の理論を扱うとともに、法華経読誦伝承の系譜も記す。四声、清濁の規則は漢字の発音に関することであるが、音曲についての項では、声明との密接な結びつきが説かれる。そこでは、声明の音階論である五音（宮・商・角・徴・羽）および七種の調子（平調、双調、黄鐘調、盤渉調、一越調、下无調、上无調）、律呂二種の旋律法に関する図解など、声明楽理の基本が示されている。さらに五音の響きの唄い分けに関する妙音院師長の説も引いている。[48]

これをみる限り、経師には相当程度の音楽的素養と音楽的表現力が求められていた。「音曲ヨキハ能読ノ

表2 『大日本国法華験記』における声の表現

	題	声の表現
第一一	吉野奥山の持経者某	一人の聖人あり、年僅に二十歳計なり。威儀具足して、法花経を読みたり。その声深遠にして、琴瑟を調ぶるがごとし。
第一三	紀伊国宍背山に法華経を誦する死骸	法華経を誦するの声あり。その声極めて貴く、**聞きて骨髄に銘しぬ**。
第一八	比良山の持経者蓮寂仙人	遥に大乗を読誦する音声を聞く。その声微妙にして比ふべきものなし。高からず下からず、**深く心府に銘せり**。
第二二	春朝法師	言音和雅にして、巧みに法華を誦せり。**聴衆倦むことなく、食頃のごとく謂へり**。（略）その声高遠にして、鈴鐸を振ふがごとし。**ひとやの内の人、合掌随喜して、涙を下して悲泣す**。
第二六	黒色の沙門安勝	聡睿好音にして、法華を読誦せり。**聞く者耳を傾けて、随喜せずといふことなし**。
第三四	愛太子山の好延法師	熏習徳累みて、早く口に経を誦せり。（略）また法華懺法を修し、弥陀念仏を勤む。
第三九	叡山の円久法師	法華経を読誦し、始終に通達して、諷誦無礙なり。音声和雅にして、**聞く者胸を叩き、歓喜讃歎せり**。
第四一	嵯峨の定照僧都	誓願験ありて、今にその墓に法華経を誦する声あり、また振鈴の声あり。
第四三	叡山西塔具足坊の実因大僧都	毎日に堂に入りて、法華経を誦せり。その音清く美しくして、**聞く人感歎す**。
第四九	金峰山薢岳の良算聖	人に向ひて与に語るといへども、口に必ず法花を誦せり。目を閉ぢて睡眠すといへども、経を誦する音弥高し。
第五〇	叡山西塔の法寿法師	その心は正直にして妙法を温ね習ひて、諷誦すること人に勝れたり。（略）就中に音巧に誦するをもて、輩の中の上首となすに足れり。

第五五	愛太子山朝日の法秀法師	年十四歳にして、法華経を読みて、纔に一編二編にして、自然に諷誦せり。練習を積まずして、一部を暗唱し、早口に読誦して（略）
第五六	丹州の長増法師	（法師の死後）毎夜に必ず法花を誦する声あり。その音老いて貴くして、法華を読誦す。
第六三	西塔の明秀法師	（死後）その墓所にして、常にこの経を誦せり。人往きてこれを聞くに、存生の音に異ならず。
第六四	千手院の広清法師	法華経を諷誦通利して、さらに忘れ失うことなし。（略）その墓所にして、毎夜に法花を誦する音あり。
第六五	摂州菟原の慶日聖人	（死後）百千の人、聖人を恋慕して、悲泣の音声あり。人驚きて往きて見れば、泣く音ありといへども、その形見えず。
第六六	神明寺の睿実法師	音声微妙にして、**聞く者涙を流しぬ**。
第七二	光空法師	その音美しく清くして、振鈴の声のごとし。（略）高く貴き声もて、法華経を誦せり。
第七三	浄尊法師	その声極めて貴くして、熏修限りなし。
第八六	天王寺の別当道命阿闍梨	就中に、その声微妙幽美にして、曲を加へず音韻を致さずといへども、仁運に声を出すに、**聞く人耳を傾けて、随喜讃嘆せり**。
		住吉明神、松尾明神に向ひてこの言を作さく、日本国の中に、巨多の法華を持する人ありといへども、この阿闍梨をもて最第一となす。**この経を聞く時に、生々の業苦を離れて、善根増長す**。よりて遠き処より、毎夜に参るところなりとのたまふ。道命阿闍梨法花経を誦せり。**我かの経を聞くに**、その音貴く妙にして、**一心に随喜せり**。
第九三	金峰山の転乗法師	手を洗ひ口を漱ぎて、法華経を誦しけり。その声清浄にして、**聞くに罪を消滅す**。
第九八	比久尼舎利	昼夜六時に法花経一部を誦す。その声甚だ貴くして、**聞く者涙を落せり**。
第一一〇	肥後国の官人某	穴の中に音ありて、その音柔軟なり。（略）われは、法華経の最初の妙の字なり。

名誉アリ非能読ナラハ生得ノ音ヨケレトモ更以無名誉依之自上古嗜能読之輩皆悉謁明師学音曲」[49]の一文は、その評価規範を端的に示していよう。能読、力量ある経師と評価されるためには、生来の声の良さに加え、師について音曲すなわち声明を学ぶ必要があると考えられていたわけである。

こうして、経文を一定の美的規範にのっとって音声化することは、一種の身体的技法、「わざ」となり、そのわざが生み出す美的表現力が実唱の場で聴き手の感覚・感性に訴えることによって、音声化された経文の功徳が実効性を有することになったといえよう。言い換えれば、法華懺法に期待された種々の力は、極めて具体的な音のわざとして体系づけられた美的表現力と、密接に連動していたと考えられる。

三　声明が負った美的権威

では、その声明の「わざ」はどのような価値観に基づき、どのように構築されていたのだろうか。声明の実唱や技量が話題にされるとき、必ず例に引かれる浄蔵の逸話から探ってみる。

浄蔵（八九一―九六四）は、奇瑞を起こす験力と声明の力量で名を馳せた僧で、『魚山声明相承血脈譜』[50]に、慈覚大師―日蔵―浄蔵の系譜でいわゆる「五箇の秘曲」のひとつ「長音九条錫杖」を相承したと記される。『大法師浄蔵伝』[51]には、彼の声明実唱についての逸話が三話載る。

①仏名会梵音

醍醐天皇（在位八九七―九三〇）の御代、宮中での仏名会に定額僧として「梵音」を唱えた。平塞という沙弥が「頗る例せず」と批判したが、後で天皇が「今夜梵音尤美好也。導師等宣伝習後勤之者」と述べたことを聞き、赤面した。

②桜花会唄師

醍醐天皇の御代、仁和寺での桜花会で唄師を勤めた。そのとき中納言藤原朝成が「唄音大誤云々」と批判したが、亭子第八親王（宇多天皇）は、その唄曲にいたく感心し勅禄を下さり（感唄曲殊有勅禄）、酒をふるまった。中納言の申したことに関心を示されて彼を召し、どこが誤りであったのか尋ねたところ、中納言は「唄曲事是臣等之狂言也」と前言を取り消した。

③仏名会平調

天暦四年（九五〇）の仏名会において導師をおおせつかった際、平調で唱えよ、との村上天皇の宣旨に見事応え、正確な音高をとることは楽器を使ってさえ難しいことなのに、それを何もなしにやってのけるとは「此道極妙、本朝絶倫矣」と賞賛された。

天台声明の伝承者であり研究者でもあった天納傳中氏は、これらの逸話を、平安中期における天皇、親王、公卿たちの声明実唱についての深い理解と声明実唱における音高感覚の重要性を示すもの、と解釈している。[52] たしかに、いずれの逸話からも、法会の場において、声明が天皇、親王およびその近侍者たちの大きな関心事となっており、それは「頗る例せず」、「大誤」、あるいは「美好」、「感唄曲」、「此道極妙、本朝絶倫」とその技量を評価される対象であったことが読みとれる。とくに③の逸話は、「此道極妙、本朝絶倫」という村上天皇の賛辞が、天皇の指定した調子でみごと唱えおおせたこと、つまり浄蔵の正確な音高感覚に対するものであったことを示し、それが当時声明実唱に対する重要な評価基準のひとつであったことがわかる。

天納氏は、これらの評価基準が意味するところについて立ち入った考察をしていないが、当論にとってそれは重要な鍵となる。絶対的な音高および相対的な音程関係に対する強い関心は、すでに円仁の高弟のひとりであった安然（八四一―八八九／八九八）の『悉曇蔵』（八八〇）巻二に現れている。ここで安然は、横笛の指穴図を用いて五音（宮商角徴羽）の音位を示し、実唱に関わる音の実践的理論を扱うと同時に、五行説などに基づいた音の教理的意味づけをも強調している。[53] したがって、正確な音位を使いこなせることは、精度の高い音の構築物を生みだすことのできる技量を意味するとともに、教義的思想的価値観を具体化する力をも意味していたことになる。

しかし、浄蔵の声明を「尤美好」と評したり、それに深く感じいったというこれらの記述は、声明実唱についての評価が単に正確な音高感覚という以上の、より感性的、美的な判断基準を含んでいたことをうかがわせる。声明という表現様式において、より関与性が高いと考えられていた要素が何であったのか、言い換えれば声明実唱において、より重視されたのは音楽としてのいかなる要素だったのか。

声明の伝承は、口伝による師資相承を基本としていたが、伝承の補助手段として「博士」と呼ばれる独自の記譜法を発達させた。博士は何段階かの変遷を経ており、それは天台声明にとって関与性の高い要素をより的確に書き留める工夫の過程としてみることができるだろう。天台声明の記譜法は、古博士、目安博士、只博士、五音博士といった複数の形態が開発された（図1・2参照）。古博士、目安博士および只博士は、旋律線の動きを可視化することに重点があり、他方五音博士は発声する音が音階構成音（五音七声）のどれに当たるかを明示する記譜法である。この四種類の記譜法の定義およびお互いの関係については、従来次のように理解されていた。

平安末期から鎌倉初期にかけての天台声明楽理の一大整理期に、五音博士が用いられるようになり、それ

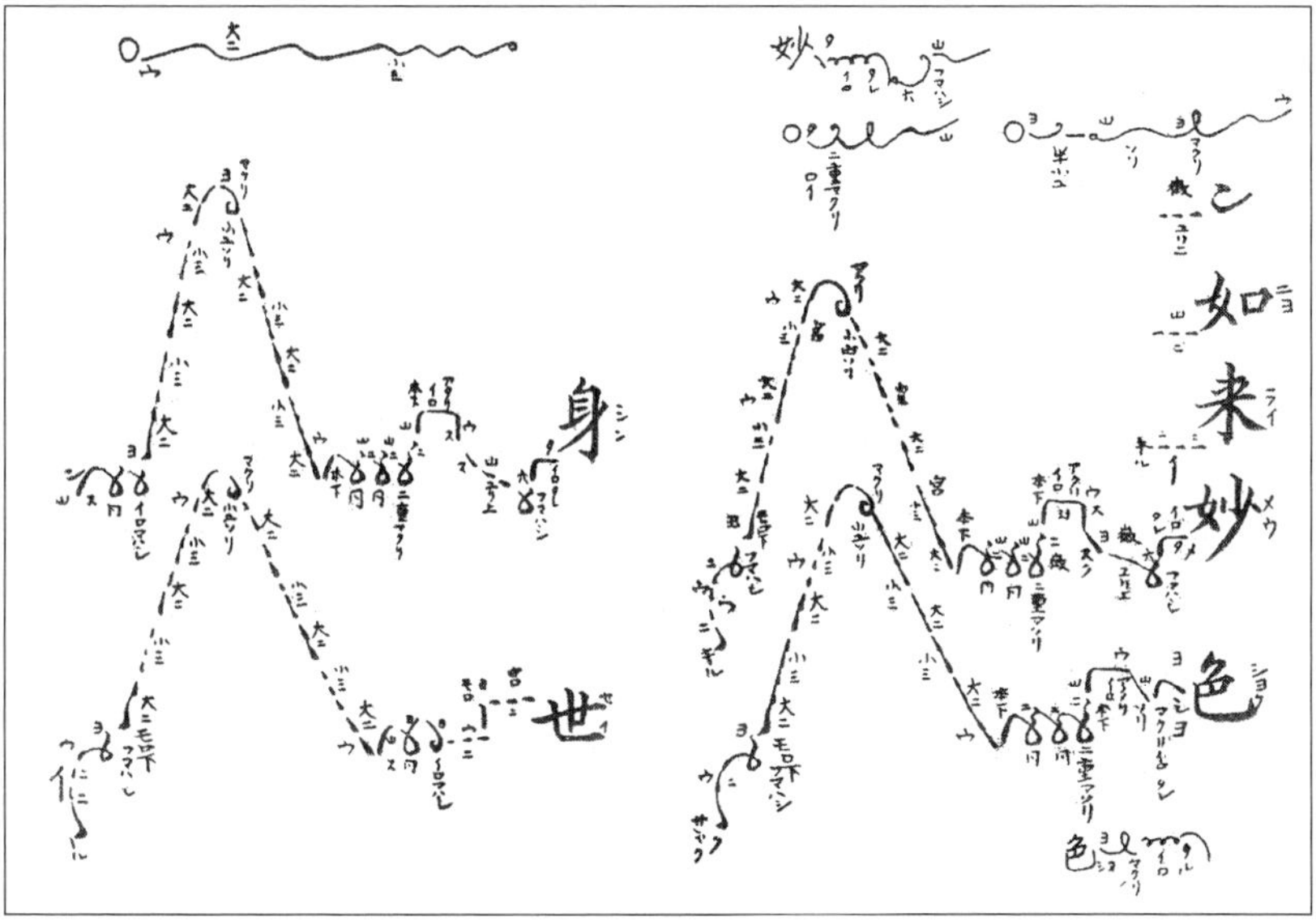

図1　目安博士

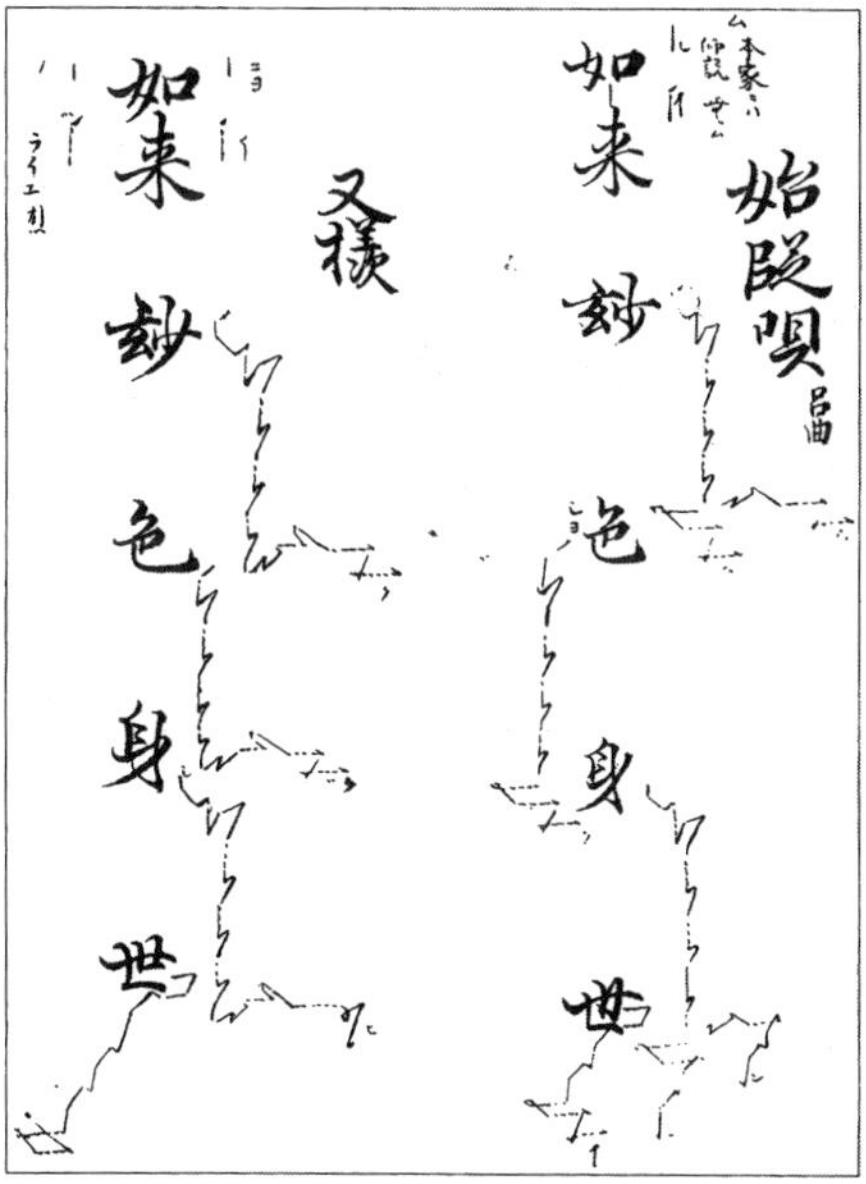

図2　五音博士

以前に採られていた旋律の動きを示す記譜法は、遡って古博士と呼ばれるようになった。五音博士とほぼ同時期に目安博士が考案され、目安博士は只博士とも称された。これは、旋律線の動きを可視化するという基本原理は古博士と同じだが、声明の構成単位である旋律型の別を視覚的に示す工夫が施されたものである。この目安博士がその後の記譜法の主流となり、出だしの音（出音）の音高を五音博士の原理で示すなどの改良を加えながら現行の目安博士に至った(54)。

近年、新井弘順氏が、天台声明の博士について緻密な文献学的手法による見直し作業を進めている。それによれば、右にまとめた理解については次の点で齟齬が生じる(55)。

①古博士とは、良忍以来用いられてきた笛穴付きの博士である可能性が高い。
②只博士は目安博士の別称ではなく、音高表示機能をもたず旋律線の骨格のみを示す博士を意味する。
③目安博士は只博士を基本とし、一部の旋律型（ユリおよびマクリ）を視覚化することでより読譜しやすいよう改良したものである。鎌倉末期頃から用い始められ、やがて只博士にとってかわった。

いま新井氏の説を検証する用意はないが、ここでの焦点である声明の表現上の要という問題に限っていえば、従来の説と新井氏の説、いずれからも同じ傾向が浮かび上がる。

まず、五音博士の考案が示す、正確な音高の確保である。すでにみたように、絶対音高を重視する姿勢は、安然以来、音楽的要請および教理的要請の二重の意義を負って貫かれてきたものだが、五音博士が生まれた契機とみられる湛智の楽理体系化は、雅楽理論による声明楽理の整理であったから、精緻な音律体系にのっとる雅楽理論の影響がさらに絶対音高への意識を強めたものと考えられる。にもかかわらず、記譜法はやがて旋律線の動きと旋律型を伝えることに比重を置く目安博士へと移っていく。天納傳中氏や片岡義道氏は、これは、声明の旋律線をつくるのに欠くことのできない主要音階構成音以外の音、すなわち旋律型冒頭に導音的に付されたり末尾に装飾的に加えられる塩梅音や経過音を表記するのに、五音博士では対応しきれないからと解釈した。しかし、新井氏によれば、目安博士で用いられる、点線によって塩梅的音型「ユリ」を示す表示法は、すでに五音博士が採用していた方法であるという。氏は、塩梅音の微妙な動きを表記する具体的機能をもたないという意味では五音博士も目安博士も同じであり、逆に旋律型の用語を付記することで、五音博士であっても塩梅音を含んだ旋律を写し取ることは可能であるとする。むしろ着目すべきは、新井氏が述べるように、直線の組み合わせによって表記される五音博士は視覚的にぎくしゃくしており、「只博士や目安博士に比べて空間的な広がりや曲線を含む図形的なダイナミックさに欠ける」[56]という点であろう。これは換言すれば、目安博士は曲線の動きを空間的な広がりのなかに配置することで、音の微細な動き、音の力動性まで視覚的に伝えうる利点を有したということになる。記譜法からみると、声明という音楽表現にとって、絶対音高はもちろん関与性の高い点だったが、最も肝要なのは塩梅音を含んだ微細な旋律の動きであり、旋律をつくる単位である旋律型の正確な再現であったといえよう。

その姿勢は、当時の声明実唱に関する口伝書からもうかがえる。湛智による声明楽理の体系化は、天台声明に一大変革をもたらし、新流と呼ばれた彼の流と、兄弟弟子にあたり保守的な立場をとる浄心（一〇九八―一一六八）の流、古流が対立しながら、活発な活動を展開していく。そのなかで声明実唱の口伝書も多く著された。湛智の口伝を後世の弟子が補完した書とされる『声明口伝集』には、次のように説かれる。[57]

凡声明ハ先博士ニ功労ヲイタシテ。イカ程モ稽古ヲ尽テ博士ノ面テ其スカタヲ落居シテ後。音律ノ沙汰アルヘキ也。博士ハ其位モ及ス。又呂律ヲモ分スシテ。音律ノ沙汰ヲ致セハ。博士ソサウニ成テ。音律ニ心カソミテ。声明ハイタスラニナル。（中略）先何程モ博士ヲウツシ極テ。音律ヲハ稽古スヘキ也。当世ハ聖道浄土ノ輩。フシ博士ハ其位ニ非ス。ヒタスラニ音律調子ウメキ計ニテ。博士ハ正体ナシ。此趣ノ事也。

まず博士に表示される音高、旋律型を正確に再現することが声明実唱の要であることが、ここでも強調されている。したがって、聴き手が「美好」と判断し曲に深く心を動かされたのは、まずもって、あるべき旋律の動きを精巧に演唱しえていたからだと考えられる。美声と賞賛された声明僧の声も、これらを具体化することのできる安定感と表現力を備えた声だったといえるだろう。その声に求められた質をより具体的に示す記述が、やはり『声明口伝集』にみえる。(58)

五行大義抄中ニ。治世乱世ノ二ノ音ノスカタヲ出ス。乱世ノ音ハ。アラクフトク然モ呂ノスカタ多シ。音ヲアラク。ヲソロシクツカウ一事。先イマシメノ専一也。治世ノ音ハ。ヤハラカニ。イツクシク。コマヤカニ。ナヲクアルヘシ。是ヲ治世ノ音トナツク。但シアハレコヱナキ音ニツカウ事。尤アルヘカラス。或ハ亡国ノ音トナツケ。或ハ菩提音トナツク。国ヲホロホス声ナル上ハ。争カ是ヲ用ヘキ。菩提薩埵三世如来ノ御声ヲマナヒウツス。ナンソアラク。ヲソロシク。頭ヲフリ。面ヲアカメナント。当世ノ声明師カヤウノ振舞。以外ノ禁制ノ専一也。殊更当流声明ハ。文字ウツリ音。スカタ幽玄ニイツクシク。サナカラ底ヲハツヨク。シタタカニ。仮名ト博士フシウツリハ。ヤワラカニスヘシ。又物ヲククミタル様ニツカウ事アルヘカラス。又ワツラワシケニ様アリテ。ムタムタシクツカウヘカラス。又独音トテ。ヒトリサヒサヒトツカウ事。返返キキミクルシキ也。

禁じられる声づかいと対比的に示してあるので、「当流声明」にとってあるべきと認識されていた発声法について、相当程度具体的に把握することができる。傍線を付した部分が、望ましいとされた発声法であるが、共通した指向が認められる。すなわち、繊細な柔らかい響きをもち、旋律の自然で曲線的な流れをより際立たせるような類いの発声が求められているといえる。「底ヲハツヨク。シタタカニ。仮名ト博士フシウツリハ。ヤワラカニスヘシ」の指示は、この表現からだけでは解釈しがたいが、声明楽理と実唱のあり方を踏まえると、声明固有の響きを生む要因に関わる重要な内容を含んでいると思われる。片岡義道氏が、現行天台声明の精密な分析に基づいて明らかにしたように、五音と呼ばれる主要音のうち、宮および徴とそれ以外の三音（商角羽）とは、旋律法上異なった性格を有する。宮とその完全五度上の徴は、中心音となりうる安定性をもつ。天台声明の塩梅音による旋律型で最も重要視される「ユリ」(59)は、宮および徴にしかつかない。言い換えれば、「ユリ」で強調された宮あるいは徴が、強い求心力をもって旋律の核を形成する。他方、他の三音は、その音高を動揺させやすい(60)。以上を踏まえて先の指示に戻れば、これは旋律の中心音、骨格をなす宮や徴の音を安定させ、それ以外の三音や塩梅音にあたる音は柔らかく滑らかな動きをつくるように、という内容だと読める。

このように、声明という声のわざは、安定した音高感覚、旋律型の正確な唄い分け、楽理に裏づけられた個々の音の機能に沿う表現の理解、それを可能にする声のコントロールといった、種々の技能を求めるものであった。それは、『声明口伝集』のいう「菩提薩埵三世如来ノ御声ヲマナヒウツス」という宗教的意義を、人間の声、人間の身体能力によって具体化するものでもあった。逆に言えば、それは、人間の身体性、身体能力をいわば「仏事」のうちに積極的に組み入れる姿勢を意味する。ここには、「声為仏事」が独自の展開を遂げた姿をみることができるだろう。本来は、人間の住む世界においては仏の教えは言葉を通して、聴覚を通して現れる、という意味であったこの言葉が、生身の人間の発する声が仏事そのものとして機能する、という意味へ転じ、声明の美的表現力に教理的な正統性を保障した。ここに、規範にかなった響きで唱えられる声明は、その美的感覚的な表出力によって、美的権威と宗教的権威を二重に体現することになったのである。

四 「記す」ことのパラドクス——身体化される権威

最後に、声明に付与されたこうした力が、実唱の場で現実のものとして作用するしくみについて考察したい。

実唱を支える理論を整備し、面授口決という伝授方法を補助する記譜法を工夫し、口伝書を残すという平安末から鎌倉にかけての活動は、「記す」ことのできないもの、「声わざ」として一瞬にして消えてしまうもの、そしてその一瞬をつくりだすことのできる生身の人間の権威を高めることになったと考えられる。

W・J・オングがいうように、書かれた話は、書き手から切り離されている。言い換えれば、書物は、ある発話をその発生源、つまりそれを語った者、あるいは書いた者から切り離して引き継ぐ[61]。とすれば、記譜法の考案や口伝の書物化は、本来伝授者当人と分ちがたく結びついていた伝授の内容をその人から切り離し、記号として文字として、独立した「物」にしてしまう。そのとき、生身の伝授者の存在は相対的に意味を減じることになるだろう。

ところが、声明の場合はそうではなかった。先に、声明という音楽表現にとって関与性が高い要素は、音高、とくに中心音となる音の正確な音高、塩梅音を含んだ旋律型の唄い分け、そして柔らかく自然な旋律の流れをつくりうる発声のコントロールであることをみた。このうち、最も修得が難しく、技能の差が生じるのは塩梅音の処理だと思われる。音高や旋律型は楽譜の上に視覚化される。楽譜に記号化しえない実唱に関する指示は少なくないが、そのうちのある部分は、口伝書のなかに文字情報として記される。それらを修得し実践することはもちろん容易ではないが、視覚化、記号化は、伝承および修得の有力な補助手段とはなりうるだろう。他方、微細で繊細な音高変化、長さや音の移りのタイミングを伴う塩梅音の処理は、耳で捉え、自らの声でそれを再現する、いわば「見よう見まね」の訓練の積み重ねによってしか修得しえないものである。しかも、今現在伝承され、実唱されている声明を聞き込めば、声明という音楽表現にとって、旋律型末尾の塩梅音をどの程度上行させ、どのような間で次の旋律型に移るか、あるいは一音を伸ばしている間に、どのように音色を変えていくか、といった微妙なニュアンスのコントロールが、その演唱の質を決定的に左右するほど大きな意義をもつものであることは明らかである。塩梅処理や音色のコントロールの巧みさは、音の動きに自然な力動性と生命感を与え、一音のうちにすべての響きが含み込まれているような広がりすらもたらす。この声明実唱にとっての決定的要素は、譜面でも口伝書でも決して伝えることができない。精緻な記譜法が工夫されればされるほど、また、口伝書において実唱についての技法が綿密に記されれば記されるほど、そこに盛り込むことのできない要素の存在が際立つことになる。その記すことのできない要素が、声明実唱にとって決定的なものであるとしたら、声明の伝承に「記す」という行為をもちこんだとき、逆に記すことのできない要素の価値が浮きぼりになったはずである。ここでは、「記す」ことは伝承者から伝承される中身を切り離す、というオングがいう図式は成り立たない。「記す」行為は、むしろ生身の伝承者から決して切り離すことのできないものの存在を浮き彫りにし、否定しようのない説得力をもってつきつける。実唱の価値を根本的に左右するものは、伝える者のわざとして、伝える者のうちに身体化されている。それは譜や文字に置きかえることのできないものであり、伝える者の身体から伝えられる者の身体へと直接受け渡されてゆくしかないものである。こうして、声明の実唱、伝承における「記されない」ものは、記されないが故に容易に獲得することのできないものとして権威づけられる。同時に、それを「わざ」として自らの身体のうちに取り込んでいるわざの修得者の権威をも高めることになる。そしてその権威は、実唱の場でわざの修得者である生身の声明師の身体から発せられる声明の響きとなって現れる。そこにおいて、感覚をとらえる美しさとそれを具体化するための「わざ」の権威は、実唱の場で人々の感覚に説得力をもって訴え、人々をその価値の体系のなかに取り込んでいく力として働くであろう。

法華懺法が声明として響くとき、そこには、このような身体化されたわざの権威と、天台教義の正統に連なるという宗教的権威とが、実唱者の身体を介し聴覚的な美の形をとって聴き手に運ばれてくる。そのとき実唱の場は、声明の感覚的な説得力によって居合わせる者をとりこみながら、美的権威、宗教的権威を再確認し、再生産する機会となったと考えられる。

おわりに

法華懺法の受容を辿ることで、「声」という最も身体性の強い表現媒体が、その身体のもつ有限性を逆手にとって、美的権威、宗教的権威を体現するものとなりうることをみた。やがて法華懺法の特殊形態である御懺法講が、政治的権威とも結びつきえたのも、ここにみたような二重の権威を負った声の力があったからこそといえよう。
身体性への強い関心は、中世の宗教文化にさまざまな形で現れる。声明の血脈が、天台宗のなかで特殊な発展を遂げたいわゆる本覚思想の系譜と重なる事実を想起するとき、ここで論じた「声」にまつわる問題、さらに中世文化の基調となる強い身体性の問題は、極端なほどの現実肯定、ありのままの世界の肯定を特徴とする、天台本覚思想の展開と関連づけて考察できる可能性を示唆する。今後の課題としたい。

註

(1) 福田尭頴『続天台学概論』(文一出版、一九七五年)四三―四四頁。なお、智顗の編んだ法華三昧の行法は、趙宋時代に慈雲遵式(九六四―一〇三二)が開版した『法華三昧懺儀』(『大正蔵』四六巻、九四九―九五五頁)によって広く知られてきたが、別系統のテキストも伝来していた。佐藤哲英によって、現行法華懺法は、大正蔵版の『法華三昧懺儀』よりも、金沢文庫蔵の『法華三昧行法』に一致することが論証されている(佐藤哲英『天台大師の研究』〈百華苑、一九六一年〉一四二―一四四頁)。よって当論では、智顗の法華三昧行法を検討するに際しては、金沢文庫本のテキスト(『金沢文庫資料全書』第三巻〈金沢文庫、一九七九年〉一〇四―一五七頁所収)に基づくこととする。

(2) 天台宗典編纂所編『続天台宗全書　史伝2』(春秋社、一九九〇年)所収、六七頁。

(3) 法華懺法の特殊な勤修形態に「御懺法講」がある。次第は通常の法華懺法と同じだが、より華麗な旋律を付され、雅楽を伴って行われる大規模な声明法会である。宮中において天皇や皇后などの追善儀礼として実施された。三島暁子氏は、南北朝、室町時代に御懺法講が先帝の権威の継承を提示する場として機能し、そこにおいて天皇や公卿、足利義満らが楽器の演奏や声明によって儀礼に直接関与することが大きな意味をもっていたと論じている(三島暁子「南北朝、室町時代の追善儀礼に見る公武関係」〈『武蔵文化論叢』三、二〇〇三年〉一―一八頁、「御懺法講の定着過程にみる公武権威の主導権争いについて――南北朝から室町後期まで」〈『芸能史研究』一六二、二〇〇三年〉一二―二七頁)。岸泰子氏は、御懺法講が行われる道場およびそこにおける出仕者の役割を分析し、その場が公家、公卿を統括する機能を果たしていたと論じている（岸泰子「室町・戦国期における宮中御八講・懺法講の場」〈『日本宗教文化史研究』第九巻第一号、日本宗教文化史学会、二〇〇五年〉五三—六六頁）。

（4）註（2）に同じ。

（5）渋谷慈鎧編『天台座主記』（第一書房、一九七三年）一二頁。

（6）『群書類従』巻四三九（続群書類従完成会、一九八七年）五二四頁。

（7）同書、五二五頁。

（8）さらに、塩入良道の緻密な文献学的研究によって、「法華懺法」に加わった『法華三昧行法』（『法華三昧懺儀』）にない要素は、敦煌スタイン本に残る仏名礼懺類に見られるもので、随唐時代の中国で盛行したそれら礼懺形式の勤行作法類が法華懺法の構成にも影響していることが明らかにされている（塩入良道「慈覚大師改伝相伝の懺法について」〈塩入良道編『日本仏教宗史論集3　伝教大師と天台宗』吉川弘文館、一九八五年〉三三二—三五四頁）。

（9）『法華懺法　例時作法』芝金声堂刊。

（10）『天台宗全書』第一一巻（第一書房、一九七四年）一八五—二八〇頁。

（11）同書、一〇一—一八三頁。

（12）天台宗典編纂所編『続天台宗全書　法儀Ⅰ』（春秋社、一九九六年）七一—七二頁。

（13）佐々木信綱校訂『新訂梁塵秘抄』（岩波書店、二〇〇二年）三九頁。

（14）高野辰之『日本歌謡集成』（春秋社、一九二八年）二四二頁。

（15）『天台宗全書』第一一巻、三頁。

（16）福田、註（1）前掲書、四三頁。

（17）「法華三昧行法」（『金沢文庫資料』第三巻天台篇、金沢文庫、一九七九年）一五二頁。

（18）津田左右吉「智顗の法華懺法」（『津田左右吉全集』第一九巻、岩波書店、一九六五年）二八九—三〇一頁。

（19）『法華三昧懺儀』および法華懺法をめぐって津田が展開した論難については、池田魯参が仏教学、天台学の立場から反論している（池田魯参「津田左右論文再考」〈『天台大師研究』天台大師研究刊行会、一九九九年〉）。

(20)「法華三昧行法」一五三頁。

(21)R・ローズ「『法華三昧懺儀』研究序説」(『仏教学セミナー』四五号、大谷大学仏教学会、一九八七年)二〇―三〇頁。

(22)『大蔵経』四六巻、四八六頁。

(23)『大蔵経』四六巻、九五四頁。ローズ氏は、『法華三昧懺儀』を分析対象としているので、ここではそのまま『懺儀』に基づいて述べたが、『法華三昧行法』では、「如是観心无心法不住法諸法解脱諦寂静作是懺悔名大懺悔名荘厳懺悔名无罪相懺悔名破壊懺悔行此懺悔心如流水不十法中」とする。論旨は同じである。

(24)ローズ、註(21)前掲書、三三頁。

(25)『天台宗全書』第一巻、二五二頁。

(26)同書、一七〇―一七一頁。

(27)同書、九二頁。

(28)「天台座主良源遺告」(『平安遺文』古文書編第二巻、東京堂、一九六三年)四四一―四四八頁所収。

(29)『大日本国法華験記』(『往生伝　法華験記』岩波書店、一七九四年)四四―二一九頁所収。法華懺法を扱うのは、四、一五、一六、二〇、三四、三九、四〇、五一、五三、五五、七三、八二、九〇、九四、一一六話である。うち、第四は慈覚大師による法華懺法請来の話、八二話は増賀上人の小伝であり、法華懺法の功徳を中心テーマにした内容ではない。

(30)井上光貞「文献解題――成立と特色」(『往生伝　法華験記』岩波書店、一九七四年)七一九頁。霊山院釈迦講は、源信が定めた作法に従って、結縁者が毎日輪番で生身の釈迦に仕える活動だった。その作法を定めた「霊山院釈迦堂毎日作法」の九月十三日結番者として「鎮源」の名が見える(『大日本史料』第二編之一一、三六二―三八九頁所収)。

(31)『天台宗全書』第一巻、九頁および一四一頁。

(32)佐佐木信綱編『日本歌学大系』第四巻(風間書房、一九六八年)八五頁。

(33)『大日本仏教全書』第九〇巻、二六三頁。

(34)生没年未詳。平安末に天台声明を集大成した良忍の高弟。

(35)小島裕子「『一心敬礼声澄みて』考」(『季刊文学』第一〇巻第二号、一九九九年)八九―九二頁。また阿部泰郎氏は、唱導の成立と「声為仏事」の思想との関連を論じるとともに（阿部泰郎「中世の音声――声明／唱導／音楽」〈『中世文学』四六、二〇〇一年〉四―七頁）、この思想が、広く中世における宗教と芸能、仏法と文学を結びつける論拠となっていたことを指摘している（阿部泰郎『聖者の推参――中世の声とヲコなるもの』〈名古屋大学出版会、二〇〇一年〉一三頁）。

(36)『大蔵経』一四巻、五五三頁下。
(37)『大蔵経』三八巻、四〇四頁中。
(38)『大蔵経』三九巻、一頁中。
(39)『大蔵経』八四巻、八六四頁上。
(40)澄憲草家寛記「声明序」（『続天台宗全書　法儀1』）一頁。
(41)『法華三昧行法』一五二―一五三頁。
(42)『新訂増補国史大系』三一（吉川弘文館、一九九八年）四三一―四三三頁。
(43)清水真澄『読経の世界――能読の誕生』（吉川弘文館、二〇〇一年）。柴佳世乃『読経道の研究』（風間書房、二〇〇四年）。
(44)『新訂増補国史大系』三一、一八〇頁。
(45)柴、註(43)前掲書、一六九頁。
(46)諸本の比較、整理は、沼本克明「読経口伝明鏡集（故山田孝雄博士蔵文案本　川瀬一馬博士旧蔵文亀本）解説並びに影印」（鎌倉時代語研究会編『鎌倉時代語研究』第一三輯、武蔵野書院、一九九〇年）九四―一一九頁、および柴佳世乃「三千院円融蔵『読経口伝明鏡集』解題と影印」（柴『読経道の研究』）二七一―二七五頁に詳しくなされている。
(47)沼本、註(46)前掲書、一二〇―一七二頁所収。
(48)「宮ノ音ハ　山河ノ落タギルカ如シ／商音　ムラコノ糸ヲ引延タルカ如シ又萩ノ露ヲ深クグリ行カ如シ／角音　鐵ノ木ニ金銀ノ花ノ開キ乱タルカ如シ／徴音　霞ノ底ニ鶯ノ囀ルカ如シ／羽音　春ノ柳ノ風ニ乱ルルカ如シ」という表現で、五音の響きの違いが示される。
(49)沼本、註(46)前掲書、一四八頁。
(50)『魚山声明相承血脈譜』（『続天台宗全書　法儀Ⅰ』）四八五頁。

(51)『続々群書類従』三　史伝部（続群書類従完成会、一九八五年）四六五―四七五頁所収。
(52)天納傳中「平安中期における声明実唱の一考察」（『天台声明　天納傳中著作集』法藏館、二〇〇〇年）六九―七三頁および「声明実唱の音位」（同書）二一五―二一七頁。
(53)『大正蔵』八四巻、三八一―三八六頁。
(54)片岡義道「天台声明」（東洋音楽学会編『仏教音楽』音楽之友社、一九七二年）六九―七七頁。天納傳中「天台声明と楽理」（『天台声明　天納傳中著作集』）二四六―二四九頁。
(55)新井弘順「天台声明の博士について」（上野学園日本音楽資料室『日本音楽史研究』(3)、二〇〇一年）一〇〇―一二七頁。
(56)新井、註（55）前掲書、一二六頁。
(57)『声明口伝集』（天台宗典編纂所編『続天台宗全書　法儀Ⅰ』）三〇七頁。
(58)『声明口伝集』三一〇頁。
(59)一種のヴィブラートで、基準音からほぼ半音（一律）下降して再び基準音にもどる。
(60)片岡、註（54）前掲書、五七頁。
(61)W‐J・オング著、桜井直文他訳『声の文化と文字の文化』（藤原書店、二〇〇七年）一六六―一六七頁。

第三章　夢想感得像——夢想による仏画・垂迹画の制作について

田中貴子

はじめに

現在、日本の宗教美術研究において、夢想やその類によって感得された神仏を絵画化した作品について論じたものは管見の限りではごく少なく、図版等もさほど公刊されていないように思われる。二〇〇七年春、奈良国立博物館で開催された「神仏習合」展には多くの垂迹画が出展されて話題を呼んだので、関心は低くはないはずである。夢想やその類（幻視に類するものを含む）を題材とした説話は文学の世界では非常に多く、研究も進んでいるが、にもかかわらず、それをもとにして描かれた絵画と説話とを積極的に結びつけた論はほとんど見あたらないようである。

本稿は、夢想とその類が関与する絵画と説話の関係について、文学研究の分野からいささかの私見を述べようとするものである。

ここで論者が夢想を取り上げるのは、夢想が儀礼と深い結びつきを有すると考えるからである。夢は古来、人間が神仏の託宣を受けるための回路として機能してきたが、これは一つの託宣を受けるための儀礼として見なすことができると思われる。単なる睡眠という生理的な行為ではなく、入眠によって身体を神仏の世界と接触させるための儀礼といえるのである。神社や寺院に参詣した者が夢想を期してそこで夜を過ごすことは、一定の儀式次第などは整備されていないものの、宗教的な儀礼と本質的に変わるところはない。

夢想と一口に言っても、就寝時による夢だけとは限らないので、ここでは「夢想やその類」と称する。覚醒時において神仏を「見た」とする説話は多く、これを単なる幻視として片づけてよいものか疑問であるので、本稿ではこうした覚醒時における現象を夢想に含めて取り扱いたい。そうして得られた神仏の姿を具体的な絵画としたものを、ここでは便宜上「夢想感得像」と呼ぶことにする。なお、夢想感得した仏神を仏像や神像といった立体造形に作るものもあろうが、今回は絵画に限って論ずる。

現在夢想感得像は現物、あるいはその写しが残っているものが多い。しかし、それが描かれた契機を見てゆくと絵画化される過程は必ずしも同じではないと思われる。それを本稿では大きく二つに分類して論じることにする。一つは、現存する夢想感得像を描いた絵画が特定の説話に基づき、時代を超えて複数作成された例である。もう一つは、特定の説話によらず、一回限りの夢想によって感得した像を一つの絵画に作るという例である。この二つの違いは、夢想という出来事が説話化され文献に書記化されたかどうかに起因すると思われる。

では、次節からこれら二つの例を具体的な作品に即して見てゆこう。

一　「夢想感得像」が説話に依拠している場合

1．「金人」と「黄不動」

まず最初は非常に人口に膾炙した図像について述べることにする。円珍が感得したという説話が付随している黄不動である。天台密教の祖ともいえる円珍が、渡唐の際に「金人」を感得し、それに基づいて描かれたのが現在数例残っている黄不動の画像だと伝えられている。曼殊院本が公開されているのでこの絵画は著名であるが、円珍時代の不動明王の描き方とはかなり異なった異尊像であることでも知られている。密教絵画は基本的に経典の記述や儀軌に沿って描かれるものであるが、泉武夫氏によれば、(1)

儀軌への忠実性が求められる半面、密教家本人の画像形成に対する独創性(「意楽」)が尊重されるという二面性も持っている。

という。円珍と黄不動画像との関係も、氏のいう「独創性」によるものと思われる。

曼殊院本の黄不動は全身を黄色(あるいは金色を模した黄色)で彩られ、右手に剣を持つところや憤怒相は『図像抄』などで規定された姿と共通するが、座像ではなく岩座の上に立っている点が儀軌からはずれている。

円珍が黄不動を感得したことを語る最も古い資料は、三善清行が撰述した十世紀の『円珍和尚伝』である。それによると、承和五年(八三八)の冬、円珍が座禅をしていると「金人」が姿を現して「当に我が形を図画し慇懃に帰仰すべし」と言ったという。(2)円珍が「あなたはどこから来られたのですか」とたずねると、「金人」は「我は是れ金色不動明王也」と答え、円珍を擁護することを誓ったのである。その姿は「手に刀剣を捉り、足は虚空を踏」んでいた。円珍は彼を礼拝し、「即ち画工をして其の像を図写」させた。その像は「今猶之有り」とある。

先引の泉氏は、この伝説で「疑えない事実」は「像、今猶之有り」の文くらいであるが、円珍伝撰述の延喜二年(九〇二)当時にはその画像が存在していたと述べている。その画はおそらく「黄不動」と呼ばれたのだろう。ここでは、円珍が画工に命じてその姿を描かしめたとするが、円珍自ら筆をとったとする説話も見える。建保五年(一二一七)の本奥書を有する慶範の『宝秘記』(『園城寺文書』第七巻〈園城寺、二〇〇四年〉)「黄不動事」には、

承和之年、巡礼之次、於講堂後日夜邂逅《タマサカニ》遇於金人、(略)将図其像手自下単(ママ)、(略)(敬)〔於是一日次召画工〕図畢、空光、々師令塡彩飾、

とあり、円珍自ら筆をとって「金人」の像を描き、後に画工に命じてそれに彩色を施させたということになっている。(3)

この「金人」が座禅の時ではなく、円珍が唐から帰る際に船中に出現して擁護を誓ったという説話が十四世紀の『渓嵐拾葉集』に残されているが、ここでは絵画化のことにはまったく触れられていない。

一、園城寺黄不動事　智証台師帰朝之時遇悪風、金色ノ不動顕現シテ云、不可恐、吾ニ有生生而加護之誓、(後略)

『渓嵐拾葉集』には、円珍が金色の不動を描いたとか描かせたという記述はないが、「其ノ金色ノ不動ハ即今園城寺ノ黄不動是也」としてこの項目が結ばれているので、後代には園城寺に蔵されていた黄不動と円珍

感得像とが結びつけられて伝承されていたことは明らかである。ただし、泉武夫氏によれば、「「黄不動」の名が確認できるのは、平安末期の図像集から[4]」であるらしい。

空光筆とされる黄不動像は現在秘仏となっており、論者も実見したことはないが、「之と殆ど形容を等しくして写し伝へたものと見られる[5]」曼殊院蔵の黄不動は公開されている。このほかに像容を同じくする画像があるのか寡聞にして知らないが、儀軌に従わない特殊な造型を行った絵画が写され複数生まれた背景には、「これは円珍が感得した黄不動である」という伝承があったことは確かであろう。つまり、園城寺本画像が何の伝承もともなわないままあったとしたら、それは儀軌をはずれた異形尊となり、何かの理由がない限り積極的に写すという行為はなされなかっただろうと思われるのである。異形尊像が模写されるには、円珍感得像であるという伝承が書記化されて宗内に伝わっているという状況が必要なはずで、説話の存在と流布が書写の大きな動機になっていると考えられ、異形尊像が複数存在する原因に伝承の書記化が必要条件になっているといえるのである。

2. 智光曼荼羅

奈良・元興寺に伝えられる智光曼荼羅もまた、複数の模本を有する作品であるが、その背後には曼荼羅感得を語る説話の存在が大きく関与しているとみられる例である。

智光といえば行基との関係を示す『日本霊異記』の説話が著名であるが、もう一つ人口に膾炙しているのが、同門で先に入寂した頼光のもとで浄土変相を目の当たりにする夢を見て、浄土曼荼羅を感得したと伝える『日本往生極楽記』第一一の説話である（『日本往生極楽記』は十世紀後半に慶滋保胤の手によって成立した、往生伝を集めた説話集である）。

この説話は後に『今昔物語集』『十訓抄』をはじめとして多くの説話集や僧伝類に採録されるに至る非常に有名なものだが、そのあらましを次に掲げておこう。

元興寺の智光と頼光とは少年の頃から同学だったが、数年後頼光は亡くなってしまう。悲しみ嘆いた智光は、頼光がいる浄土に行く夢を見た。頼光は往生することがたやすくないことを知り、ただ阿弥陀如来の姿や浄土の様子を観想するという修行を行い、今ここに来たのだと語った。智光は、どうしたら自分もそのようになれるのか泣きながら尋ねたが、頼光は「仏に問いなさい」と言うだけだった。そのようにすると、仏は「浄土の荘厳を観想すべし」と答えた。「凡夫の私には、この広い浄土を観想するなどできません」と智光が言うと、仏は右の手のひらを掲げてそこに小さな浄土の図を現わした。智光は夢さめてから、ただちに画工に命じて夢に見た浄土の姿を描かせ、一生これを観想してとうとう往生を果たした。

これも、黄不動の説話と同じように、感得した浄土変相図を画工に描かせたという説話である。これについては、『日本浄土曼荼羅の研究』(6)第一章に次のような指摘がある。

この説話は、元興寺の僧房東室南階大房の一室に小型の浄土曼荼羅が存在し、これの来歴を説明するための物語として発生したと考えられる。

これによると、黄不動の場合と異なるのは、はじめに曼荼羅の現物があったという点である。園城寺の黄不動が描かれた経緯は智証大師の説話によるしかないが、その模本が円珍の説話に影響されて描かれたと思われることはすでに述べた。智光曼荼羅の場合は、説話が先にありそれが契機となって曼荼羅が生まれたのではなく、まったく逆であるという点が異なっている。説話はあくまで現実の絵画の説明装置として生まれたというわけである。先に引いた『日本浄土曼荼羅の研究』では、

一般に説話の発生には、どうしても実物の存在が先行し、これをもとにしてその特徴を説明するものとして成立するとする常識を否定するわけにはいかない。説話はさらに一方では時代を経るにつれて潤色が加えられていくとともに、他方では形成された説話にあわせて物が作られたり改変されたりすることも当然あり得るであろう。

と説明されるが、Ⓑの例が黄不動であるとするならば、Ⓐが智光曼荼羅の場合に相当すると思われる。説話と感得像との関係は、このように大きく二種類に分けることができる。ただし、智光曼荼羅もいったん説話が流布した後は黄不動と同じように模本が説話を介在して生まれることになった。智光曼荼羅の原本は宝徳三年（一四五一）に焼失したが、元興寺だけでなくそのほかの寺院にも智光曼荼羅と呼ばれる中世までの作例が残されている。『日本浄土曼荼羅の研究』には十二世紀成立の『覚禅鈔』に描かれたものを含めて次の六種類の曼荼羅の遺品が挙げられている。

1、覚禅鈔
2、元興寺極楽坊蔵　　板絵智光曼荼羅（十二―十三世紀）

3、同　　　　　厨子入智光曼荼羅（明応六年〈一四九七〉）
4、同　　　　　軸装智光曼荼羅（十五世紀）
5、長谷能満院蔵　　軸装智光曼荼羅（十五世紀）
6、『国華』所収　　軸装智光曼荼羅（十四世紀）

これらは十世紀後半までに作られていた智光曼荼羅原本を実見して模倣されたのではなく、中尊の姿が異なっているものもある。おそらく『日本往生極楽記』以降の説話が媒介となって作られたのではないかと思われる。その点においては黄不動と同じく、説話なくしては模本が作られなかった例に当てはまろう。

3．善導大師像

善導とは七世紀の中国に生きた実在の高僧である。彼の図像は浄土宗寺院では必ずといってよいほど祀られており、現在でもインターネットで検索すれば新旧問わぬ幾多の作例を見ることができる。

善導像には絵画と彫刻の二種類があるが、いずれもある特定の像の模本や模刻というわけではない点、先に述べた二例とは異なっている。しかし、その像容として特徴的な「下半身が金色で表される」という姿はいずれにも共通して見られるものである。この善導像は、実際の像があって説話が生まれたのではなく、『法然上人絵伝』（四十八巻本）に語られる説話がもとになっている。その点では黄不動像に似た例ではあるが、黄不動が模写といってよいほど同じ像容をとる複本を持つのに対して、善導像は決まったパターンを踏襲してはいるが像容が類似していないという特徴がある。

『法然上人絵伝』巻七によれば、善導は法然が夢中で出会ったとされている。知恩院蔵の国宝絵巻（図1）

図1　『法然上人絵伝』巻七（知恩院蔵）

には、逆巻く川の対岸に雲に乗った善導が出現し、それを見た法然が合掌している図が描かれている。絵巻ではややわかりにくいが、善導の衣の下半身は金色に彩色されているように見える。このことは次に引くように詞書にも明記されている。(7)

雲の中より一人の僧出でて、上人の所に来り住す。その様、腰より下は金色にして、腰より上は墨染なり。上人、合掌低頭して申し給はく、「これ、誰人にましますぞや」と。僧答へ給はく、「我は是善導なり」と。

この後、法然は修行を重ね、「口称三昧」（念仏三昧）を発するようになる。善導との夢中における邂逅が法然を奮い立たせたことは間違いないが、ここで重要なのは法然が夢さめた後、善導の姿を描かせていることである。再び『絵伝』詞書から引用する。

画工乗台におほせて、夢に見るところを図せしむ、世間に流布して、夢の善導といへるこれなり。その面像、後に唐朝よりわたれる影像に、たがはざりけり。

ここからわかるのは、夢中像や感得像を描かせることとの目的である。法然の場合は、念仏専修を広めるための手段として中国浄土教の高僧の絵図が必要であったのであり、いわば布教の手段であった。またそこには、後に唐からわたってきた絵図とまったく同じであったという、法然の夢中感得を裏付けるような話まで付け加わっている。これによって、法然が描かせた善導像は「正統なるもの」と認定され、信者の間に広まっていったと推測される。

なお、法然は『絵伝』によると数回の夢想感得を経験しているが、同じく巻七には阿弥陀三尊までを夢に見ている。このときも、

すなはち画工に命じて、これをうつしとどめらる。

と語られるので、夢で感得したものを即刻描かせるというのは、自らの神秘体験を残すという個人的事情以上に教団としての必要性を認めたためであろう。

黄不動や智光曼荼羅が布教のためであるとは必ずしも言い難いが、なぜ夢中像や感得像をわざわざ描く、あるいは描かせる必要があったのだろうか。善導の場合は念仏専修の正統性を目に見えるもので保証したいという意図があったことは確実だろう。それに加えて、善導を夢に見ることができた法然への信頼と尊崇も増すものと思われる。そして善導像は『絵伝』という説話を媒介として複数の善導像の「原本」となってゆくのである。これは智光曼荼羅と非常に似た成り立ち方であると考えられる。智光曼荼羅も複本が多いが、浄土変相を描く曼荼羅がしばしば絵解きなどに供されたことを勘案すると、ある思想を伝えるために具体物が必要とされた経緯が浮かび上がってくる。

では、黄不動はどうだろうか。黄不動も円珍の超人性を語るための証拠となり得るだろうが、忘れてはならないのは黄不動が不動明王としてはかなりの異相であるということである。儀軌によらない異相尊を描く場合、最も妥当な根拠として神秘的な体験によって感得したという「事実」が用いられると思われる。その「事実」とはあくまで説話の域を出ないが、客観的な根拠がない限り、夢想を含む神秘的体験をした人物の言を否定することはできないはずであるから、異相尊像を造る際にそうした体験談（＝説話）が要請されたと考えられるのである。

二　「夢想感得像」が説話に依拠しない一回性の場合

ここで扱う図像は、何らかの説話の介在によって模本が複数作られてゆくものではなく、一回の夢想によって感得した神仏を絵に描く、あるいは描かせた一回性のものである。試みに三例をあげたが、いずれも関係を持つ説話が見あたらず、夢想感得の次第が直接絵の中に（賛のような形式で）書き込まれるという共通点を有している。二例は垂迹画の名品とされてきたものだが、それらが何のために描かれたのかという問題はさほど検討されてこなかったように思われる。

国立奈良博物館で開催された特別展「神仏習合」には、ここで取り上げる二例の垂迹画が展観され、幸いにも論者はそれを実見する機会にめぐまれた。ただ、これらは従来「垂迹画」として扱われており、本地垂迹思想に基づいた影向の姿であるという以上の関心の持たれ方はされていなかったようである。ただし、本稿が目指すように、夢想感得像としてこれを改めて眺めたとき、夢想感得の経緯を示す説話が見あたらない点が注目されよう。同じ夢想感得像でありながら、黄不動や智光曼荼羅などとはどこが異なるのだろうか。

以下、三例について述べてゆきたい。

1．春日明神影向図

大阪・藤田美術館に所蔵される十四世紀成立の春日明神影向図は、ほかの春日明神影向図の定型とは大きく異なった構図をとっている。春日明神はもともと常陸国の鹿島からやってきたと伝えられるが、その鹿島明神の影向図は春日大社や奈良国立博物館蔵本の「鹿島立神影像」に見られるように、衣冠束帯姿の男神が鹿に乗っている姿で描かれている。また、春日本地垂迹の曼荼羅は、十三世紀成立の宝山寺本のように春日大社に祀られる神々と本地仏とをペアで描くものである。

だが、藤田本は牛車に乗った明神が手に冊子を持っており、その上半身はすやり霞に隠れて見えないという特異な構図であり、他に類例を見ない。上方には春日の本地仏が五体描かれるが、これは垂迹画としての体裁を整えるためのものだろう。下方には関白藤原（鷹司）冬平の自筆と見られる墨書がある。正和元年（一三一二）九月に書かれたその墨書によれば、冬平が夢中で感得した春日明神の姿を絵所絵師の高階隆兼に描かせたという。春日明神は冬平の夢で彼の自邸の庭に影向し、手に持った書物を冬平に与えたというのである。この様子を描いた絵師である隆兼は、『春日権現験記絵巻』の原本の絵を担当したことで有名であるし、冬平も絵巻の詞書を書いているため、(8)この二人が春日大社と深いかかわりがあることは確かである。

垂迹画を特集した『日本の美術』二七四号の関口正之氏の解説では、

画面上辺には春日五神の本地を円相内に一尊ずつ納めて並べているので、春日明神の垂迹画であることは推察できるが、御所車の上方の空間をすべて霞で埋めつくした地味な画像である。あまり多くを表現

図2　春日明神影向図（藤田美術館蔵）

しない画面は絵画としては控えめすぎるが、神影像としては、それがかえって厳粛な制作態度を感じさせる。

とあるが、絵画として「地味」であるとか「厳粛」であるという以前に、これが個人の夢想感得像であることに注意すべきだろう。藤原氏である冬平が氏神の春日明神の影向を喜ばないとは思えないが、冬平は何のためにわざわざこれを隆兼に描かせたのだろうか。また、自らの夢の模様をどのように絵師に伝えて絵画化をはかったのだろうか。

藤田本の用途の一つとして、景山春樹氏は冬平邸で行われた詩合に「春日社御影」を懸けたという『勘仲記』の記事を紹介している(9)。『勘仲記』弘安六年（一二八三）六月二十六日条には次のようにある。

於左大将殿御方披講五十番詩合、於春日社御影御前有此儀、

この「春日社御影」が藤田本と同じものかどうかは不詳だが、冬平と深い関係がある「御影」であれば藤田本の可能性は高いだろう。しかし、なぜ詩合にそれを懸けるのだろうか。歌合の場などに人麻呂の絵像を懸けることはよく行われているが、それは人麻呂が「歌聖」として儀式に取り込まれた伝統があるからである。春日明神影向図を詩合や歌合に懸けた例は今のところ他に見出すことができなかった。したがって、ここでの春日明神影向図の機能は詩の上達を願うための「ご神体」ではなく、藤原氏の守護神としての役割が期待されていた可能性が高いと推測される。『勘仲記』には記述がないが、もしかしたら夢想感得の話題などが詩合の後で出たのかもしれない。

個人の夢であっても、藤原氏の氏神が自ら冬平邸の庭に影向するというのは冬平にとって大変名誉なことではなかっただろうか。冬平が個人的な体験である夢を藤原氏の栄誉に読み替えるために、夢想感得像を描かせたとも考えられる。ただし、冬平の体験は説話化されることがなかった。絵中に墨書をしたためた時点において、実体験であることの表明のほうが説話化よりも重要と見なされたのかもしれない。そのため、この特異な春日明神影向図はほかに模写されて流布することがなかったのである。

教団レベルでの流布を第一に考える善導像とはまったく逆に、この影向図は「この世にただ一枚」であることが重要であり、それが冬平の体験という一回性の出来事と分かちがたく結びつくことによって差異化がはかられたのであろうと思われる。

2. 清瀧権現像

東京・畠山記念館所蔵の清瀧権現像は、十三世紀の成立とされる画図である。清瀧権現は上醍醐に祀られている守護神で、空海が帰朝する際唐の青龍山から勧請したものであり、本図では美しい和装の女神姿で表されている。襖を開けて姿を現した女神は宝冠をつけ、右手に緑色の宝珠を捧げている。右下に描かれた童女は冊子を手にしている。

本図もまた、夢想感得像であることが画面上方の墨書によってうかがえる。元久元年（一二〇四）四月十四日の夢想に「賀宇夜具野新願之布美」なる冊子を下賜されたさまを絵画化したものである。「神仏習合」展図録解説によれば、裏の供養銘からは元久元年の夢を弘長二年（一二六二）に描いたもので、それを権律師盛深が地蔵院で供養したのだということがわかる。

こうした清瀧権現像はほかに例を見ないが、『醍醐雑事記』には、醍醐寺三宝院流の勝覚が夢想感得した清瀧権現の姿が「其御正体如吉祥天女、如意宝珠左手」であったことが記されているので、[10] 醍醐寺の僧侶の間ではこうした女神像はよく知られたパターンだったようである。興味深いのは、勝覚が夢に見た清瀧権現を描かせていたという『醍醐雑事記』の記事である。それは今に残っていないが、畠山本と同じシチュエーションで夢想感得像の清瀧権現が絵画化されていたことは注目に値する。

図3　清瀧権現像（畠山記念館蔵）

だが、この図も春日明神影向図と同じように一回性の夢想に依拠するものであり、そこには説話の介在は感じ取れない。『醍醐雑事記』の勝覚の夢想感得像がもし現存していたとして、しかも類似する構図であったとしても、それは勝覚自身の夢想によるやはり一回性の出来事を絵画化したものであり、黄不動や智光曼荼羅のような模写本とは根本的に性格が異なっている。

ただし、春日明神影向図がほかに類例を見ない特異な構図となっているのに対し、「如意宝珠を手にする美麗な女神像」というパターンは勝覚の夢想感得像と同じものであり、「神仏習合」展図録解説によれば、絵図を供養した地蔵院でも深賢の描いた清瀧権現像が蔵されていたとする資料がある由で、畠山本は「三宝院流において由緒ある画像であった可能性が高い」とされる。地蔵院蔵本がどのような構図かわからないのが残念だが、同じパターンであるとするならば、一回性の個人の夢想体験による特別な図像というわけではなくなってしまう。想像ではあるが、畠山本の場合、従来三宝院流に伝えられていた一定のパターンの清瀧権現像を見知った夢想者が、その記憶によって夢想で同じパターンの図像を感得した例といえるのではないだろうか。ここには説話の介在はないが、ある流派における伝統的な図像パターンが夢想に影響を与えているという点で、まったく「手本」のない春日明神影向図とはやや異なるものといえよう。

だが、気になるのは春日明神影向図も清瀧権現像も冊子を手にして夢想した人物にそれを下賜しようとしている点である。清瀧権現の冊子の題名の意味は未詳であるし、春日明神の冊子の内容も不明だが、神仏の夢中出現の主目的が冊子の下賜にあるらしいことは充分想像されよう。これが「家・氏」や「流派」における秘密口伝のようなものの伝受を意味するのであれば冊子の存在は理解できるが、これについてはさらなる考究が必要である。

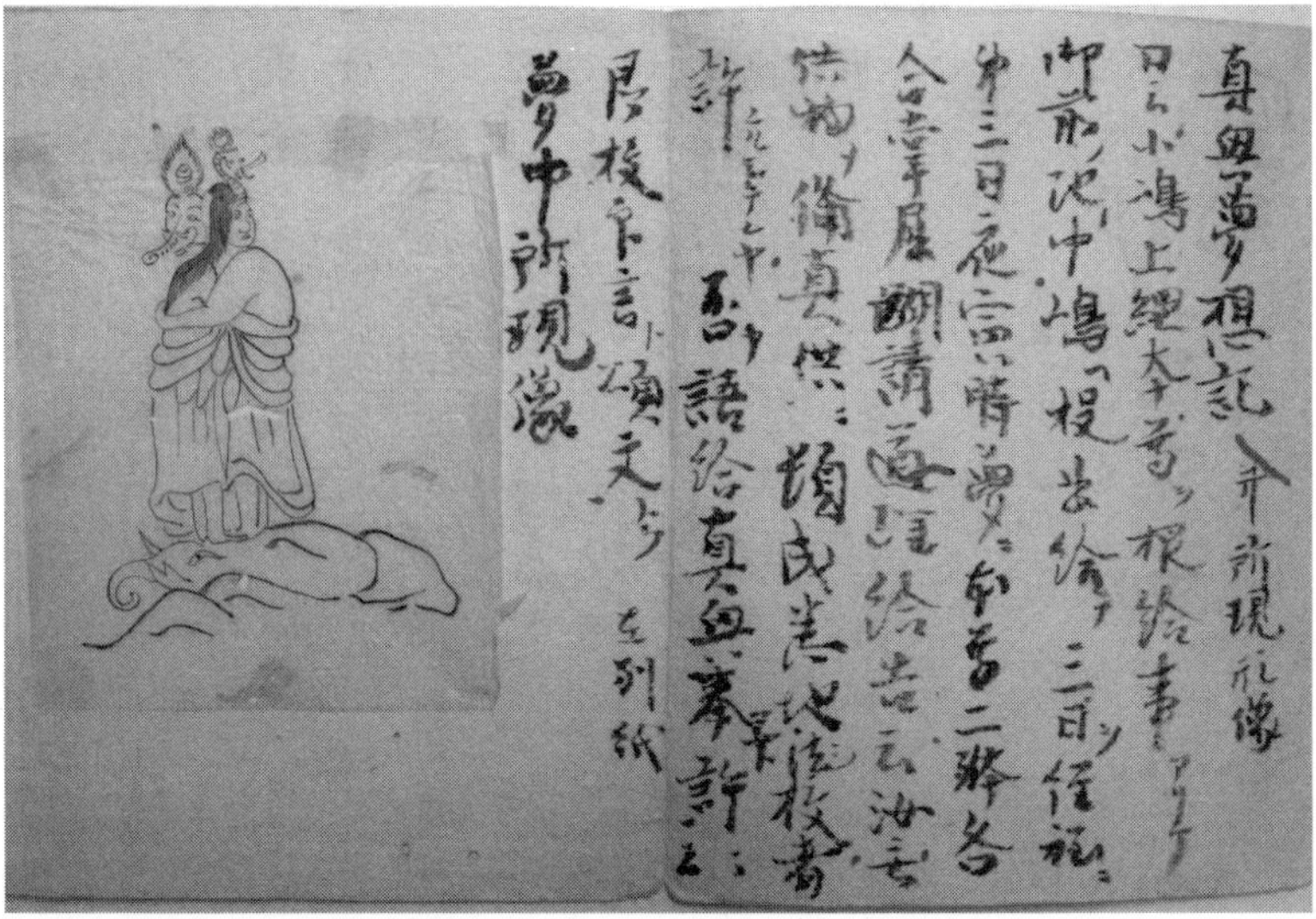

図4　『真興夢想記幷所現形像』（称名寺蔵・神奈川県立金沢文庫保管）

3．真興夢想記幷所現形像

図4は、神奈川県立金沢文庫に所蔵される異形の聖天の絵像である。称名寺第二代の釼阿自筆の書写本で、原本は子嶋僧都真興（九三四—一〇〇四）が夢想感得した像を描いたものであると画中に書き記されている。本来、聖天とは象頭の男女二天（場合によっては女天が猪頭になる）が抱き合う像容を有するものだが、これは人間の女性の姿をした女天が象頭の男天と抱き合う図を墨で線描きした特異な作例である。真鍋俊照氏が昭和四十八年の調査で見出したという[11]。従来、「邪法」とされてきた「立川流」と深く関わる絵図とされてきたが、近年、彌永信美氏によって髑髏法などの「邪法」を用いる流派を「立川流」と称することが妥当でないことが証明されているので[12]、今後は「立川流」という名称は使わないことにしたい。

画中に記された「真興夢想記」によれば、子嶋の真興が「前池の小島」にて三日を経たときの夜、寅の刻の夢に「本尊二体」が合体する姿が現れ、「頓成悉地ノ法」を授けようとした、とある。男天と女天とが抱き合った右側に「夢中所現像」と明記してあるので、真興が夢に見た本尊を目覚めてから描いたものと見られる。いかにも僧侶が率爾に筆をとったといった感じのタッチなので、春日明神影向像や清瀧権現像のように専門の絵師の手になるものではなかろう。

子嶋の真興とは真言密教の小島流の開祖であり、奈良の小島寺を開いたことでも知られる。真興描く原本が現存するとすれば十世紀後半から十一世紀前半頃の成立となり、本稿で扱っている夢想感得像のなかでもきわだって古い作例となるが、釼阿の自筆はおそらくそれを忠実に写したものと思われる。なぜなら、ほとんど同じ構図の別本が昭和五十六年に発見されているからであり、画中の文言もまったく同じであったからである。

これは、清瀧権現像と同じく、同構図の模写本が存在する例であるが、原本の成立は真興の夢想という一回性の出来事によるものである。また、描かれている聖天本尊の姿がほかに見いだせない異相であるがゆえに、模写本はあるものの春日明神影向図と似た経緯をたどった夢想感得像であると考えられる。ただし、藤原冬平とは異なり、真興夢想感得像の場合は仏教流派の中で後代に脈々と伝えられる宿命を負っていたと思われる。その意味では地蔵院における清瀧権現像と近い性格であるともいえる。

おわりに

以上、説話の媒介の有無に分けて夢想感得像について述べてきたが、夢想感得像には儀軌によらない異形像がほとんどであることが最も大きな共通点であることが判明したと思われる。しかし、模写本の有無やその用いられ方は貴族層と仏教者との間においてかなりの違いがあることも確認された。仏教者の場合、口伝や秘伝としてそれを後世に残してゆく使命があるのに対して、貴族層ではむしろ模写を行わないことにより絵の神秘化をはかる傾向があるのではないだろうか。そして、書記化された説話が介在する方がさらに模写本を増やしてゆくのではないかということも考えられる。

このほか、三つの蛇頭を持つというきわめつきの異形像である「天川弁才天曼荼羅」にも、石山寺蔵本のように夢想が関与する例が報告されているが、今回は触れることができなかった。夢想を絵画化することの意味についていささか駆け足でたどってきたが、今まで夢や夢と文学の研究は多かったもののそれと絵画化について論じたものはほとんどなかった。また、夢想とそれによる神仏の顕現を儀礼として考えるスタンスも見られなかったように思われる。しかし、清瀧権現のようにある一定の結果（権現の顕現）を期待する夢想などは相当定型化した手順があると推測されるので、儀礼と見なすべきものであろう。

夢をかたちに表すことの背後にはさらに深い意味があることと思うが、本稿はとりあえずの問題提起のための試論であり、いずれより詳細な続稿を目指したいと思う。

註

（1）泉武夫「図像の力」（『仏画の造形』第一、吉川弘文館、一九九五年）。
（2）『智證大師全集』第四（仏書刊行会、一九一七年）。
（3）『宝秘記』には、大師筆の「正本」が「山房焼亡之時」に焼けてしまったか、と記され、今の像は蓮昭僧都が新しく写して本蔵に奉納した、という別伝も見られる。黄不動像は様々な経緯を経て写しを重ねていったものと想像できる。
（4）註（1）泉氏前掲書。
（5）亀田孜「黄不動抄」（『密教研究』八九号、一九四四年）。
（6）『日本浄土曼荼羅の研究』第一章（中央公論美術出版、一九八七年）。

(7)『続日本の絵巻』1（中央公論社、一九九〇年）、小松茂美氏の釈文による。
(8) 奈良国立博物館図録『神仏習合』解説（北澤菜月氏による）。
(9) 景山春樹『神道美術――その諸相と展開』（雄山閣、一九七三年）。
(10) 佐々木守俊「三宝院定海の吉祥天像」（『美術史家、大いに笑う』ブリュッケ、二〇〇六年）。
(11) 真鍋俊照『邪教・立川流』（筑摩書房、一九九九年）。
(12) 彌永信美「立川流と心定『受法用心集』をめぐって」（『日本仏教総合研究』第2号、二〇〇三年）。

付記 本稿をなすに当たって、加須屋誠氏（奈良女子大学）、北澤菜月氏（奈良国立博物館）より資料の情報を賜りました。ここに記して感謝いたします。また、『日本文学』（日本文学協会）第四八巻七号（一九九九年）は「〈夢想〉・中世」という特集であり、本論に関連する論考が数多いので、ご参照下さい。

（二〇〇七年七月稿、二〇一〇年一月補訂）

第Ⅱ部

儀礼的身体

第四章　密教儀礼と「念ずる力」

――『宝鏡鈔』の批判的検討、および『受法用心集』の「髑髏本尊儀礼」を中心にして

彌永信美

はじめに

中世日本の宗教を考える上で、いわゆる「立川流」という名前で呼び習わされてきた真言宗における性的異端の問題を検討することは、重要な課題の一つである。しかし、そもそもこの「立川流」という名称が妥当であるか、また、それがどんな教えを説いたか、ということについては、専門家の間でも定説が存在せず、明確な議論がされないまま、さまざまな憶説が積み重ねられてきたように思われる。筆者は、以前「立川流と心定『受法用心集』をめぐって」と題する小論でこの問題について述べたが（以下、「立川流と心定」と略記する）[1]、本稿では、重複を避けながら、角度を変えてこの問題を論じ、その上で、中世のとくに顕著な性的異端と考えられる『受法用心集』に記述された「髑髏本尊儀礼」について、いくつかの視点を提供してみたい。

はじめに、異端研究一般について述べておきたい。「異端」とは、ある「時代において正統とは認められない思想・信仰・学説など」（『広辞苑』）を指す。それは「正統」の存在を前提し、その代表者によって排除された言説である。それゆえ、異端はつねに相対的なものであり、ある「思想・信仰・学説」を異端と認

定する行為は必ず党派的行為である。異端が分派して、それ自身が「正統」と言えるような勢力をもつようになれば、それはもう異端とは言われない。正統が異端を排除する言説は、政治的言説であって、ほとんど必然的に誹謗・中傷を含み、そのまま事実と受け取ることはできない。異端とされた思想などの文献がそのまま残ることは少なく、したがって事実との照合がむずかしいから、正統による異端排撃の言説は、最大限慎重に、批判的に扱われなければならない[2]。また、キリスト教などの場合には、異端と正統の境界が明確にされることが多いが、融合的で許容度の高い仏教、とくに中世日本の仏教の場合、その境界はきわめて不明確で、ほとんど存在しないに等しい[3]。また、異端排撃の言説は、どの宗教でも、多くの場合、反社会的な行為（たとえば殺人）や社会一般の倫理意識に反する行為（たとえば性的逸脱）を理由にする[4]。そうした行為が、異端とされた人々によって実際に行なわれたかどうかを確認できることは、きわめて稀である。異端排撃の言説は、社会一般、あるいは特定の僧団などによって、異端とされた人々が「反社会的」であることを認めさせることが主要な目的であり、そのことによって、正統を称する人々はその集団の中でより強い力をもつことができる。もちろん、異端とされた宗派の人々が、実際にどのような思想や教説を唱えたか、ということは、彼ら自身の手によることが確実な資料を、先入観なしに分析することによってのみ明らかにできる。しかし、多くの場合、そのような資料は残っていないか、あるいは断片的にしか残っていない。

もう一つの前提として、中世日本の密教宗派において、「法流」と称されるものがどのように定義できるかを考えておかなければならない。真言宗における広沢、小野の二つの大きな流派は、院政期以降、多くの「流」や「〇〇方」と呼ばれるさらに小さな単位に分岐していく。その分岐の原理は基本的に、思想内容の違いというよりも、事相の細かな差異であり、個人から個人へという相承によって継承される。ある場合には、流派に特徴的な思想を特定することができるが、それはむしろ稀である。また、それぞれの個人は、多くの場合、複数の流派を継承するため、事相の内容は必然的に平均化する傾向があると言えるだろう。「法流」は特定の儀礼にかんする印信のセットによって成立し、それによって定義される。印信に付属する血脈文書は、個々の儀礼の相承を証するものであり、それ自体に「○○流」など「流」の名前が記されたものは少ない。多くの場合、それが何流に属するかということは、血脈文書に記された人名をたどり、その血脈が何流のものかを特定することで、はじめて知られるのである。

以上のことを頭においた上で、中世日本の真言宗で異端とされた「立川流」について考えてみたい。

『宝鏡鈔』の批判的検討

いわゆる「立川流」にかんする主要な第一次資料は、三つ存在する（「いわゆる「立川流」」ではない、実際の立川流についての第一次資料は、櫛田良洪氏の『真言密教成立過程の研究』[5]〈三四四―三六二頁〉に金沢文庫に残されたものが相当数引用されており、また甲田宥吽稿「道範阿闍梨の邪義相伝について」[6]に高野山に残されたものが言及されている。しかしその内容の詳しい検討は、今後の課題である）。年代順に言えば、もっとも古いのが一二六八年（文永五）に成立した心定（一二一五―六八以降）の『受法用心集』[7]、次に、一三七五年（天授元年＝文中四年＝永和元年）に成立した宥快（一三四五―一四一六）による『宝鏡鈔』[8]と『立河聖教目録』[9]の三つである。これらの文書は、みな正統派の側から「異端」を排撃するものだが、それぞれ性格が違う。『受法用心集』は、著者自身がある特殊な法流の相承を受け、それが「邪法」であることを論じて初学者の注意をうながすことを目的として書かれたもので、この時代としては珍しい体験記的、自伝的要素を含む文書である。それが初学者を主な対象にしていることは、平易な仮名書きによって書かれていることでも想定できる[10]。一方、『宝鏡鈔』は、明らかに特定の法流や個人を批判するために書かれたもので、上に述べたような「異端排撃」文書の性格を有すると考えられる。最後の『立河聖教目録』は、『宝鏡鈔』に付属したものと思われる。非常に多くの排撃の対象となる文書の書目が挙げられ、中に著者・宥快の師である快成の文書（または文書の一部？）が引用されている。

上掲の小論では、おもに『受法用心集』について考えたが、本稿では『宝鏡鈔』を取り上げ、その内容を批判的に読み直してみたい。宥快は、高野山宝性院の信弘（―一三七四）に師事し、また同じ宝性院の快成（―一三六七）に学んだ。信弘の死後、宝性院を継いで一年後、宥快三十一歳の年に著わしたのが『宝鏡鈔』と『立河聖教目録』である。『立河聖教目録』は快成の著作を宥快が一三七五年に書写したものとも言うが、おそらくすべてが快成に遡るものではないと思われる。守山本の最初の三分の一あたりに唐突に『正流成二邪流一事』という文章が引用されていて、その後に、

文中四年三月十五日以宝性院快成法印御自筆本書写畢
傍正分別尤大切也
高野山如意輪寺以御自筆本写畢

という識語が置かれている。これを見る限り、『正流成二邪流一事』は確実に快成によるものと思われるが[11]、その引用以前の書目が快成に帰せられるか否かは明確ではない。また、この識語の後に続く書目は、むしろ宥快の手になるものと考えた方が自然と思われる。一方、『宝鏡鈔』の本文には執筆時の識語などは存在せず、江戸時代の懐英（一六四二―一七二七）による『高野春秋編年輯録』に、「永和一年（一三七五）」成立と記されていることによって成立年代を知ることができるのみである[12]。しかし『立河聖教目録』に記された識

語と年次が一致することを考えれば、それをとくに疑う必要はないと思われる。いずれにしても、この二つの著作は、宥快が宝性院門主となった後、最初に書かれたものと思われ、若い宥快が高野山で地位を築くために重要な意味をもったものだったに違いない。

『宝鏡鈔』内容分析

最初に「立川流」という名称が妥当であるか、その教説が何であったか、明確でない、と述べたが、「立川流」にかんする一般常識的な理解は、ほとんどすべて最終的には『宝鏡鈔』に遡るものと思われる。たとえば『広辞苑』（第五版）では次のように解説されている（振り仮名などを略した）。「（武蔵国立川の陰陽師が仁寛より修して広めたことによる名）真言密教の一派。男女の性的な結合を即身成仏の秘術とする。平安後期の仁寛を祖とし、十四世紀に文観により大成され中世に広まったが、のち邪教として取締りをうけて衰えた」。

『宝鏡鈔』は非常に奇妙な文献で、どんな目的で、何を言わんとして書かれたものか、理解が困難である。[13]一般に、『宝鏡鈔』は立川流を批判するために書かれたと考えられることが多いが、全編で立川流について語っているのではなく、立川流について直接述べているところは実はほんのわずかにすぎない。大正蔵の刊本では、全部で三百十二行のうち、直接述べているのは多く見積もっても約二十行、全体の十分の一にもならない。以下に、『宝鏡鈔』全体の構成を簡単に述べておこう（括弧内は大正蔵の頁、段、行を表わす。後の参照のため番号を振った）。

［1］（847c25–848c14）真言宗が「無上最上の仏乗」であることを述べ、唐の恵果から弘法大師を経て日本に伝わり、広沢・小野両流に継承されたことを述べて、両流の主な血脈を示す。

［2］（848c15–29）末代に至って「邪正が混乱」しており、もし「邪路に入ったら成仏正道に違う」、それゆえ（邪正の分別について）指南が欲しい、という問に対して、立川流の起源と流布、および「宗義」について述べる（後述参照）。(14)

［3］（849a1–10）『大仏頂首楞厳経』を引いて「男女二根を菩提涅槃の真処」とするような性的教説が「魔説」であることが如来によってすでに説かれたことを示し、(15)『大日経疏』によって「明師」を求めて正しい行に励まなければならないことを説く。

［4］（849a10–17）立川流の流布について二、三の記述を加え、多くの口伝や偽書が伝えられていることを述べる（後述参照）。

［5］（849a17–26）それに直接続けて、明澄・賢誓の名前を挙げて「邪法」について述べ、その偽書の名前を挙げて批判する。——ただし、明澄・賢誓の「邪法」は、他の資料によって中院流の龍光院の源照以下に広まった異端であることが知られるが、『宝鏡鈔』の記述では、そのことは述べられないので、明澄・賢誓の「邪法」も立川流に属するかのような印象が与えられる。(16)——また「関東方御流三宝院」も同じコンテクストで名前を挙げる。(17)

［6］（849a26–b10）「立川流の血脈ではないが」と断って、さらに多数の偽書（多くは三宝院流の偽書と考えられる）の題名を挙げる（それらのうちのいくつかは、『立河聖教目録』の中に挙げられている。(18)この一事を見ても、宥快にとっての「立川流」という語が明確な定義をもっていたわけではないことが理解される）。

［7］（849b10–850b27）文観房弘真（一二七八—一三五七）の名前を挙げ攻撃する。これだけで大正蔵の百四行を占めており、全体（三百十二行）の約三分の一に当たる。なおそのうち七十五行は、金剛峯寺衆徒による訴状の引用である。このことによって、『宝鏡鈔』の最大の目的の一つは、弘真を批判すること

にあったと考えられるだろう。そこでは、弘真が吒枳尼法を修した、などの指摘があるが、性的教説、または儀礼を説いた、とする箇所はない。また、そこには弘真と立川流を結びつける箇所もない。ただ、最後に「弘真流の書籍は処々に流布しており、多く大和の国や越中の国に存在する。それらについて一々述べることはできない。また、近ごろ、（後西堂の）周輔蔵主がそれらを鎌倉の方面に持っていった。弘真の自筆の聖教は嵯峨の辺りで焼かれた」と記されている。[19]

［8］（850b27–28）弘真にかんする長い一節に直接続けて、「立川流もまた処々に遍満している。もとは武蔵に興ったが、次に越中と大和の国に多く、書籍はその数を知らない」と述べる。[20]「弘真流」の書物が「大和や越中に多い」と述べ、続けて立川流が越中や大和に流布している、と言えば、明らかに弘真が立川流であることが含意されているようだが、じつはその関係はコンテクストによって暗示されているだけである。

［9］（850b29–c9）さらにそれに直接続けて、「これらの邪流が正流の中に混入していることも多いが、憚りがあるゆえに一々これを書かない。明師についてこれを聞くべきである。京都や高野には、邪と正が混乱していることが多いようだが、多くは知らない」[21]と書く。ただし、ここで言う「邪流」が何を指すかは（コンテクストからは「立川流」であるかのような印象を与えるが）明瞭ではない。

［10］（850c11–13）その一節に続けて、「大和の国三輪の宝篋上人（蓮道房）の書籍にも邪見法門が多い。『一滴鈔』などは立川の法門である。この類の鈔物口決は通じて偽書と考えるべきである。総じて彼の門流には、邪義がある。何流かは尋ねるべきである」と述べる。[22]ここでは、「『一滴鈔』など」が「立川法門」であることは明記されているが、その「『一滴鈔』など」が「三輪の宝篋上人（蓮道房）」の著作であることは、この記述からは確実ではない。なお『一滴鈔』という文献の存在は他の資料から確認でき

ないし、それが「宝篋上人」の著作であるかどうかも明らかではない。

[11]（850c13–851b17）この後、末尾まで、『大仏頂首楞厳経』（三箇所）の引用（そのうちの一箇所は、849a3–7に引かれた箇所を含む。三箇所とも、性的教説を含む「邪義」について述べる）、「煩悩則菩提」についての議論などで一巻が終わる。

以上の要約で、『宝鏡鈔』が、はじめに述べたような異端排撃文書の特徴をきわめて明確にもった文書であることが明らかになるだろう。そこでは、多くの「異端」の固有名詞が挙げられるが、それぞれについての具体的な記述は非常に少ない。そのかわりに、おもに『大仏頂首楞厳経』からの引用で、それらの異端がすべて性的教説や儀礼を伴っていたような印象が与えられる。具体的な異端の法流の名称としては、「立川流」以外にも「関東方御流三宝院」、および「弘真流」という名前が見られるが、実際に強く印象に残るのは立川流だけである（一箇所で、「以下は立川流の血脈ではないが」と断って偽書の題名を列挙するが、たとえば水原氏の著作ではそれらも立川流の著作とされている）。弘真について、また「宝篋上人」については、コンテクストによって明らかに立川流に属するかのように書かれているが、批判的な眼で読めば、その関係は明らかではない。同様に、明澄・賢誓の法流も明記されていない（そのことによって、その法流も「立川流」であるような印象が与えられる）。さらに、「憚りがあるので一々詳しくは書けない」と述べるのも、含意や暗示、示唆によって、異端=立川流があらゆるところにはびこっているような印象を与える有効な手段である。このように、『宝鏡鈔』がきわめて政治的な言辞を連ね、誹謗・中傷に満ちた文書であることは明らかである。

先に見た立川流についての「一般常識」のうち、「文観が立川流の大成者である」ということは、『宝鏡鈔』の文観への攻撃を敷衍したものと考えられるし、また「のち邪教として取締りをうけて衰えた」というのは、「弘真の自筆の聖教は嵯峨の辺りで焼かれた」という、筆者の知るかぎり他の資料によって裏付けができない情報によっているものと思われる（ただし、立川流の文書や『立河聖教目録』に載せられた文書のうち現存するものが非常に少ないということは事実である。それらが何らかの弾圧によって消滅させられたことは充分に考えられる。この情報は、異端とされる宗派にとって不利になるような要素はないと思われるので、いくらか信頼できるものかもしれない）。

『宝鏡鈔』の立川流にかんする情報の典拠

では、『宝鏡鈔』の中で直接立川流について述べている箇所は、どのような内容なのだろうか。それらを詳しく分析すると、そのほとんどはいくつかの典拠に基づいていることが分かり、宥快自身が新たに加えた情報はほぼ皆無であることが判明する。立川流に関連する宥快のソースは、『立河聖教目録』に引用された快成の『正流成㆓邪流㆒事』と、心定の『受法用心集』の二つである。中でも、もっとも重要なのは、高山寺本『受法用心集』である。

まず、『宝鏡鈔』の問題の箇所を引用する（上の要約の［2］と［4］の箇所に当たる。便宜上、番号を振る）。

［2］［a］一説云。醍醐三宝院権僧正弟子僧正舎弟有㆓仁寛阿闍梨後蓮念云人㆒、依㆑有㆓罪過子細㆒、被㆑流㆓伊豆国㆒、於㆓彼国㆒為㆓渡世㆒、具妻俗人肉食汚穢人等授㆓真言㆒爲㆓弟子㆒。爰武蔵国立川云所有㆓陰陽師㆒、対㆓仁寛㆒習㆓真言㆒、引㆓入所学陰陽法㆒邪正混乱内外交雑、称㆓立川流㆒構㆓真言一流㆒。是邪法濫觴。［b］其具書等名粗載㆓豊原寺誓願房記一巻書㆒、所要人可㆓尋見㆒。［c］其宗義者、以㆓男女陰陽之道㆒爲㆓即身成仏

之秘術一、成仏得道之法無二此外一作二妄計一也。（次に上記［3］の『大仏頂首楞厳経』と『大日経疏』の引用が挿入される。それに続き、［4］の情報が加えられる）
［4］［d］彼立川流、後流二布越中国一、覚明・覚印師資二代、参二籠高野山一、其時彼邪流印信書籍多流布。号二教相大事口伝一、多レ之至二于今一。［e］従来之愚人習レ之為二至極思一、実非二事相一非二教相一、只如二裹レ石執レ玉。能能遇二明師一分別可レ糺二何流口伝誰入所記一。或又借二小野広沢之明徳之名一書事有レ之歟（真偽可レ尋）

高山寺本『受法用心集』（正和二年〈一三一三〉定遍写）は、末木氏によれば「守山本と比べるときわめて相違が大きく、同一原本の写本と言えないほど異なっているところがある」[23]というが、中でも大きな相違は、第二冊の末尾に、『受法用心集』そのものの書写の後に、三五オから三七オまでで、この写本の元になった一二八一年の写本の作者・恵海によって、『破邪顕正集』という本から長い引用が付されていることである。これは、従来まったく知られていなかった文献で、抄出した恵海によれば「高野山正智院被選書也。未被披露之、而今彼中大要之文ヲ少々略抄也」と言う。[24] その三五オに、次のような文章があり、上の［2］［a］が、それに基づいていることが明白である（また『正流成二邪流一事』も同じ文章に基づいている[25]）。

破邪顕正集云
此法相承、蓮念阿闍梨ノ流ヨリ出タリト云、正キ伝歟　件阿闍梨ハ権僧正・勝覚ノ弟子、仁寛阿闍梨後改蓮念、伊豆国ニ配セラルコノ人元始ナリトイフ。或説ニハ蓮念ガ弟子、見蓮上人武州立河ニ住スコノ時ノ監觴《（ママ）》ナリト云

『宝鏡鈔』の「是邪法濫觴」、また『正流成二邪流一事』の「根本邪流、起……」が『破邪顕正集』の「監觴（ママ）ナリト云」に基づいていることは明らかだろう。これによって、宥快も、快成も、高山寺本の系統の『受法用心集』を参照したことが知られる。ただし、『宝鏡鈔』の「為二渡世一、具妻俗人肉食汚穢人等授二真言一爲二弟子一。爰武蔵国立川云所有二陰陽師一、対二仁寛一習二真言一、引二入所学陰陽法一邪正混乱内外交雑」という部分は、「邪法」を貶めるために加えられたフィクションであろうことも、『破邪顕正集』との比較によって明白になる。(26)

次に、『宝鏡鈔』は「豊原寺誓願房記二一巻書」を挙げているが（［b］）、これはもちろん『受法用心集』を指す。そして「其の宗義は」として、「以二男女陰陽之道一爲二即身成仏之秘術一、成仏得道之法無二此外一作二妄計一也」というのは（［c］）、『受法用心集』冒頭の「問、近来世間に内の三部経となづけて目出たき経ひろまれり。此の経、昔は東寺の長者、天台の座主より外に伝へざりけるを、近比流布して京にも田舎にも人ごとにもてあそべり。此経の文には女犯は真言一宗の肝心、即身成仏の至極なり。若し女犯をへだつる念をなさば成仏〔の？〕みちとをかるべし」（守山、前掲書、五三一頁）によっている。この「女犯」を「男女陰陽の道」に置き換え、「即身成仏の至極」を「即身成仏の秘術」と言い換えれば、そのまま『宝鏡鈔』の文章ができ上がる。これが、『宝鏡鈔』で「立川流」の内容について具体的に述べた唯一の箇所である。ところが、後に見るように、その元になった『受法用心集』の記述は、立川流について述べたものではない。

『宝鏡鈔』の［4］［d］の情報は、一つは「彼の立川流」が後に越中に流布した、ということ、もう一つは（「立川の陰陽師」の後）「覚明・覚印」の二人が高野山に「参籠」し、それをきっかけとして多くの「邪流印信」が（おそらく高野山に）流布した、ということである。そのうち、越中に立川流が広まった、という情報は、『受法用心集』の冒頭近くに置かれた次の文章で説明できる。「〔著者・心定は〕二十五歳にして延応元年〔一二三九〕の夏の比、越中国細野の阿聖あさりに秘密瑜祇・等流・法身三種の灌頂を受け、立川の一流秘書悉く書きつくし了ぬ」（守山、前掲書、五三一頁）。なお、この記述は、心定が何らかの形で立川流の相承を受けた、ということを意味していると理解できる。自身が立川流の血脈に連なる者が「立川流」を批判するだろうか、という素朴な疑問が湧くところである。

次に、「覚明・覚印」と高野山については、前註（25）に引いた『正流成二邪流一事』が「其以来蓮念・兼蓮《念イ》・覚印・澄鑁・覚明、如レ是相承。道範・真弁・恵深覚明《ハ》相《ニ》二伝秘密瑜祇《ヲ》一」と書いていることに基づいている（覚印と覚明の順序が違い、また道範以下の高野山の血脈を挙げていないのは、理解ができないが[27]）。『宝鏡鈔』には、他にも弘真および蓮道に関連して、立川流の書物が「大和」に流布している、という記述があるが（上述参照）、それは、快成が、立川流が道範以下の高野山の人々に相承された、と書いていることに基づいていると考えられる[28]。『宝鏡鈔』が立川流の書物が広まっているとして挙げるもう一つの場所は京都だが（上述参照）、これは『受法用心集』によって説明できる。すなわち、一二五一年に著者・心定が「洛陽五条坊門地蔵堂」で、快賢阿闍梨の『即身成仏義』の講義を聞いていた時に、ある特殊な流派の僧に出会い、その僧から心定が「彼の法」と呼ぶ法を習った、その場所が京都だった、ということである[29]。

このように見てくると、宥快は、立川流について彼自身としてはほとんど何一つ新しい情報を加えていない、ということが明らかになるだろう（上記［4］［e］には新たな情報は含まれていない）。だから彼が個人的には立川流について何も知らなかった、という証拠にはならないが、おそらく非常に少ししか知らなかった、とも思われるし、あるいはもし知っていたのなら、意図的に事実を曲げて「立川流」という名称にすべての「邪流・邪義」の罪を負わせ、文観やその他の流派も同じ名前のもとに葬り去ろうとした、とも考えられる。

このように、『宝鏡鈔』は、先に引いた「「立川流」にかんする一般常識的な理解」をほぼすべて説明できるが（『広辞苑』の「即身成仏の秘術」という表現は、『宝鏡鈔』の表現とまったく同じである）、その情報は、いくつかの典拠を継ぎはぎしてできたもので、新たに加えられた仁寛の弟子の出自などをめぐる情報は、ほぼ確実に、異端排撃のために宥快が想像で書き加えた誹謗のための言説にすぎなかった、ということができる。その上に、立川流と他の「邪義」や文観弘真、宝篋（蓮道）などがコンテクストによって結びつけられ、すべての中世真言宗の異端が、性的教説を唱えた立川流である、という観念が決定的に成立した。しかし、『正流成二邪流一事』や『立河聖教目録』、『宝鏡鈔』に挙げられた「邪義」、「邪法」などを詳しく見ると、この時代にそのようなことばで批判されていたのは、必ずしも性的な教説を唱えるものに限らず、実際にはむしろある種の偽書を大々的に作り、または利用したことが重大な批判の対象とされた、と考えられる（とくに文観や中院流の源照以下の「邪義」の場合）。そうした流派について、「性的教説を唱えた」と示唆し非難することにより、その信用性を貶めることが、この時代の異端排撃の言説の重要な戦略だったと言える。そのことに関連してとくに興味深いのは、文観を批判する中で、次のように述べる一節である（守山、前掲書、五七六頁）。

借二仏菩薩祖師大師之名一作二書籍一故、伝レ之者、習二余人所不見之大事一、我流我身之外者、不レ知二大事秘事一也云云縦雖二真実之秘事一、我強起二勝他慢心一者、非二正見之人一。

すなわち、仏菩薩や大師などの名を借りて偽書を作り、それを相伝する者は、自分や自分の流だけが他者が知らない「大事・秘事」を知っていると考える、たとえそれが真実の秘事だとしても、あながちに他者に勝ることで「慢心」するような人間は「正見之人」ではない、という。これは、「大事・秘事」のあり方そのものに対する批判であり、それを一般化すれば、密教の流派そのものが成り立たなくなってしまうだろう。しかし、十四世紀後半の真言宗の一部では、このような批判が受け入れられるほど、流派が乱立し、その内実が空疎化していたと考えることができるだろう。

『破邪顕正集』と「立川流」

とは言っても、『宝鏡鈔』（および『正流成二邪流一事』）が全面的に依拠している『破邪顕正集』については、どう考えるべきだろう。高山寺本『受法用心集』に引用されているのは、この文書の一部にすぎず、現状ではその全貌を知ることはできない。そこには、明らかに性的な儀礼が記述されているが（たとえば、欠損を含んでいて正確には理解しがたいが、次のような箇所がある。「和合水ヲ醍醐ノ薬トナラヒ、不二ノ乳ト号シテ、或ハ別器ニウケアツメ、服シ、或ハ〔欠損〕ヲ蓮華ニヨス、イハムヤソ〔欠損〕事ナニヲカ不浄トキ〔欠損〕、不浄ノ身ニフレ、手ニ妙香ヲヌリ、真如ニ薫〔欠損〕ナシテ、手ヲモアラハス、口ヲ〔欠損〕ヤス、念珠ヲトリ、袈裟ヲトリ、ヲノレカ本尊ニムカヒ、経巻ヲトラムハ、能帰所帰トモニ不浄ナレハ、子細ニアタハス」。また「内三部経」の名も見える[30]）、それは『受法用心集』に述べられた髑髏本尊儀礼と同じものではないと思われる（髑髏について記載がない）。これは、十三世紀後半頃に見られた、特殊な性的儀礼を行なう集団について述べたもので、『受法用心集』が批判する集団と近いものではあるが、完全に同じとは言えないだろう。しかし、それ以上に重要なのは、この文書ではその集団が、仁寛から発し、見蓮という立川に居住した僧に受け継がれた血脈——これは、明らかに立川流を指したものだろう——に同定されていることである。これは、立川流そのものに由来する文書（それらは、櫛田氏や甲田氏によって、性的「邪義」を含まないとされている）と矛盾するし、また『受法用心集』の内容とも矛盾する（後述参照）。そこで考えられるのは、二つの可能性である。一つは、立川流の内部に、言わば「表の面」と「裏の面」があり、ここではその「裏の面」が明かされている、という可能性、もう一つは、『破邪顕正集』の著者が何らかの理由で「此法」の血脈を真言宗内部の法流に同定する必要に迫られ、多くの法流の中で弱い立場にあった立川流に、その「罪」をかぶせた、という可能性である。第一の可能性は、密教の法流に「表の面」と「裏の面」があったという例が他にはまったく知られていないようなので、非常に弱いと言わざるをえない。第二の可能性は、立川流が真言宗内の「弱い環」であったことは充分にありうるので（その最大の理由は流祖と言われる仁寛が、罪を得て自殺したと言われた人物だったことであり、もう一つは、その発生の地が武蔵という当時の周縁地域だったことだろう）、充分な考慮に値するが、もちろん確定的なことは何も言えない。他の資料からも、十三世紀後半以降、立川流にいくらかの疑惑の目が注がれていたと推測できること、[31]また『破邪顕正集』が「……ト云」「正キ伝歟」などと、必ずしも断定的でない語調であることから、第二の可能性は相当程度の根拠をもつように思われる。

いずれにしても、この高山寺本『受法用心集』の出現で、『正流成二邪流一事』や『宝鏡鈔』の出典が明らかにできたのは、大きな意味をもっている。それはまた、異端反駁文書としての『宝鏡鈔』独自の戦略をより明確に示すものでもあると言えるだろう。

『受法用心集』の「彼の法」

では、『受法用心集』で批判されていたのは、どのような流派だったのだろうか。それが立川流ではなかったことは、前述の拙稿「立川流と心定」（一八頁下—二一頁下段）に述べたので、詳しくは繰り返さない。『受法用心集』には「立川流」という語は二回しか出現せず、そのはじめは先に引用した「越中細野の阿聖あさり」に受法して「立川の一流秘書悉く書きつくし了ぬ」と書いている箇所、もう一箇所は建長二年(一二五〇)に「越前国赤坂の新善光寺の弘阿弥陀仏と云ふ僧」の居室で袋に入った「殆ど百余巻」の経巻を見せられ、その中に「大旨越中国に流布する処の立川の折紙ども(中略)の中に彼の内三部経・菊蘭の口伝七八巻交れり」というものを見つけた、と書いている箇所である。「彼の内三部経・菊蘭の口伝」は、明らかに、心定が「此の法」、「彼の法」などと呼ぶ髑髏本尊儀礼を行なう集団の聖教だが、心定がそれを立川流に属するものと認識していたわけでないことは、彼がそれを「此の中に……交じっていた」と述べていることでも推測できる。

それが実際に違う種類の流派(または集団)の文書だったことは、さらに少し後で、心定が一二五一年の春「洛陽五条坊門地蔵堂」の近くで出会った僧から、「彼の法」の「本経秘口伝集のこる所なく」相伝し、その血脈を見た上で、それについて批判しているところから知ることができる。その内容については、「立川流と心定」(一一一頁上—下段および注35)で検討したのでここでは省略するが、それは、「大日如来—金剛薩埵—龍猛菩薩—龍智菩薩—金剛智—不空—恵果—弘法大師—真雅—源仁—聖宝—観賢—淳祐—元杲—仁海—成尊—範俊—勝覚—蓮念—見蓮……」と続く立川流の血脈とは、まったく違う種類の異常なものである。はじめに述べたように、血脈が密教の法流の定義となるという前提が認められるなら、『受法用心集』の「彼の法」の法流と、立川流の法流が、まったく別の種類のものであることは、明らかである。

では、「彼の法」の血脈のような異常な血脈は、他にも存在するのだろうか。筆者が知るかぎり、それに近い唯一の例は、櫛田氏によって引用された金沢文庫所蔵の「吒枳尼血脈」と称するものである(同上書、三一八頁)。それは、次のような相承を記している。「大唐不空三蔵—青龍寺瑜賀和尚—弘法大師—同船覚者円賀和尚—日本覚者観宿僧都—如空阿闍梨—神護寺監教和尚—貞観寺十禅師乗運入寺弁讃岐高向公輔朝臣—

善宰相―吉野山日蔵公―池上平救阿闍梨―西宮忠昭入寺―醍醐信円―道俊供奉―東寺住僧栄賀大法師―僧忍躰」。これらのうち、不空、弘法大師、観宿(八四四―九二八)、日蔵(―九八五)、道俊(一一二九―一一三〇九)は知られており、「讃岐高向公輔朝臣」は『今昔物語集』巻第三一、第三話で語られた伝説の人物(この人は、『受法用心集』に引かれた吒枳尼天法に連なった者としても知られている。守山、前掲書、五四四頁参照)、また「善宰相」は三善清行(八四七―九一八)を指すと思われるが、それ以外の人々については、筆者には未詳というほかない(「瑜賀和尚」はおそらく恵果を指すものと思われるが、このような呼び方は筆者は他に例を知らない)。いずれにしても、これはある種の民俗宗教に近い宗教的伝統を示唆するものと思われる。そして『受法用心集』で批判される「彼の法」も、また『破邪顕正集』で記述された「此法」も、正統的な密教教団の一部というより、半俗半僧の山伏のような集団に近い民俗的な宗教集団だっただろうと思われる。

髑髏本尊儀礼の内容

では、心定が「彼の法」と呼ぶ法流は、どのような教説や儀礼を説いたのだろうか。その教説にかんしては、『受法用心集』冒頭の一節「女犯は真言一宗の肝心、即身成仏の至極なり。若し女犯をへだつる念をなさば成仏〔の?〕みちとをかるべし。肉食は諸仏菩薩の内証、利生方便の玄底なり。若し肉食をきらふ心あらば生死を出る門にまよふべし。されば浄不浄をきらふべからず。女犯肉食をもえらぶべからず。一切の法皆清浄にして速に即身成仏すべき旨を説くとかや」がもっとも簡潔に要約している。さらに、その儀礼についても、その直後の次の文章が、ひと言で言いきっている(守山、前掲書、五三二頁)。

此の経に教ふる所の法を行はば本尊急にたちどころにあらはれ、明かに三世の事を示して行者にきかしめ、福智をあたへ、官爵をさづけ給ふ故に、此の法の行者現身に神通をえたるが如し。智弁共にそなはり、福徳自在也。されば昔の大師先徳の験徳世にすぐれてとぶ鳥をも落し、流るる水をもかへし、死するものを生け、貧者をとましめし事ひとへに此の法の験徳なりと申しあへり。

ここで、心定が言う「本尊」作製の儀礼について詳しく述べるのが、『受法用心集』巻下の前半の長い部分である。その記述は、おそらく「彼の法」の儀礼書（「秘口伝」）を引用しているものと思われる(32)（守山、同上書、五五六―五五七頁）。

此の邪法修行の作法とは彼の法の秘口伝に云く、此の秘法を修行して大悉地を得んと思はば本尊を建立すべし。女人の吉相の事は今注するにあたはず。其の御衣木と云は髑髏なり。此の髑髏を取るに十種の不同あり。一には智者、二には行者、三には国王、四には将軍、五には大臣、六には長者、七には父、八には母、九には千頂、十には法界髑なり。此の十種の中に八種は知り易し。千頂とは千人の髑髏の頂上を取り集めてこまかに末してまろめて本尊を作るなり。法界髑とは重陽の日、五節也死陀林にいたりて数多の髑髏を集め於《オキ》て、日々に行して吒枳尼の神呪を誦して加持すれば、下におけるが常に上にあがりて見ゆるを取るべし。或は霜の朝に行て見るに霜の置かざるを取るべし。或は其の中に頭のぬいめなき髑髏を取る最上なり。是れ等十種の頭の中に何れにても撰得て本尊を建立すべし。是れを建立するに三種の不同あり。一に大頭、二には小頭、三には月輪形なり。大頭とは本髑髏をはたらかさずしておとがいをつくり、舌をつくり、歯をつけて、骨の上にムキ漆にてこくそをかいて、生身の肉の様によく見にくき所なくしたためつくり定むべし。其の上をよき漆にて能々ぬりて箱の中に納めおきて、かたらいおける好相の女人と交会して其の和合水を此の髑髏にぬる事百二十度ぬりかさぬべし。毎夜子丑の時には反魂香を焼て其の薫をあつべし。反魂の真言を誦せん事千返に満つべし。是の如くして数日みなをはりなば髑髏の中に種々相応物並に秘密の符を書て納むべし。是れ等の支度よくよく定らば頭の上に銀薄金薄を各三重におすべし。其の上に曼荼羅をかくべし。曼荼羅の上に金銀薄をおすべし。如前、其の上に又曼荼羅をかくべし。如是、押しかさね書き重ぬる事、略分は五重六重、中分は十三重、広分は百二十重なり。曼荼羅を書く事、皆男女冥合の二渧を以てすべし。舌唇には朱をさし、歯には銀薄を押し、眼には絵の具にてわこわことうつくしく彩色すべし。或は玉を以て入れ眼にす。面貌白きものを塗り、べにをつけてみめよき美女の形の如し。或は童子の形の如し。貧相なく、ゑめる顔にして嗔る形なくすべし。如是つくりたつる間に人の通はぬ道場をかまへて種々の美物美酒をととのへおき、細工と行人と女人との外は人を入れず、愁心なくして楽しみ遊びて正月三ケ日の如くいはいて、言をも振舞をもたやすべからず。已に作り立てつれば壇上に据えて山海の珍物魚鳥兎鹿の供具を備へて反魂香を焼き、種々にまつり行ずる事、子丑寅の三時なり。卯の時に臨まば、錦の袋七重の中に裹みこむべし。寵めて後はたやすく開くことなく、其の後は夜、行者のはだにあたため、昼は壇に据えて美物をあつめて養い行ずべし。昼夜に心にかけて余念なかるべし。如レ是いとなむこと七年に至るべし。八年になりぬれば行者に悉地を与ふべし。上品に成就する者は、此の本尊、言を出して物語す。三世の事を告げさとす故に是れを聞きて振舞へば事神通を得たるが如し。中品に成就する者は、夢の中に一切を告ぐ。下品に成就する者は夢うつつの告はなけれども一切の所望、心の如く成就すべし。

髑髏本尊儀礼は以上のように記述されているが、それに付して、たとえば次のようなコメントが述べられている。これもおそらく、「彼の法」の文献に基づいたものと思われる（守山、同上書、五五八—五五九頁）。

問　此の本尊に必ず髑髏を用ふる事何心ぞや。

答　衆生の身中には三魂七魄とて十種の神心あり。衆生死すれば三魂は去て六道に生をうけ、七魄は裟婆に留まつて本骸をまもる鬼神となる。夢に見え、物に托する事、皆此の七魄のなす所なり。人此の髑髏を取りて能く能く養いまつれば其の七魄喜び行者の所望に随つて有漏の福徳を与ふるなり。曼荼羅を書き、秘符を籠めつれば、曼荼羅と秘符との威力に依りて通力自在なり。此の故に種々に建立するなり。

問　和合水を塗る事何の故ぞや。

答　衆生の生益する事は二渧を種として生ずる故に此の二渧を髑髏にぬりて髑髏にこもれる七魄を生ぜしむるなり。喩へば水にあひて諸の種の生ずるが如し。抑々人身の三魂七魄は本より二渧の中に備はり、二渧の母の胎内にしてやうやうかたまりて肉となり、乃至人の体となるに随つて魂魄同じく生長して智恵賢き人とも生ひたてり。然らば今二渧を髑髏にぬれば二渧の三魂と髑髏の七魄とより合て生身の本尊となるべし。魂を「をたましい」と云ひ、魄を「めたましい」といふ。陰陽相応せざれば生身となり難し。陰陽を相応して生身となさむためなり。此の故に和合水をぬる間に女人を懐妊せさせじとするなり。若し百二十度ぬる間に懐妊せずば其の後は数を定めず、懐妊を期としてぬるべし。則正しく子種の和合水をぬりて三魂を髑髏の七魄に相応せしめんためなり。建立し経つて後は常に行者の肌にそへてあたたかなる気分を入てひやす事なし。鳥の卵をあたためて生長するが如きなり。七年を限りてあたため養ひまつる事は、此の本尊本より吒枳尼の秘術なり。吒天は文殊の化身なり。龍女は応跡吒天と同体なり。彼の龍女は八歳にして正覚を成ぜしかば此の本尊も龍女の本儀によりて八歳より効験をほどこすべし。故に八歳を待つべし。

問　此の法成就の後本尊生身と成て行者と物語する時はいかなる相好にて現ずるぞや。

答　地体は只建立の髑髏の体をあらためず。能々修行すれば七魄即ち七鬼の女形に現じて見ゆる時もあり。或は七野干の形を現ずる時もあり。吒天の法を七野干の法と申すは此の故なり。或は又七仏の形像を現じて光明をはなち説法する事もあり。機に随て現ずといへり。

ここに見るように、「彼の法」の髑髏本尊儀礼とは、なによりも、髑髏にこもった「七魄」を男女の「和合水」に含まれる「三魂」と合わせて、「生身の本尊」を生み出すことを目的とした一種の招魂の術であり、甦りの術だった。

この髑髏本尊儀礼の記述は、通常の密教儀礼の次第などとは、記述の形式も内容もまったく異質である。これは、ある意味で日本の宗教史上、他に例を見ない特異なものであり、世界の宗教史上でも非常に特殊なものの部類に入るだろう。また、今の問答に「陰陽」という用語が何度かあったことは、『宝鏡鈔』で立川の陰陽師について述べられていたことの典拠になったと思われる。今の儀礼の記述で注意すべきことは多くある。まず言うまでもなく、その儀礼全体の驚くべき「身体性」。これが生殖のプロセスを再現しようとするものであることは明らかだろう。また、その執拗な反復性。一般の密教儀礼でも、真言を何万回唱えよ、と言うように、反復性は重要な要素の一つだが、ここでは、儀礼の行為そのものに反復性が組み込まれている。生殖のプロセスを人工的に再現しようとする試み、という点では、これはいわば「生身の本尊」を生み出そうとするものであり、その意味で、「能作性宝珠」の作製儀礼とよく似た錬金術的な考え方が反映されているように思われる（事実、『受法用心集』には、「彼の法」の人々が、「弘法大師の能作性の如意宝珠とは則ち此の法の本尊」であると言った、という口伝が記されている。守山、前掲書、五三九頁）。「生身」という語は『受法用心集』に全部で十回も現われており、このテクストの重要なキーワードということができる。通常の生殖によって産まれるのは、ただの人間だが、この人工的な儀礼によって産み出されるのは万能の呪物だ、という観念があったのだろう。また、これが（ほぼ同じ、十三世紀後半に作られたと考えられる）『撰集抄』に見える「西行、高野の奥に於いて人を造る事」という説話に近似した内容であることも、注目に値する。[33]

髑髏本尊儀礼と「念ずる力」

最後に、小論の題名に掲げた「念ずる力」について、『受法用心集』で髑髏本尊儀礼についての著者、心定のコメントとして、『俊頼髄脳』の「鬼のしこ草」にかんする故事説話が引かれていることを述べたい。先の髑髏本尊儀礼の記述の後で、心定は、次のようなコメントを付している（守山、前掲書、五六〇―五六一頁）。

又俊頼の口伝にしるせる因縁も、此の髑髏の法の悉地と同じかるべし。万葉集の歌に云く、わすれ草わかしたひもにつけたれど鬼のしこくさことにしありけり。此の歌のわすれ草おにのしこ草につきて俊頼注して云く、昔人の親の子息二人もちたりけるが、親うせにける後、おやの別れ身にしみて朝夕わすれざりけり。兄弟二人相具して常におやの墓の辺にゆき、泣てはかへりかへりすること月日をかさぬれども、いやまさりければ、兄のおのこ思いける様は、此の思ひさむることなくていつを限り、とすべき事ならず。かくなげき思ひても昔のすがたを二度見べきにあらず、よしなき事なりと思て、萱草といふ草こそ人の思をばわすらかすなんとて、其の草を引てつかの上に植ゑしより後、其の思うすくなりて、弟のさそいけるにもさはりがちにて行かざりければ、弟是れをうらみて思ひけるは、我身も兄の心のやうにやおやのことを忘れやせんずらん心うき事なり。紫苑と云草こそ心に思ふ事をばわすらかずなれとておやのなごりをわすれじがために彼の草引きて墓の上に植ゑたりければ、是れより後いよいよわするる事なくて月日をかさねてもたゆる心なく、常に通ひければ、或時つかの中より音ありて云ける様は、我は汝が親のかばねをまもる鬼神なり。恐るる事なかれ。汝現に孝の心ふかき事、哀におぼゆればこれより後は汝に悦をあたふべし。其の悦と云ふは日中にあらんずる事をすこしもたがへず、夢の中に告げしらすべし。此の告のままに物をはからはば汝帝王まできこしめして国の宝とし給ふべしと云けり。其の後約束の如く告ければ実に三朝の御宝となり、一生のさかえならびなしといへり。此の因縁の如くば志ねんごろなればつかの鬼神悦で徳をほどこす。まして身にそへ、壇にすゑてよくよくまつり養はば霊鬼いかでかもだすべき。是れを真言の秘法と云ふ事、返々もよしなき事なり。真言秘法といはずとも、かかる験もあらば大切なり。俊頼の口伝の如くば真言といはざれども孝の志によりて不思議のしるしありとみえたり。此れは人皆知りたる事なれども、其の因縁相似たる故に引けるなり。是れをもて思ふべきなり。

この説話については、小峯和明氏による詳しい考察があるが、『受法用心集』に引かれていることについては述べられていない(34)。小学館の「日本古典文学全集」に見える『俊頼髄脳』の校訂本と比べると(35)、語句にはだいぶ異同があるが、大意はほぼ違いがない。髑髏本尊の儀礼に関連して、この説話を想起するのは、奇妙なことのように思えるが、おそらく「塚の鬼」というキーワードが連想のきっかけになったのだろう。この説話を引いて、心定自身は髑髏本尊儀礼を非難しているのか、あるいはその効力（効験）を「それなり」に認めているのか、必ずしも定かでないのも、われわれ現代人から見ると奇妙なことに思える。ここでとくに注目したいのは、「此の因縁の如くば志ねんごろなればつかの鬼神悦で徳をほどこす。まして身にそへ、壇にすゑてよくよくまつり養はば霊鬼いかでかもだすべき」という文章である。ここで「志ねんごろなれば」というのは、髑髏本尊儀礼の執拗な反復性、またそれが非常に長期にわたる儀礼であることなどから言われていることだろうが、これは、つまり「念ずる力が強ければ」と言い換えることができると思われる。

およそ密教に限らず、あらゆる儀礼は何らかのことを目的としており、その目的を達成するための「念ずる力」はつねに前提されている。「一念岩をも通す」あるいは「一念天に通ず」など、念ずる力が奇跡的な「効験」を実現することは、現代語の日常的な語法でも表わされている。しかし一般に密教の儀礼について考える時、そのことはほとんど意識されることがないようである。髑髏本尊儀礼は、正統的な密教儀礼ではないし、『受法用心集』も儀礼の次第書ではない。だからこそ、ここで『俊頼髄脳』という文学的な書物から説話が引かれ、儀礼における「念ずる力」について意識的に述べる言説が見られるのだろう。その意味でも、『受法用心集』は中世の宗教世界を考える時に貴重な文献である。

いわゆる説話文学の世界では、儀礼と念ずる力の強さとの関連は、より明確に述べられることが多い。たとえば、小峯氏の『説話の森』の最初の章で述べられた、惟喬、惟仁親王の皇位争いをめぐる東寺長者の柿本の紀僧正・真済と比叡山の恵亮和尚の験くらべの物語に出る、いわゆる「恵亮砕脳」の物語はその一例である。長門本『平家物語』のヴァージョンでは、皇位争いで劣勢に回った惟仁親王側の恵亮が「独鈷で」自らの脳を砕いて護摩壇にくべると、絵像の大威徳明王の水牛が雄叫びを上げ、その威力で一気に勝利を収めた、と語られている。小峯氏によれば、『覚禅鈔』の「大威徳」には、恵什阿闍梨の書状を引いて、「行者が頭脳を割り、護摩の火で焼いた」と述べられているといい、また『梁塵秘抄』の『法華経』薬王品の歌に「法を求めし徴には、臂を燃して仕えつゝ、我が身の髄脳砕きてぞ、菩薩の位得たりける」(一五二)とある、という。とくにこの歌を参照すると、これが一種の捨身行に結びつくということが考えられて、興味深い。また、ここでも儀礼と身体性が直結していることにも注目すべきである。一方、この験くらべで恵亮に敗れた真済については、同じ『平家物語』長門本では、死んで悪霊となり、恵亮の弟子たちを次々と取り殺す、と物語られており、また、染殿の后に恋慕して鬼になる話が『今昔物語集』に語られているが、こうした徳の高い人間の怨霊の怨念も、「念ずる力」の一種と考えられるだろう。[36]

さらに、これで想起されるのは、阿部泰郎氏が「『とはずがたり』の王権と仏法」の中で引いている、嘉応二年(一一七〇)十月の日付がある『諸尊法』仁和寺蔵写本の本奥書である。[37]

先師之御口伝等、為後日廃忘、恐々作一巻之書。継門跡輩、此法若有披露者、我成大魔琰、彼仁可治罰。誓願若空、永不聞三宝之名、必々堕悪趣之底云々。

嘉応二年十月七日記之　　　　沙門守覚在御判

私の後を継ぐ者の中にもしこの法を「披露」する者があれば、必ずや「大魔琰」となって罰を下すであろう、もしもこの誓願がかなわぬのなら、永久に三宝の名は聞かず、「悪趣之底」に沈むであろう、という、この誓いの言葉は、念ずる思いが「悪」であればあるほど、その威力は強い、という考え方が背景にあるように思われる。

一般に、呪術の信仰は、人間の行為、たとえば儀礼が、自然の秩序を超えて、その願いを実現させる、という観念を前提としているが、とくに中世日本の密教の場合、日本仏教に特徴的な唯心論が重要な役割を果しているように思われる。たとえば、『華厳経』の文句だと称された有名な「三界唯一心、心外無別法、心佛及衆生、是三無差別」という偈は、こうした唯心論をもっとも端的に示したものの一つだろう。大正蔵の日本撰述部および「天台CD3」を「三界唯一心」で検索すると、この偈の初出は最澄の『法華長講会式』に見られ、その後、密教関係の文献が多く、とくに安然の著作や『渓嵐拾葉集』、あるいは天台本覚思想にかかわる偽書類などに何度も現われることが明らかになる。[38] 要するに、天台本覚思想的な思想と深い関係をもっている、と言えるのだろう。インドや中国の密教では、儀礼の「効果」はより「自動的」に現われるのではないかと思われるが、日本の密教では、こうした唯心論が背景にあって、「念ずる力」、「思い」、「情念」がより大きな意味をもったのではないか、と考えられる。一般に、密教の儀礼と「念ずる力」や「情念」のかかわりは、これまであまり注目されることがなかったのではないか、今後、密教儀礼のそうした側面により注意してもいいのではないか、という提案で、小論をしめくくることにしたい。

註

(1) 『日本仏教綜合研究』二（二〇〇三年度号〈二〇〇四年刊〉）一三頁上段―三一頁下段。

(2) この種の問題は、初期キリスト教の「異端」であるグノーシス主義の研究でとくに明確に意識された。二十世紀半ばにナグ・ハマディ文書が発見される以前は、グノーシス主義はほとんど正統キリスト教の側の異端反駁論者の文献によってしか知られなかった。それゆえ、それらはとくに厳密な批判的検討の対象とされた。

(3) キリスト教の場合、異端者が意識して正統とは違う教説や儀礼を択びとることがある（「異端」を意味する *heresy* の原義は「択ぶこと」である）。中世日本では、浄土教の一部などにはそうした意識がありえたが、いわゆる「顕密体制」の仏教ではほとんど考えられない。

（4）　中世インドのシヴァ教や一部の仏教タントラにおいては、反社会的行為や教説が意識的に宗教的な超越を表現するものとされた。こうした意識は、密教ではつねに潜在的に存在したと考えられる。しかし、中世日本の密教では、社会的正統の中枢に密教が位置しており、反社会的意識は一般に非常に希薄だったと言うべきだろう。

（5）　櫛田良洪著『真言密教成立過程の研究』（山喜房仏書林、一九六四年）。

（6）　甲田宥吽稿「道範阿闍梨の邪義相伝について」『密教学会報』一九／二〇（一九八一年）六六頁上段—七〇頁上段。

（7）　守山聖真著『立川邪教とその社会的背景の研究』（鹿野苑、一九六五年）五三〇—五七一頁に翻刻がある。——なお、守山氏の翻刻の底本は、明記されていない（おそらく高野山金剛三昧院本と考えられるが、確実ではない。拙稿「立川流と心定」一六頁下—一七頁上段参照）。その他に、末木文美士氏が最近紹介された高山寺本がある（末木文美士稿「高山寺本『受法用心集』について」〈平成十八年度　高山寺典籍文書綜合調査団『研究報告論集』、高山寺典籍文書綜合調査団（代表者　築島裕）、二〇〇七年〉五頁上—一一頁）。これは、守山本とは大きく異なっているという。詳しい紹介・翻刻は今後に俟たねばならないが、紹介されている箇所だけでも、重要な意味をもっている。

（8）　守山註（7）前掲書、五七二—五八一頁、および大正蔵、七七巻、二四五六番に翻刻がある。

（9）　守山註（7）前掲書、五八二—五九八頁に翻刻がある。

（10）　この点については、立命館大学アート・リサーチセンターでのシンポジウムの際、田中貴子氏、および伊藤聡氏からご教示を頂いた。記して感謝したい。

（11）　『宝鏡鈔』所引の『正流成㆓邪流㆒事』は全部で三九〇字ほどの短い文章で、より長い文献の中の一条を引用したものと思われる。なお、快成にはその他に『邪正異解集』という著作があり、水原尭栄著『邪教立川流の研究』（富山房書店、一九二三年初刊、一九六八年復刻）に言及（九六・一一四・一二二頁）、引用（一二二頁）がある。さらに一九五頁に「現存目録（著者所持の分）」として、

一、邪正異解集　一巻（宝性院快成記天正二年〈一五七四〉三月廿四日宝尊集　元禄元年〈一六八八〉戊辰十月下旬比時書之慈範本）

一、邪正異解集　一巻　写本年代不詳

とある。しかしそれが現存するかどうかについては、確認できなかった。

(12) Pol Vanden Brouck, *Hokyosho : "The compendium of the precious mirror" of the monk Yukai*, Ghent, 1992, p. 4 および n. 3 参照。日野西眞定編集・校注『高野春秋編年輯録』(名著出版、一九八二年)二一七頁下段。——なお、『立河聖教目録』の識語に見られる「文中」は南朝の年号で、文中四年(一三七五)五月二十七日に天授に改元した。北朝の永和元年に当たる。

(13)『宝鏡鈔』についての包括的な研究は上註に挙げた Vanden Brouck 氏の一冊があるだけで、ほかにはほとんど存在しないようである。Vanden Brouck 氏の著作は、『宝鏡鈔』全体の英訳に詳しい注を付したもので、非常に有益だが、批判的な視点は欠けていて、利用するには充分な注意が必要である。
それとは別に、Stefan Köck 氏が、立川流について包括的な論文を書いていて(未刊行)、そこでは『宝鏡鈔』にかんする詳しい分析がなされるはずである。Köck 氏には次の論文がある。Stephen Köck, "The Dissemination of the Tachikawa-ryû and the Problem of Orthodox and Heretic Teaching in Shingon Buddhism"(東京大学大学院人文社会系研究科・文学部・インド哲学仏教学研究室、『インド哲学仏教学研究』Ⅶ、二〇〇〇年)六九—八三頁。

(14)『宝鏡鈔』、守山註(7)前掲書、五七四頁「問。真言教、諸宗最頂、成仏直路、事誠爾也。但至二末代一者、邪正混乱。若入二邪路一違二成仏正道一、如二謂レ東為レ西、見解顚倒豈遂二自身成仏之先途一乎。尤欲レ蒙二指南一也」。——この問は、『正流成二邪流一事』の「邪正分別如何」という問に対応している(守山註(7)前掲書、五八九頁)。

(15)『宝鏡鈔』、註(7)前掲書、五七五頁「大仏頂首楞厳経云、潜行二貪欲一、口中好言《フ》下眼耳鼻舌皆為二浄土一、男女二根即是菩提涅槃真処《ナリト》上、彼無智者信二是穢言一、此名二蠱毒魘勝悪鬼一、年老成レ魔悩二乱其人一、蒙二迷惑一不レ知レ堕二無間業一(文)」(大正蔵、一九巻一五〇頁上段一一—一六行参照)。

(16) 龍光院の源照以下の「邪流」については、甲田宥吽稿「中院流の邪流を伝えた人々」(『密教文化』一三五号、一九八一年・一)一九頁上—三七頁上段が詳しい。源照は関東で「邪流」を受けたと言われているが、誰から相伝したかは明らかでない(甲田、二〇頁下段)。明澄の伝えた印信の一つ、「密印灌頂秘印」は「関東の立川流のものと一致する」というが、「何等邪義を含んでいなかった」(同上、二六頁上段)。この法流は、批判の対象とされたが、性的な教説を説くのではなく、「聖教印信を謀作してこれを明算以来嫡々相承と称したこと」が問題とされたと考えられる（同上、二一二頁上段）。

（17）御流三宝院は広沢流の守覚法親王（一一五〇—一二〇二）が醍醐寺の勝賢（一一三八—九六）の伝授を受けて構成したものである。土谷恵稿「中世初頭の仁和寺御流と三宝院流——守覚法親王と勝賢、請雨経法をめぐって」（阿部泰郎、山崎誠編『守覚法親王と仁和寺御流の文献学的研究』論文篇、勉誠社、一九九八年）一九五—三一八頁に詳しい。

（18）『宝鏡鈔』、守山註（7）前掲書、五七五—五七六頁「或又雖レ非二立川流血脈一（中略）高祖大師法・醍醐三尊帖大事・随心金剛法等、其部類数百巻有レ之。又円満鈔・阿字観・三十重口決・心王心数灌頂・十八会灌頂・我友之・六月鈔等非一也。又経軌中即身成仏経・菩提心経・文殊経・虚空蔵経・法出経・真言出現本地偈・秘肝鈔（秘肝有真偽可レ尋レ之）又付二瑜祇経・理趣経・菩提心論一邪見印信書籍多。号二柿袋一、載二二経（瑜祇理趣）一論大事口決一有レ之。成尊授二範俊一口伝云云」。このうち、『円満鈔』（五八九頁）と『即身成仏経』（五八五頁『生中一度即身成仏経』）は『立河聖教目録』に見える（括弧内は守山聖真、註（7）前掲書の翻刻の頁数）。また、水原尭栄、註（11）前掲書には、『阿字観』や『柿袋』、『六月鈔』などについての記述や引用がある（一八—一九頁、三二—三三頁、六八—七九頁、一〇六頁、一二九頁、二一五—二一六頁、二二〇—二二一頁、一四二頁、一五一—一五三頁など）。水原氏はこれらをすべて「立川流」に属するものとして論じている。伊藤聡稿「三宝院流の偽書——特に『石室』を巡って」（錦仁、小川豊生、伊藤聡編『「偽書」の生成』森話社、二〇〇三年）、二三九頁注（10）、同論文、一九九頁も参照。

（19）『宝鏡鈔』、守山註（7）前掲書、五七八—五七九頁。「（後西堂）周輔蔵主」、および文観の自筆文書が「嵯峨辺」で焼かれたということにかんする記述は、他の資料によって確認できない。

　文観と立川流の関係は明確ではない。文観の師である道順が立川流の血脈を受けていたことは、正応六年に頼瑜から受けた「菩提心論灌頂印明」の血脈から証せられるから（櫛田註（5）前掲書、三八八頁）、文観がそれを受け継いだこともありうるが、それを証する文書は、筆者は知らない。また、文観の文書が「大和と越中」に流布している、というのは、立川流が「越中と大和」に流布している、と書いているのに合わせただけと考えられる。そして、立川流が越中と大和に流布している、という情報は、後述するように『受法用心集』と『正流成二邪流一事』に基づいている。それゆえ、『宝鏡鈔』に見える文観の文書の流布についての情報は信頼に値しない。

(20)『宝鏡鈔』、守山註(7)前掲書、五七九頁。

(21)『宝鏡鈔』、守山註(7)前掲書、五七九頁。

(22)『宝鏡鈔』、守山註(7)前掲書、五七九頁。——「三輪宝篋上人(蓮道房)」は、「邪義」の評判が高い、覚海と融源の口説を集めた『覚源抄』(一一九〇年頃?)を編纂した人物であり、また各種の明らかに性的な「邪義」を含む印信類にかかわりがある(櫛田註(5)前掲書、三七五—三七七頁参照)。彼はまた、金剛王院の実賢の弟子でもあり、空観房如実(加茂上人)の師でもある。如実は『受法用心集』の著者、心定の最後の師でもあった。『宝鏡鈔』に名指しされた人々のうち、性的「邪義」の疑いがもっとも濃厚なのは、蓮道であるかもしれない。

(23)註(7)前掲論文、五頁下段。

(24)同右論文、九頁上段。

(25)同右論文、七頁下段。——『正流成二邪流一事』守山、同上書、五八八頁「根本邪流、起二勝覚舎弟左大臣阿闍梨仁寛一(後改蓮念)伊豆𠮟被二配流一、起二邪見一。其以来蓮念・兼蓮《念イ》・覚印・澄鑁・覚明、如レ是相承。道範・真弁・惠深《ハ》覚明相《ニ》二伝秘密瑜祇《ヲ》一。仍《テ》彼流不清浄方有之歟」の前半も明らかに同じ文章に基づいている。なお「兼蓮《念イ》」は、おそらく見蓮の誤記だろう。

(26)陰陽道についての言及は、後述の『受法用心集』に、性に関連して「陰陽」という用語が何度も見えるので、そこから来たものと考えられるかもしれないし、またこの時代の「陰陽師」が差別の対象であったことを考慮すれば、仁寛・見蓮の血脈を貶めるにはとくに適した表現と考えられたのかもしれない(この点は、シンポジウムにおける田中貴子氏のご指摘による。記して感謝したい)。——櫛田註(5)前掲書、三三七—三六〇頁には、伊豆における仁寛の弟子として数人の名前が記された鎌倉時代の血脈が挙げられている。そのうち、もっとも多くの文書に見られるのは、「見蓮(定明房)」という名前である。仁寛が伊豆において「蓮念」と改名した、ということに関しては、(『破邪顕正集』の上記の文章以外には)櫛田註(5)前掲書、三三三頁に引用された「徳治前後(徳治年間は一三〇六—一三〇八)に鎌倉佐々目元瑜の撰せる血脈類集記第四」、および三三七頁に引用された鎌倉期の古写本(正和年間〈一三一二—一七〉前後の称名寺の住僧・乗雲の手拓本であろうという)に見られるが、三三八頁に引用された劔阿自筆本の『(舎利具支）口伝』と題する写本では、仁寛とは別に、伊豆における弟子として「武蔵国立川蓮念」という名が記されていて、必ずしも確定的とは言えないようである（すなわち、勝覚の弟で伊豆に流された仁寛と、立川流の血脈で勝覚の資とされている蓮念が同一人物であるという確証はない）。なお、「蓮念」の弟子が「見蓮」と呼ばれたことは、同じ「蓮」の字がつくことから見てありうることだろう。

（27） 高野山における道範以下の人々の立川流の瑜祇灌頂の相承については、甲田宥吽稿「道範阿闍梨の邪義相伝について」（前掲註（6））が詳しい。それによれば、この関連で残された印信には、「邪義の片鱗すらも窺えない」という（六七頁下段）。また、見蓮は立川流関係以外の資料では知られていないようだが、覚印（一〇九七―一一六四）は『密教大辞典』（二一二頁下段）に項目があり、高野山・覚証院の開祖としても知られた重要な人物である。

（28） ただし、高野山は厳密には「大和」に入らないので、この点は、必ずしも確実ではない。

（29）『受法用心集』、守山註（7）前掲書五三三頁。

（30） 三六オ―三六ウ。末木註（7）前掲論文、八頁下段。三五ウ、同上論文、八頁上段。

（31）『受法用心集』で「立川の折紙」の中に「彼の内三部経」などが交じっていたと述べられていること（後述参照）、また、称名寺の劔阿自筆の印信に「立川流《ハ》半信半不信也」という文章が見え、この印信は建長中葉（建長年間は一二四九―五六）頃から事蹟が知られる定仙という人に遡るものであろうとされていること（櫛田註（5）前掲書、三四〇―三四三頁参照）、一三三四年以前に成立の澄豪の『瑜祇経聴聞抄』に「付二愛染《ニ》一両頭《ノ》愛染《ト》云事《アリ》。而不動愛染《ノ》両頭《ハ》、立河流《トテ》非二聖伝《ニ》一云也。金剛サタ《ト》愛染《トノ》両頭《ハ》、智証所《ノ》二将来一、是《レ》正伝也」という一節があること（続天台宗全書・密教・二、三〇六頁下段）、また杲宝の『菩提心論聞書』（一三四八―四九年成立）に立川流を批判する文言が見られること（拙稿「立川流と心定」二一三頁上段参照）などが挙げられる。

（32）『受法用心集』で「〇〇に云く……といふ」という書き方をしているのは、何らかの文献からの引用箇所であると思われる。もちろん、どの程度正確な引用かということは、「彼の法」の文献は失われていて、典拠と照合できないので明確ではない。

（33） 西尾光一校注『撰集抄』（岩波文庫、一九七〇年）一五七―一五九頁参照。この説話について御教示くださった伊藤聡氏、および渡辺麻里子氏に感謝したい。

(34) 小峯和明著『院政期文学論』(笠間書院、二〇〇六年)四四八―四五六頁参照。
(35) 橋本不美男・有吉保・藤平春男校注・訳『歌論集』(「日本古典文学全集」50、小学館、一九七五年)一二五―一二八頁。
(36) 小峯和明著『説話の森――中世の天狗からイソップまで』(岩波現代文庫、二〇〇一年)、八―一一頁、二七―二九頁参照。長門本『平家物語』(麻原美子編『長門本平家物語の総合研究』第二巻、校注篇・下、勉誠社、一九九八年)一〇八一頁。『覚禅鈔』巻第九四「大威徳・中」大正蔵、図像、第五巻、三七〇頁下一九―二〇行「恵什闍梨書状云。行者割頭脳、焼爐火之由。所申書候。非本書思給件文」。川口久雄・志田延義校注『和漢朗詠集・梁塵祕抄』(岩波古典文学大系七三、一九六五年)三七一頁(『法華経』薬王品)、『今昔物語集』巻第二〇、第七話「染殿妃《ノ》、為天狗被繞乱語《テングノタメニナウランセラレタルコト》」、山田孝雄・忠雄・英雄・俊雄校注『今昔物語集』四(岩波古典文学大系二五、一九六二年)一五五―一五八頁。なお、『今昔物語集』のこの物語については、拙著『観音変容譚――仏教神話学Ⅱ』(京都、法藏館、二〇〇二年)二三七―二四〇頁も参照。
(37) 阿部泰郎稿「『とはずがたり』の王権と仏法――有明の月と崇徳院」(赤坂憲雄編『王権の基層へ』、叢書「史層を掘る」三、新曜社、一九九二年)五八頁参照。
(38) 最澄『法華長講会式』大正蔵、七四巻、二四七頁中段一―四行「是法住法位世間相常住、三界唯一心心外無別法、心仏及衆生是三無差別、是故五種性究竟皆成仏」。安然『胎蔵金剛菩提心義略問答鈔』同上、七五巻、四八七頁中段五―八行「華厳経云。心如工画師造種種五陰。一切世間中莫不従心造。三界唯一心。心外無別法。心仏及衆生。是三無差別云云法相亦以為唯識証。天台亦以為唯心証」。源信『呪願』「恵心僧都全集」五巻、五六一頁、光宗『渓嵐拾葉集』大正蔵、七六巻、七〇一頁中段一五―一七行、七〇六頁中段二一行、七〇九頁下段一五行、『修禅寺相伝私注』伝教大師全集、五巻、七〇頁、『万法甚深最頂仏心法要』大日本仏教全書、三三巻、七頁中段、など。なお、大正蔵の中国撰述部には、この偈は(全部揃ったものとしては)存在しないようである。

第五章　二元的原理の儀礼化——不動・愛染と力の秘像

ルチア・ドルチェ

はじめに

中世日本には、中国やそれ以前における日本の典籍には登場しなかった「非正統的」な図像を中心とするいくつかの新しい儀礼が作り出された。こうした典礼面における創造的活動については、さまざまな角度からの分析を可能とする。たとえば、社会的・歴史的視点に立てば、これらの儀礼は、「独占」された秘密の知として、多様な流派の存在を正当化するものであり、同時に、流派を政治的に正当化する力学としても解釈できるものであった。また宗教的・哲学的な観点からすれば、こうした儀礼は、密教の修法によって得られる力について、新たな解釈を提供するものとして考えることができる。しかし、従来、このような中世の儀礼については、あまり深く研究されてこなかったのが現状である。その理由として、一面では宗学的な学問は、そうした儀礼を異端的でマージナルなものとして捉え、注意が払われることがなかったことや、また、それらが密教の主流文献では詳しく扱われなかった点などが考えられる。しかし、例えば京都の仁和寺や、名古屋の真福寺・大須文庫の経蔵から最近発見された大量の聖教などは、こうした儀礼が、実は密教世界の正統的な流派にも共有され、大寺院によって作り出されたことを明示している。このように、日本における密教の発展を、宗派的・「公式発表」的理解よりも深く理解するためには、これまでほとんど研究の対象とされてこなかった、中世の修行者によって創造された典礼のイメジャリーを再考することが、非常に重要な意味をもつと思われる。

本稿では、こうした典礼の一つとして、不動と愛染の二明王と如意宝珠の儀礼を組み合わせた「三尊合行法」と呼ばれる儀礼について分析を試みる。不動と愛染を一対のものとして結びつける考え方は、日本ではおそらく十二世紀ごろに登場した。この組み合わせは、中世日本の解釈学で特徴的な相関的論理に基づき、自然界のほかのさまざまな二元的要素、たとえば太陽と月、あるいは色のコードで表現される男女両性などと結びつけられた。近年公刊された新しい文献を詳しく分析すると、十三―十四世紀になると、不動・愛染の両尊によって表わされる両極的なパターンが、図像的・儀礼的に三つの要素をもつ解釈の構造に変化し、その中央に置かれた尊格が、儀礼によってしか得ることができない、完全な覚醒に到達した身体が表わされていたことが理解されるのである。この典礼については、それが含む王権のシンボリズムに関連して言及されたことはあるが、本稿では、むしろ、不動と愛染の組み合わせがもつ遂行的な内容に注目し、日蓮の『不動愛染感見記』や、『御遺告』などの図像を含む注釈書、あるいは東密の流派によって編纂された未刊行の資料に見られる図像に焦点を当て論じていきたい。

具体的には、二明王を組み合わせ、三尊を一つのまとまりとして視覚的に表象したこの典礼が、政治的な正統性を確立するために修された場合も含みながら、かつ、儀礼の実修をとおして行者の個人的な力を増強させ、その潜在的な変化をうながすことを現実的な形態として示した、「不二性」の言説を展開するものであった点を如上の資料によって提示したい。

一　不動と愛染の異端的図像力？——日蓮の『不動愛染感見記』をめぐって

一般には密教と結びつけられていない日蓮（一二二二—八二）自筆草稿のなかに、不動と愛染の奇妙な図像を見出すことができる（図1・2）。これらは建長六年（一二五四）に遡る二幅で、中央にそれぞれの明王が描かれ、横にその真言と日蓮が感得した二明王の幻視《ビジョン》についての覚え書きが記されている（以下、史料の引用に際し、改行の場合は／で示した）。

生身愛染明王感見／正月一日日蝕之時
生身不動明王感見／自十五日至十七日(1)

この日蓮自筆の二幅の草稿は、日蓮宗のなかで『不動愛染感見記』（以下、本書を『感見記』と称す）と称され、相承されてきたものである。しかし、そこに描かれた二つの尊格を不動と愛染に同定することは、その説明が文中にあっても、必ずしも明確ではない。なぜなら、これらの図は、典型的と認められたその二尊格の図像や、そのヴァリアントとは大きく異なるものだからである。さらに、これらの対となる文書は、内容から見れば印信に分類されるものであり、また描かれた図は、明らかに対応関係にあるように思われる。しかし、『覚禅鈔』や『阿娑縛抄』などの中世の密教儀礼に関する聖教には、これらの尊格がそのような形態で表わされた儀礼は、どこにも見出すことができない。

図中の愛染は、馬に乗った姿で描かれているが、そのような形は、この尊格とされるほかの図像として類

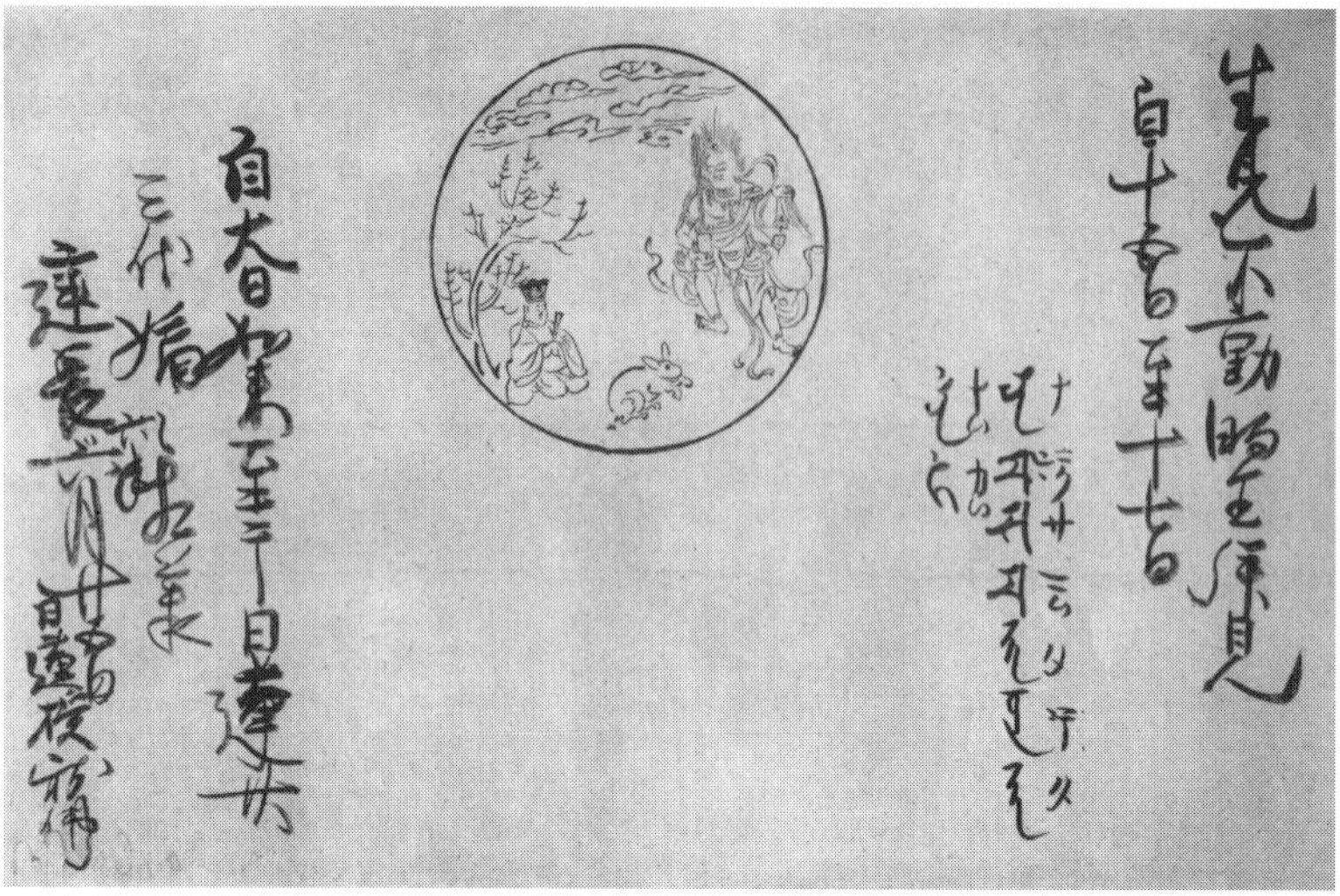

図1　日蓮筆『不動感見記』（妙本寺蔵）

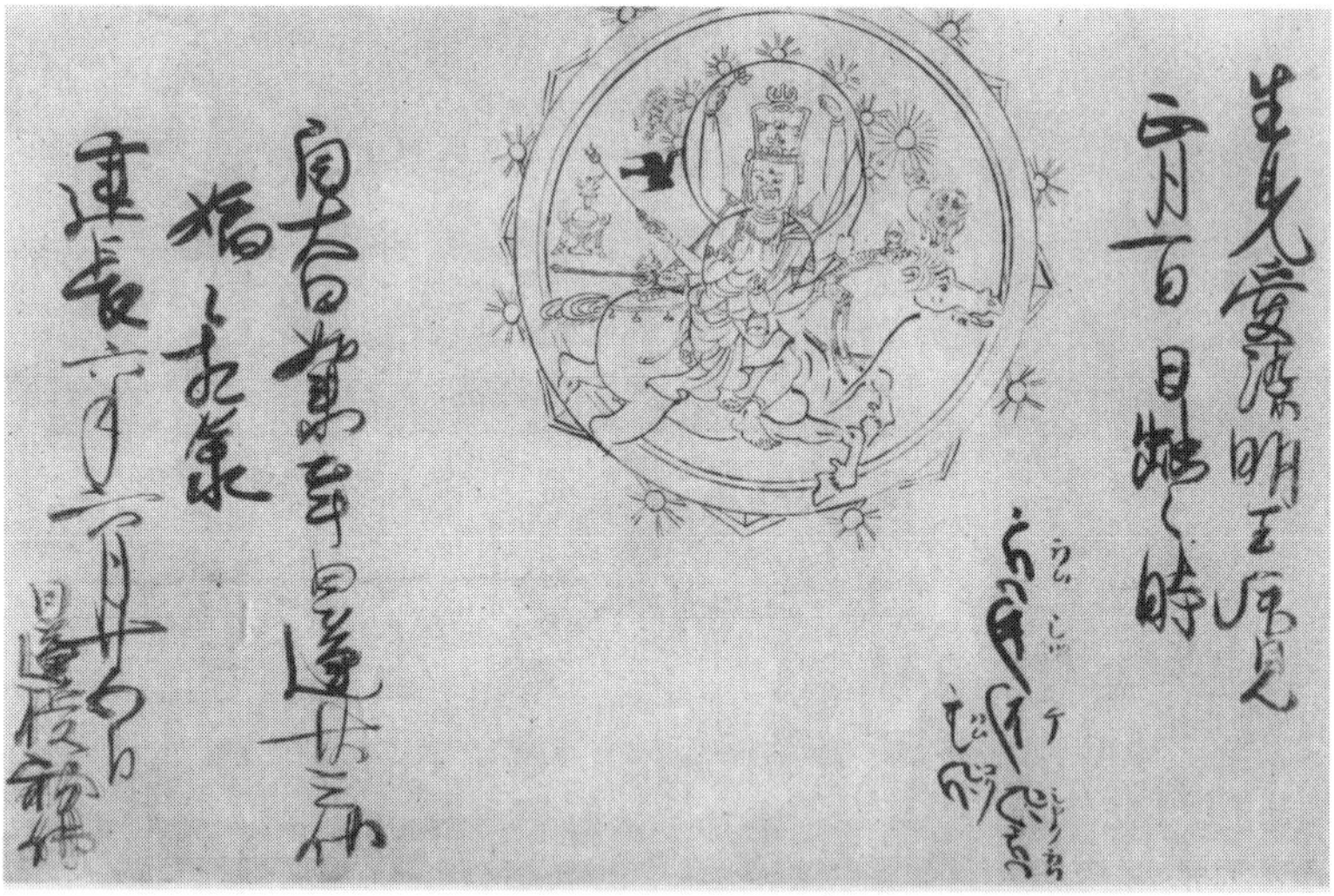

図2　日蓮筆『愛染感見記』（妙本寺蔵）

を見ないものである。また、馬と愛染の関係については、愛染について最初に記された経典『瑜祇経』のなかで、大日如来が「馬陰蔵三昧」と呼ばれる特殊な三昧に入り、そのなかで染愛の真言を説いた、と述べている箇所だけが両者の関係を示している。(2) この点については、後に詳しく考察することにするが、この図像のほかの細部についても驚くべき点がある。愛染には、通常の六臂のほかに、普通、不動明王の持物とされる宝剣と羂索をもつ二臂が追加されている。一方の不動には、四臂で右足を上げた立像として描かれている。この形は、ほかの明王の姿としては見られるが、不動明王の場合、足の下に天部を踏みつけた姿のみである。そして、不動は、兎と木の下の男性像とともに描かれている。この木は、「月の桂」であると思われる。これらはすべて、中国の月に関する神話に見られる要素であり、通常の不動明王の図像としては見出されないものである。また、この図像では、不動と愛染を月と太陽という二つの天体に結びつける二項的な構造が明確に認められる。『感見記』では、両者は月と太陽の蝕に関連づけられており、また、両尊をとりまく輪の図形についても、不動は明確な円形であり、愛染は光線を放つ太陽を思わせる形として描かれている。

この二幅の図は、稿者も含め、何十年も学界で注目されてきたものである。稿者は、日蓮自身の不動と愛染に関する論考や、『感見記』が作成された背景については、別の機会ですでに論じているので、ここでは詳しく触れないが、(3) 本稿でこのような図像を分析対象とするのは、中世日本の儀礼的風景を理解するため、中心的な意味をもつと思われるこれらの問題をテーマに措定し考察を深めたいのである。また、それは、「悟りの遂行性《パフォーマティヴィティ》」とでも呼べるものについての、変容する言説によって起きる視覚的な分節のあり方について追究することでもある。(4)

こうしたプロセスの力学を理解し、解釈するためには、いくつかの予備的な考察が必要である。まず、

『感見記』に見られるような通例のものとはまったく異なる図像の例を見ると、密教においては、表わされる神格・尊格の象徴的、イデオロギー的、または儀礼的な連想に基づいて、どの程度、規範的な図像を根本的に変更することが可能だったのか、という疑問点である。また、もう一つの基本的な疑問は、こうした変更や変化が、どのような意味を有していたのか、という問題である。ここでの変容や変化とは、ある特殊な歴史的状況に結びついた一時的な、一人または集団の修行者のためだけの儀礼として必要性が変化として表われたのか、であるなら、その必要がなくなれば、再現されることはなかったのか。あるいは、それ以前の問題として、別の文化的な文脈に遡る、仏教やそれ以外のモデルに基づいたある種の尊格の意味、または、より広く仏教の修行を理解する上で、強く永続的な影響を及ぼすものであったのだろうか、というものである。

仏教美術史の観点からいえば、日蓮の不動と愛染の図像は、経典や規範に基づいた図像の代替物となりうるような、広い範囲で受け入れられた図像として発展しなかったといえる。また、このような図像を作り出し、相承したのは、一部の密教僧に限られていたのである。[5] しかし、これらの図像は、儀礼が変化する力学を証明するものであり、その意味で、歴史的かつ教理史的にきわめて重要なものであると考えられる。

このような図像は、同様の性質をもつ中世ヨーロッパにおける「異端的」図像と比較することも可能かもしれない。中世ヨーロッパには、規範的なキリスト教典礼で用いられる規範的な図像に何らかの自由な変化を加えた個別の作品が存在した。それらは、既成秩序には属さない人々が独自の空間を作り出すために用いられた。[6] そうした例に倣って、異端的な仏教儀礼の図像というカテゴリーを考えることは可能であろうか。たとえば、日蓮の『感見記』のような図像について、たんにモデルの様式上の変化を意味する「非典型的」な図像として考えるのではなく、この「非典型的」な図像の解釈を介して、別の次元の意味を新たに見出すことはできないだろうか。

密教儀礼には多くのヴァリエーションが存在し、技術的な細部の違いに基づく重大な秘密の解釈を最高位の僧侶だけが知りえるものであると説明されているため、「異端的」というカテゴリーを考えるのは難解であると思われるかもしれない。[7]しかし、不動と愛染を対にした儀礼の一部が「異端」(邪教)に結びつけられているものがある。このように考えると、日蓮の『感見記』自体がかかる観点から分析されたことは従来なかったが、「異端」というカテゴリーを考慮に入れて考えることは、歴史的にも正当化できるように思われる。さらに中世密教における権威と正統性についての問題——これは、図像と儀礼を含んだ、流派間、および宗派を越えた政治的かつレトリカルな戦略の問題でもある——が重要な意味をもつことになるだろう。

もう一つの中心的な課題として考えられるのは、日蓮の愛染と不動の図像が、ほかにまったく例がないものなのかどうか、という問題である。日蓮の『感見記』は、図像と真言と血脈という、密教儀礼の基本的な要素三つを含むもので、それが儀礼を契機にして作り出されたものであることは、疑いようがない。しかし、問題は、それがどのような儀礼であったのか、という点である。後述するように、不動と愛染を組み合わせた図像は、実際にほかにも存在するし、また『感見記』に見られるのと同様の図像も存在する。これらの差異を見出すには、この図像を儀礼のコンテクストのなかで理解すべき必要性がある。これらを分析するために、まず、不動・愛染の両明王が組み合わされた場合の、いくつかの特徴について考えていきたい。

二　不動・愛染の組み合わせ

1　日本的展開

『感見記』の図像は、不動と愛染の両者が一対のものとして修法の対象とされていることを前提としている。この図像は、たしかに「非典型的」ではあるが、二明王が一対とされる儀礼の早い例の一つと考えられるものであり、年代が明記されたものとしては最古の事例であるといえる。また、この図像は、二明王を太陽と月に結びつける儀礼および観念を視覚的に表現した古い例でもあり、東密や台密にも存在していた。この点については、後に詳述することにして、まず、不動と愛染がどこで結び合わされはじめたのか、またそれがどのように発展したかについて考えてみたい。

大陸から輸入された経軌では、この二明王を一対のものとして扱う例は、存在しない。二明王を結びつける観念は、愛染明王をめぐるテクストの伝統に基づくものだが、これらは、後の中世日本における実践行為のなかから生み出されたのである。周知のように、愛染明王は、両界曼荼羅には含まれておらず、また、中国・日本の図像で普及した、不動を中心とする五大明王の一群にも入っていない。愛染明王を記述し、またその儀礼の典拠とされた経典『瑜祇経』は、空海によって日本に請来されたが、その最初の注釈を書いたのは安然である。[8] 愛染明王を中心とする儀礼は、東密と台密の両方で行なわれたが、その実修例は十一世紀以前には知られていない。速水侑は、『阿娑縛抄』の記述に基づいて、それが行なわれはじめたのは後三条および白河天皇の時代（一〇六八—八六）であり、それを最初に行なったのは、仁海およびその弟子の成尊だった、と述べている。[9] この説は、ほかの資料からも確認できる。『渓嵐拾葉集』によれば、最初はこの修法は高僧が私的に行なったものであったが、覚鑁と道範の時代から貴族のために公的に修されるようになったという。[10]

真言密教の主要な儀礼集成である『覚禅鈔』には、醍醐寺の創建者であり小野流の創始者である聖宝（理源大師、八三二―九〇九）が、最初に、不動と愛染が相互補完的であり、究極的には同一であるという説を出した旨が記されている。その秘密の解釈によれば、彼はこの尊格が「不動愛染王無差別。一身両頭。左面不動尊也。右面愛染（云々）」と述べたと記されている[11]（図3）。平安時代の終りになると、この組み合わせのパターンは多様な密教の法流に急速に広まったようである。覚禅は、この図像が別の流派、石山流の朗證阿闍梨（一一三一―一二〇八）によって相承されたという。しかし、平安時代に遡る図像的な実例は、現存していない。聖宝にこの修法を仮託するのは、新しい修法として東密小野流に特徴づけ、正統化させることが目的だったと考えられる。しかし、両頭愛染の意味については、それ以外にも各種の解釈が存在した。また、これを不動と愛染明王に同定することについ

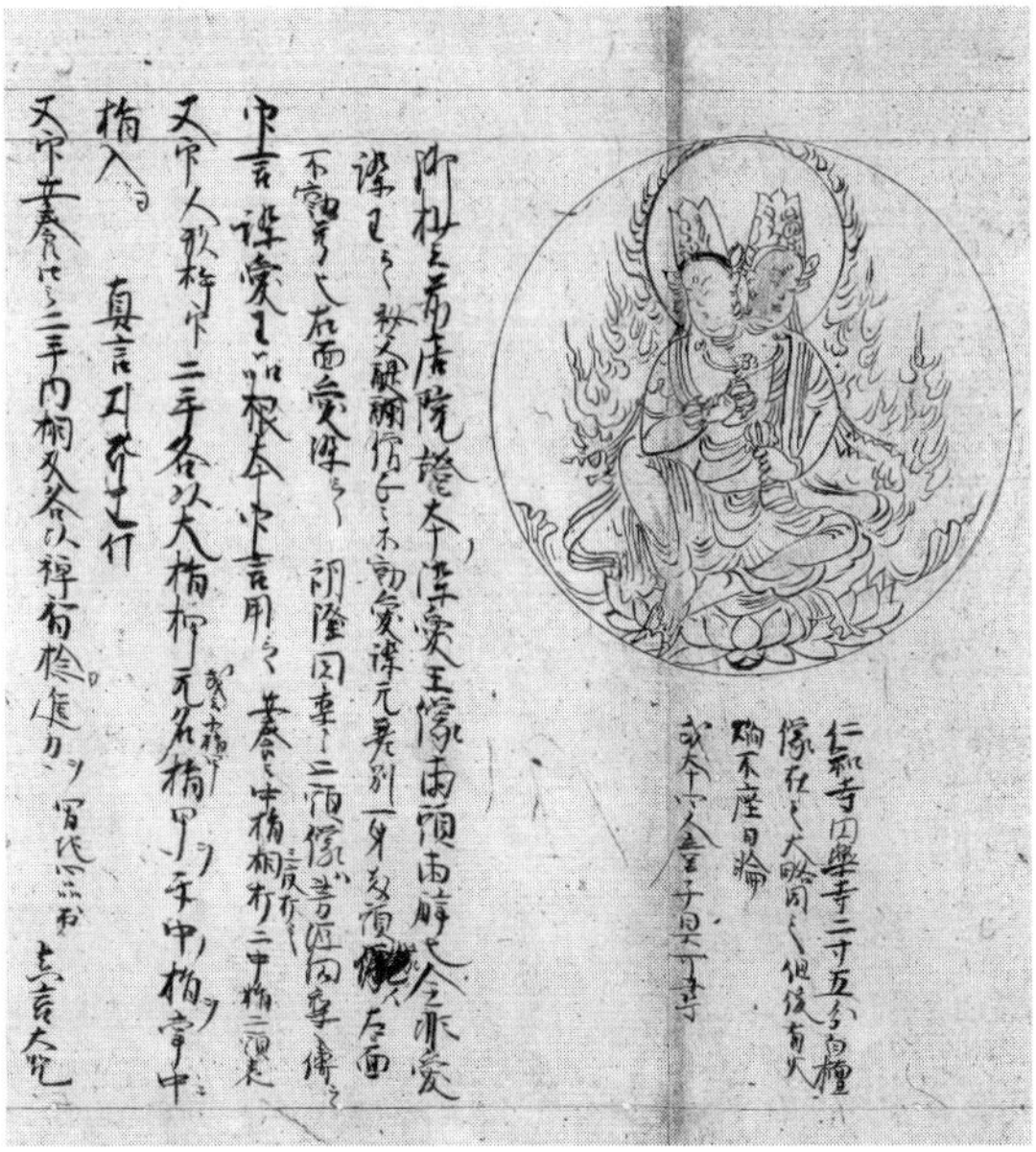
図3　両頭愛染（『覚禅鈔』勧修寺本）

て、その正統性が疑わしいとされたものもあったことが指摘できる。この二明王の組み合わせは、金剛界と胎蔵界が不二であることを表わす、と解釈されたが、このような人格神的な形によって示される内容は、より大規模で抽象的な二つの曼陀羅の組み合わせとは異なる観念結合であったと考えるべきである。図像集成を詳しく分析すると、不動と愛染の組み合わせは、愛染明王の二重の性格、すなわち柔和であると同時に怒りを表わす両義的な性格というテーマに基づいたヴァリエーションであることがわかる。この愛染明王の性格は、その根本経典に遡るものである。『覚禅鈔』は、由来の明らかでない『𑖨𑖐《ラガ》記』という書物を引用して、この両頭の姿が愛染明王の「秘密の形」であることを記し、その二つの面のうち、一方は赤で怒りを、もう一方は白で慈悲を表わし、それらが二つの違う色によって表現されている、と述べている。(12)『覚禅鈔』では、身体は白に描かれるというが、細注では、身体の色は修法の種類によって赤または白にされる、と述べられている。(13)別の、より分節化された伝承によるなら、両頭愛染の一方は愛染を、もう一方はその分身ともいえる染愛を表わすとされる。中世の口伝では、この「二つの愛染」を次第に同一視し、不二性を表現するものとして理解されていた。こうして、愛染と染愛は、それぞれ大日とその「アルテル・エゴ」（別の自己）であり、その説法を受ける者である金剛薩埵を体現するものと考えられるようになったのである。(14)それと同時に、その両者は男女の両性を表わすものとも考えられるようになった。(15)『覚禅鈔』は染愛／大日を男に、愛染／金剛薩埵を女にそれぞれ配当している。覚禅は、この染愛／大日の性に関する解釈を証するために、『瑜祇経』のなかで、仏陀が経を説き、染愛の真言を教示した時に入った三昧の種類について書かれた箇所を引用している。これは馬陰蔵三昧と呼ばれる三昧である。(16)また、この三昧の名に男性性器の名称が使われているのは染愛が男性を体現するからである、と覚禅が伝える口伝のなかで述べられているが、別系統の解釈には、愛染と金剛薩埵を両頭に配当する解釈が「正伝」とされ、不動と愛染に配当することは「立川流」による非正統的なものであると明示されている。これは、台密の穴太流に属する澄豪（一二五九―一三五〇）の『瑜祇経聴聞抄』[17]に見られる解釈であり、「正伝」を伝えたのは円珍であるとされる。[18]しかし、同じテクストの別の箇所では、赤と白の不動と愛染に同定された両頭の愛染が、天台の正統的な相承の一部であると記されている。澄豪によれば、山門では最近はその形は用いられず、古くは秘密のものとして使われたという。[19]

2　二元性を儀礼化する――人形杵と馬陰蔵三昧

愛染とその分身によって体現される「両極の一致」という観念は、両頭愛染という人格神的な形の尊格によって表わされるだけでなく、愛染法の儀礼で用いられる特殊な法具とそこで結ばれる印によっても具現化された。まず、両頭愛染の三昧耶形である、人形杵または割五鈷杵、和合杵などと呼ばれる法具について、簡単に考えてみたい。この法具は、二つにわかれ、それぞれが逆方向に置かれると、それぞれの両端が二鈷の金剛（両足を表わすと思われる）と三鈷の金剛（頭と両腕を表わす）の形になり、人間の形を表象するものとされた[20]（図4）。この二鈷と三鈷が凹凸を補うように重ねられて組み合わされた場合、男女の二人の人間が性的に結合している姿を表わし、男女を愛の絆で結び合わせる敬愛法の修法のなかで特殊な使われ方をした。[21]すなわち、紙に望みのことを書いて、二つの杵の股の部分に挟み込むのである。[22]五鈷杵（中央の一鈷と周りの四鈷）のなかに

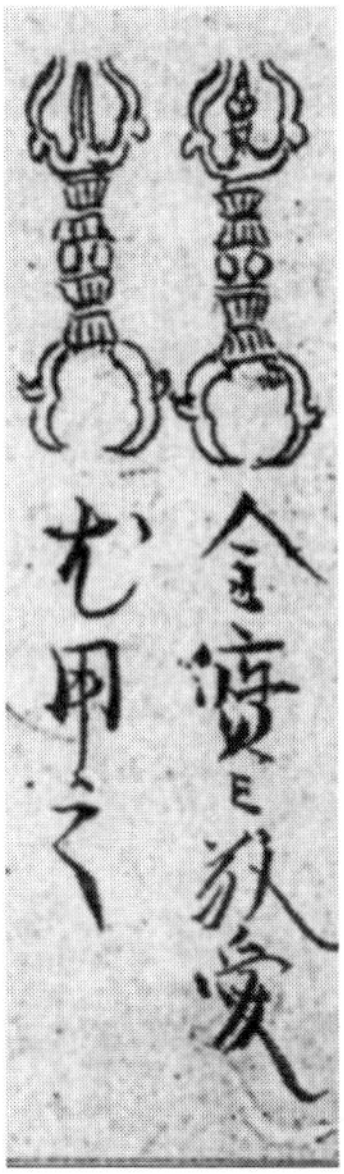

図4　割五鈷杵（『覚禅鈔』勧修寺本）

は、舎利が籠められることがあり、小さな孔が認められる。その場合には、この法具は如法愛染法の修法に用いられたと考えられ、そこに籠められたのは祈願の対象である尊格の霊的な力であるという説が提起されている。(23)

三宝院流の儀礼を集成した成賢・道教による『遍口鈔』では、この人形杵に関する叙述のなかで、これは合わさった時に「男女夫婦之義」を表わす、と述べていることとも一致する。(24)水原尭栄など近現代の真言宗学を専門とする者は、多くは宥快の『宝鏡鈔』に基づいて、こうした解釈が異端的なものであり、たとえば人形杵の意味は、立川流の秘密の経典に説かれたものであると指摘する。(25)同じことは、立川流の文献で中心的な役割をもった馬陰蔵三昧についてもいえるだろう。しかし、最近の研究によれば、馬陰蔵三昧は小野流でも行なわれ、さらに、比叡山の台密でも修されており、東密に限られていたものではなかったことがわかる。(26)文献としては、『瑜祇経』や『理趣経』などの重要な経典の注釈書を挙げることができる。たとえば、上引の台密の澄豪による『瑜祇経』注釈書『瑜祇経聴聞抄』では、経文で世尊が馬陰蔵三昧に入った時に、「一切如来幽陰・玄深なり」といわれる「幽陰」が「女欲」を、「玄深」が「男欲」を表わす、とされており、したがって性交（「内証入玄」）が暗示されるものであったとされている。さらに「幽陰・玄深」という語の「隠秘の義」を正しく認識しないと、「僻見」を起こすことがある、と警告している。(27)

現代では、この結合を示す「赤白二渧／二滴」という用語がとくに注目されている。しかしこの語は、仏教的な悟りへのプロセスを説く、非常に正統的な伝統のなかで用いられたものである。この語は、すでに智顗の『摩訶止観』で、母の精気である赤渧と父の精気である白渧が「和合」するところに「識」が託す、という形で現われているのである。(28)また、これと同様の表現は、本稿の最後で言及するような中世日本の瑜祇経印信の文言にも見ることができる。よって、日本密教の相承においても、赤白二渧のイメージは、「悟りの身体」が生まれる、ということに関連して説かれていたのである。

以上から導き出される小結として、不動／愛染によって体現された二元性とは、遅くとも十二世紀以降の日本密教の学僧が、『瑜祇経』に見える愛染の二重の形態の意味を複雑にめぐらせた思弁に基づいている点を指摘できる。その二つの愛染の形態の不二性を尊格の形で表わす両頭愛染は、愛染の分身である染愛がじきに不動にとって代わられたのである。この組み合わせは、多く異端的なものであるとみなされてきたが、実は、中世密教の広い範囲で普及していたものであった。最終的には、それは正統的な流派の解釈のなかで用いられ、さらに広い連想の網のなかで、一種の三元的な新たな儀礼の基盤となり、その図像的なヴァリアントが形作られていったのである。

3　太陽と月の視覚化

両頭愛染が不動／愛染の組み合わせへと展開していく力学を理解する上で、さらに示唆的なものは、この二明王と太陽と月との関連についてである。これらについては、多様な密教法流に属する文献にその記述を見出すことができる。例として、天台座主・慈円（一一五五—一二二五）による口決集『四帖秘決』[29]があり、「以二凡夫《ノ》肉眼《ヲ》一奉《ル》レ見二生身《ノ》仏《ヲ》一也。日《ノ》愛染。月《ノ》不動《ト》中《テ》。日輪《ノ》中《ニハ》 愛染王《ノ》現《ニ》御座《スル》 也。能《ク》日《ノ》晴《タルニ》 閑《ニ》久《ク》見《レハ》二日輪《ヲ》一。則日《ノ》中《ニ》彼形像顕現給（云云）月《ノ》極明《テナル》夜。十五日《ノ》円満無碍ナルニ。数刻臨《テ》レ天《ニ》見《レハ》二月輪《ヲ》一。其中《ニ》必不動明王《ノ》形像《ノ》現給也。日《ノ》愛染。月《ノ》不動《ト》云事《ハ》大集経見《ニタリトソ》　承《ル》（云云）」と、不動と愛染は、太陽と月を対にして視覚化されている点を読み取ることができる。また、守覚法親王（一一五〇—一二〇二）による『追記』[30]や『真俗擲金記』[31]にも、密教儀礼のなかの二つの対照的な局面を体現する、と記されている。すなわち、『追記』では、護摩の本尊に関して、護摩がこの二明王の三昧を体現するものである、という口伝を記し、「内護摩智観」は「愛染王の観」であり、「外護摩理観」は「不動明王の観」であると述べている。[32]一方、『真俗擲金記』には、二明王が「冥合」して「不二の位」にあるなかで、月輪に住する不動と日輪に住する愛染の観想が記されている。[33]これらは、先に見たような愛染についての解釈の展開に現われる二元的なパターンに基づいており、密教の基礎である「両部不二」の観念に近いものである。また、後述するが、これらは、とくに「菩提心」の概念を表わしている。室町時代になると、不動・愛染と日輪と月輪の組み合わせは、複数の両部神道の文献で頻繁に見られるテーマとなり、そこでは日輪と月輪の一対が天照大神と関連づけられ、一種の三元的な構造として観想の対象とされるようになる。この儀礼による解釈は、特殊な図像として翻訳され、その伝統は十八世紀まで認めることができる。[34]（図5）さらに、三輪流に伝わる三幅を一組とする不動明王の画像は日蓮の『感見記』の図像と似ているのだが、このような不動と愛染をともなう三元的な尊格は、イメジャリーとして、一つの特定の流派の相承のなかで発展した点を表わしていると思われる。それは、三宝院流の相承に遡るものであり、以下、その点について考察することにする。

図5　岩戸脇士不動（岩戸三尊／金剛山寺蔵）

三　不動・愛染の彼方に――摩尼曼陀羅の三元的尊格

室町時代（十五世紀）のある絵画に、日蓮の『感見記』とまったく同じ図像的特徴をもつ不動と愛染が、ある三元的な構造のなかで描かれていることが判明した。この図像は、『感見記』に所載の「非典型的」な図像が、単なる偶発的なヴィジョンではなく、何らかの特殊な儀礼的伝統に基づいて作成されたものである。さらに重要なことは、この不動と愛染の組み合わせを前提とする二元的な図像パターンが、三位一体の三元的なパターンに新たに変化し、それにともなう儀礼によって獲得される力の解釈も変化することを示し

図６ａ　摩尼曼陀羅（三室戸寺蔵）

ているのである。

この絵画は、京都府宇治市の三室戸寺に蔵される「摩尼曼陀羅」と称されるもので、図中には、摩尼宝珠殿に安置された三弁宝珠を中心として、その上方の月輪中に火炎に包まれた五輪塔が描かれている（図6a）。三室戸寺は、中世には園城寺と関係し、現在は本山派修験道と呼ばれる修験道の流派とかかわっている寺院である。[35] しかし、この絵画が描かれた事情や、それがいつ、誰によって用いられたか、などについては明らかにされていない。この絵画の制作年代は、様式から推定されるのみである。本作品は、現在大阪市立博物館に所蔵されているが、奈良国立博物館の展覧会に出品されるまでは、その存在すらほとんど知られていなかった。[36] この曼陀羅の中尊の宝珠の周りには、とくに興味深い図像を見出せる。すなわち、摩尼宝珠殿の四隅にあたる円形のなかには、四体の仏陀が描かれており、それらは皆宝珠をもち、それぞれ違う印を結んでいる。下方の二仏は、左側に智拳印を結んだ金剛界大日と右側に法界定印を結ぶ胎蔵界大日である。そして、図像の背景は、大きく二つの部分にわけられ、中央には大海が描かれているように見える。これは、神話的な龍王の宝珠殿を視覚化したもののようであり、ほかの摩尼曼陀羅と類似するものである。両側の海中から龍がせり上がり、中央の宝珠殿を支えているように見え、その間には道教の仙人の形の人物が描かれている。これは龍神を示すものとも思われる。またその両脇には、明らかに見わけられる毘沙門と吉祥天が、守護神として描かれている。[37] 一方、五輪塔の上部には、まったく別のイメジャリーが描かれており、稿者にとっては、この部分がもっとも興味深い。この部分の背景には山の風景が描かれ、二つの峰が聳えている。その前面に、三つの円のなかに三体の尊像が見られる。これらは、垂迹曼陀羅に見られる本地仏の形式にも似ている（図6b）。中央の尊像は三面の菩薩像で、それぞれ宝珠と日輪、月輪をもっている。その左右には、日蓮の『感見記』の図像とほぼ同じ形態の不動と愛染の両明王が描かれている。しかし、中央の

図6 b　摩尼曼陀羅　部分（三室戸寺蔵）

菩薩像が何を表わしているのかは大きな謎である。曼陀羅全体が如意宝珠を中心とする構成であることを考えると、この尊格は如意輪観音を表わしたものとも思われる。如意輪観音として理解できるならば、この曼陀羅は、如意輪観音または如意宝珠、不動、愛染の三尊を収めた舎利厨子とも近いものとして考えられるが、この尊格の細部については、ほかの如意輪観音の図像と異なっている。あるいは、両脇の不動と愛染が日輪と月輪に結びつけられていることを踏まえるならば、この三尊は、太陽、月、および星宿の三光天子を象ったものとも思われる(38)。この尊格をめぐる二つの可能性は、以下で詳しく考察するが、三元的な尊格の儀礼的意味を考える上で有効なものとして考えられ、また、必ずしも互いに排除しあうものでもないと思われる。

四　三尊合行法——三元性を実修する

「摩尼曼陀羅」に見られる不動と愛染の図像の特殊性とは別に、不動・愛染と宝珠を本尊とする三元的儀礼の起源について考えてみたい。具体的には、誰が、どこでこのような三位一体の尊格を創造し、これらの教義的背景やその意味するところについて考察を進めていく。

最近見つけ出された資料を分析してみると、この三尊を組み合わせる図像の起源は、醍醐寺の一流に特有のもので、不二性がどのような条件で成立するかを示す、「三尊合行法」と呼ばれる特殊な儀礼的コンテクストを背景にしていることが判明する。

この儀礼は、醍醐寺三宝院流の祖師の勝覚（一〇五七―一一二九）の相承によるものであるとされる。勝覚は如意輪観音をとくに崇拝し、五輪塔とそれを囲む不動・愛染の形で如意輪観音を崇めたと伝えられている（後掲図11参照）。その後、勝賢（一一三八―九八）が、如意輪を本尊とした「三仏如意輪法」という名の宝珠法として、はじめてその儀礼を修したという[39]。このような中央の本尊が変化することは、中世日本仏教における宝珠の象徴が、さまざまな連想の網のなかで、五輪塔や如意輪観音など――さらにそれらをとおして宝珠の顕現とされたほかの尊格、一字金輪や聖徳太子、空海、あるいは天照大神など――と関連づけられたことからも説明できる。

この儀礼に含まれた王権の象徴について、おもに如意宝珠とアマテラスの関係、および後醍醐天皇の護持僧だった文観弘真（一二七八―一三五七）と「三尊合行法」関係の文書については、すでに阿部泰郎氏が論じている[40]。また、この儀礼に関して、これまで学問的議論の対象になったのは、如意宝珠／観音とアマテラスの関連に基づく天皇の正当化の問題だった。しかし、本稿では、問題の焦点を絞るため、こうした政治的・イデオロギー的問題についての言及は避けることにし、ここでは、文観とその周辺の人びとによって著わされた著作を中心に分析することで、二明王が組み合わされる意味やどの程度広い意味をもち、悟りに至るプロセスを語る密教の言説として解釈できるか——すなわち、「異端的」として排斥できないような言説の一部として考えられるか、という点について考察を試みたい。

事実、文観を論じる場合、異端の問題を避けて通ることはできない。文観は、教相においても事相においても、異端派である立川流の発展のなかで、もっとも重要な人物とみなされてきたからである。(41) しかし稿者は、彼の解釈が、悟りに関する三宝院流の内部で規範的とされたより広汎な言説に対し、どのような意味で革新的であったかを考え、中世における僧侶の関心の所在を明らかにすることで、問題の意味を考えていきたい。また、これらの解釈が、三宝院流以外にも影響を与えていたかについての分析は、同時代的な他流派の資料の再検討を必要とするため、新資料の発見を俟ちたい。

五　文観と三尊合行法

1　「三尊合行法」とそのテクスト

「三尊合行法」に関する教義的かつ図像的な議論を展開する上で重要な資料として、文観にかかわるいくつかの写本が残っている。そのうち、主要なものとしては『御遺告大事』または『東長大事』と題されるものがある。これらは、空海に仮託された『御遺告』に関する「大事」であり、『東長大事』とは、東寺長者にとっての「大事」という意味で用いられたものである。その内容は、道順（?—一三二一）の口伝を文観が記したとする識語があるが、実際には、文観自身が一三二七年に著作したものとして考えられるようである。[42]この資料には、「三尊合行法」が、「当流最極ノ大事」であり、文観の法流（醍醐寺三宝院流）に代々伝えられた「嫡々相承ノ秘奥」であるといい、[43]多くの図像が描かれることによって内容を「図解」しているものである。

『御遺告大事』にはいくつかの写本が存在する。山岸文庫（現実践女子大学附属図書館蔵）の写本は完本であることから、とくに重要である。[44]それ以外にも、智積院や随心院、高野山の親王院（この写本の図像は水原尭栄師によって刊行されている）、[45]また同じ祖本に基づくと思われる仁和寺蔵の写本、[46]および群馬県の慈眼寺の写本が知られている。慈眼寺本は、芸術的に高く評価されているものであり、近年、奈良国立博物館の展覧会でも展示された。[47]文観のもう一つの書『秘密源底口決』は建武五年（一三三八）付「東寺座主（兼醍醐寺）法務大僧正弘真」という署名された識語がある。ここでも、文観は『御遺告大事』とほぼ同様の文言で、この儀礼について述べている。ただ、この書は、冒頭に「一仏二明王三尊」という短い図像に関する注記がある以外図像は含まれていない文字テクストである。[48]したがって、以下では『御遺告大事』に焦点を合わせ、そこに描かれた図像について、最近発見された資料の図像テクストと関連づけながら論じていきたい。

最初に述べておかなければならないのは、この文書と空海、とくに空海に託された——実際には十世紀の偽作である——『御遺告二十五箇条』（以下、『御遺告』と称す）との関連である。[49]『御遺告』は、中世の真言各法流に連なる学僧によっていくつもの注釈書が作られている。『御遺告大事』はその一つであるが、本書は『御遺告』全体の注釈ではなく、最後の三条だけが対象になっている。それらのうち、第二四条は如意宝珠に関する儀礼が述べられ、第二三条は「避蛇法」、第二五条は一種の調伏法である「奥沙子平法」について記されている。これらの内容は、『御遺告』では、すべて室生山（宀一山）と関連づけられており、一連のものとして捉えることができる。室生山は、東寺流における如意宝珠の伝承のなかで、枢要な役割を果たしていた。そして、この三箇条は、室生山に安置された宝珠の伝承とその力を儀礼化したものとして評価することができる。『御遺告』には、真言系の神話で神聖な意味をもつようになった室生山の崇拝を明確に権威づけ、同時に空海の崇拝を推進する言説を認めることができる。こうしたテーマは、『御遺告大事』でもさまざまな形で反復されている。たとえば冒頭には、空海の非典型的図像が二つ描かれているが、一つは、少年の空海を象徴する剱と輪をもった童子の立像で、「因位の童形尊像」と題されており、空海十二歳の時に「昔の仏弟子であった」とされ、事後予言が示されている点も注目される(50)（図7）。二つ目は、空海五、六歳のころの「八葉の蓮華の中に坐って」いる形の座像である(51)（図8）。その上に、宗祖空海の姿（図9）と空海の弟子の真雅と実恵との三人が三尊として描かれている（図10）。今回は空海の図像に関する分析はひとまず措き、次項以下では、空海の図像の上方に描かれた三尊について論じていきたい。

2　天体の三尊と『菩提心論』

この図形は、二頭の龍が両側から中央の如意宝珠を支えるものとして描かれている（図8・9参照）。この構成は、「摩尼曼陀羅」を想起させるものであり、その左右に、日輪と月輪が描かれている。そして、宝珠は「明星」（すなわち金星）および「虚空蔵」に同定されている(52)。これは、古くから知られた密教修法の一つ「求聞持法」に基づくもので、そこでは虚空蔵菩薩が宝珠をもち、明けの明星の形として出現することと関係があると思われる。『御遺告二十五箇条』の神話的伝承とのつながりは、二頭の龍が、室生山で行なわれた調伏法が示す白蛇（避蛇法）と奥蛇に対応されることで、明確にされている。また、童子形空海座像の上

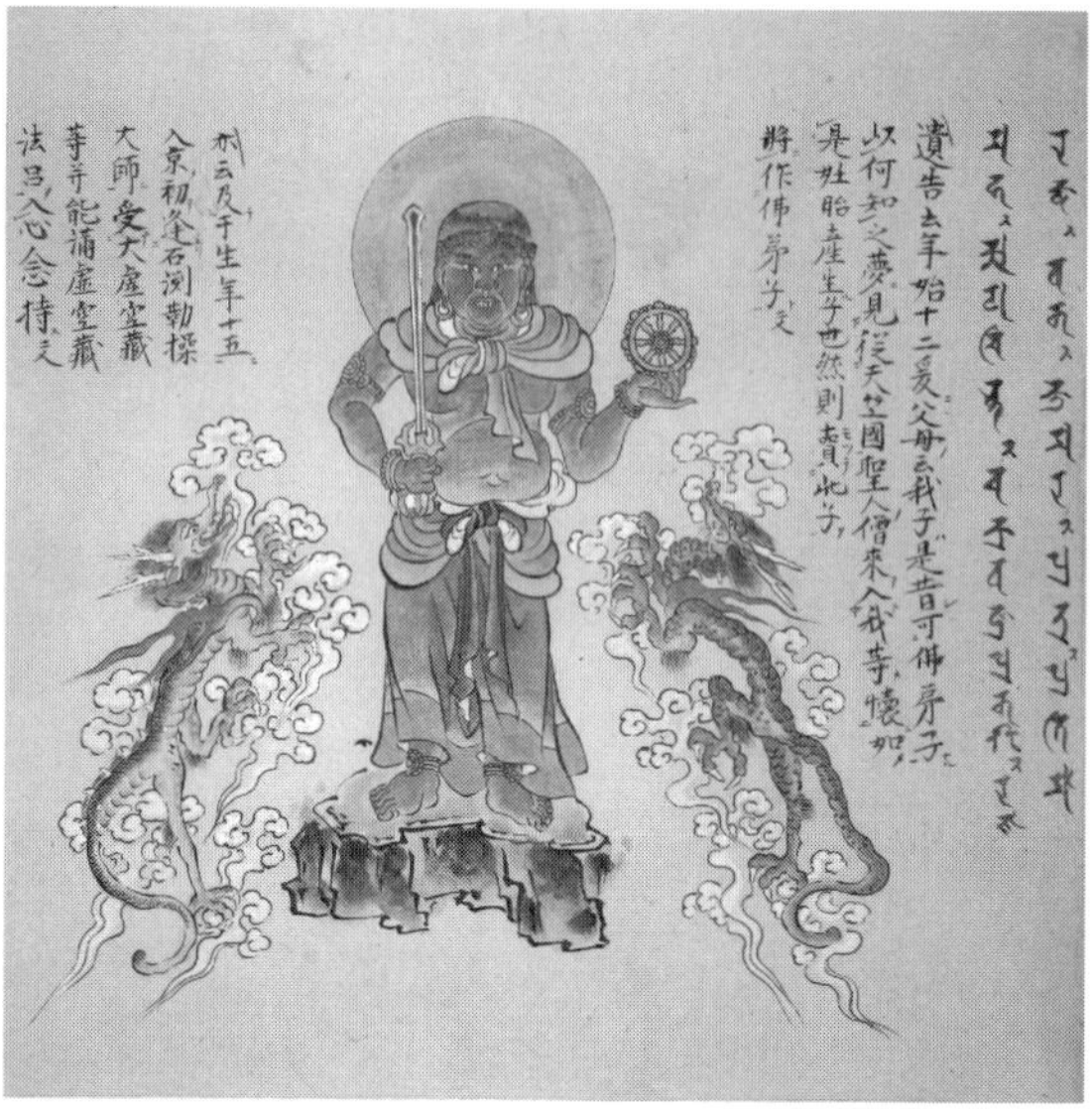

図7　因位の童形尊像の空海（『御遺告大事』仁和寺蔵）

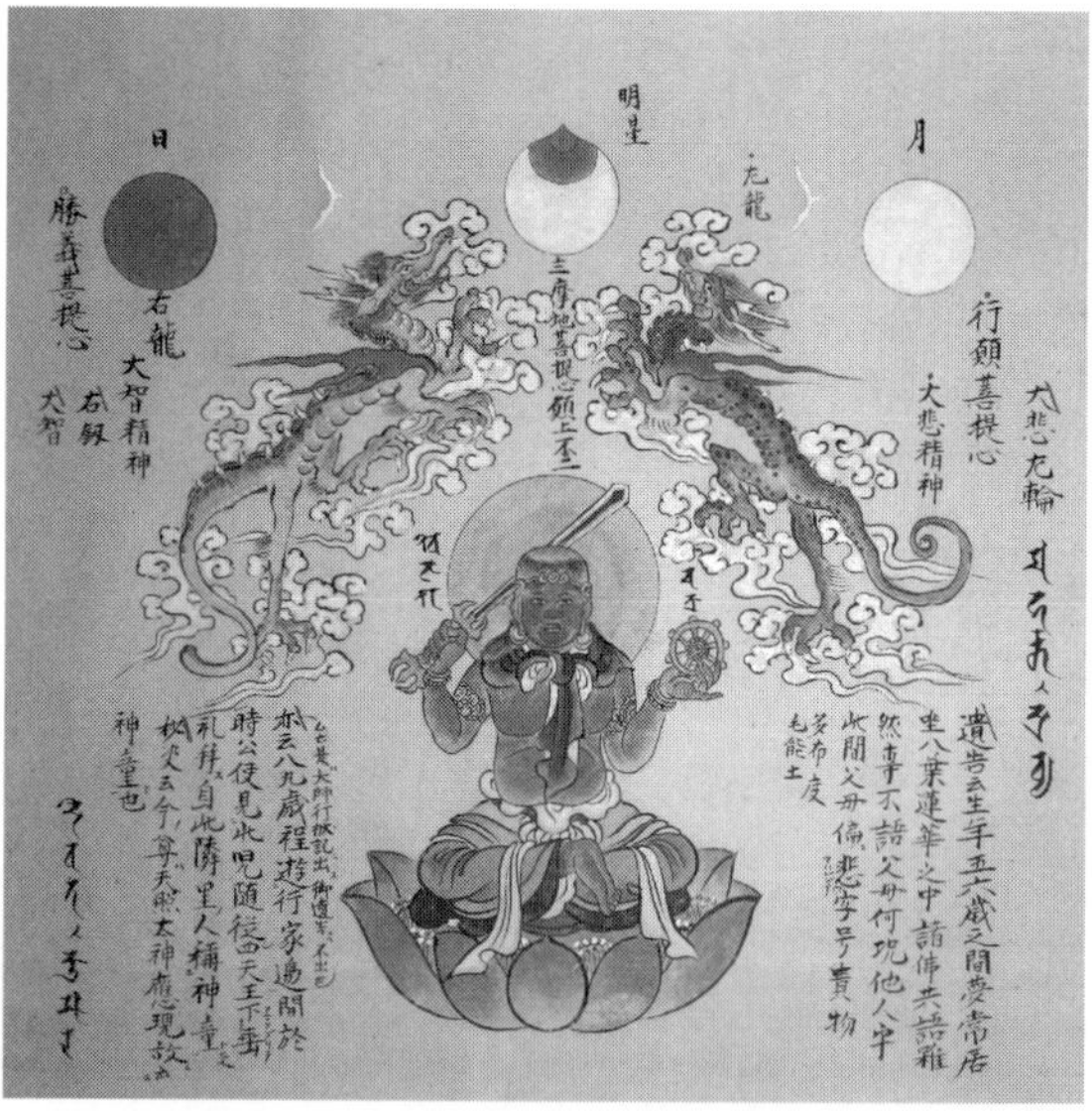

図8　八葉蓮華座像の空海（同上）

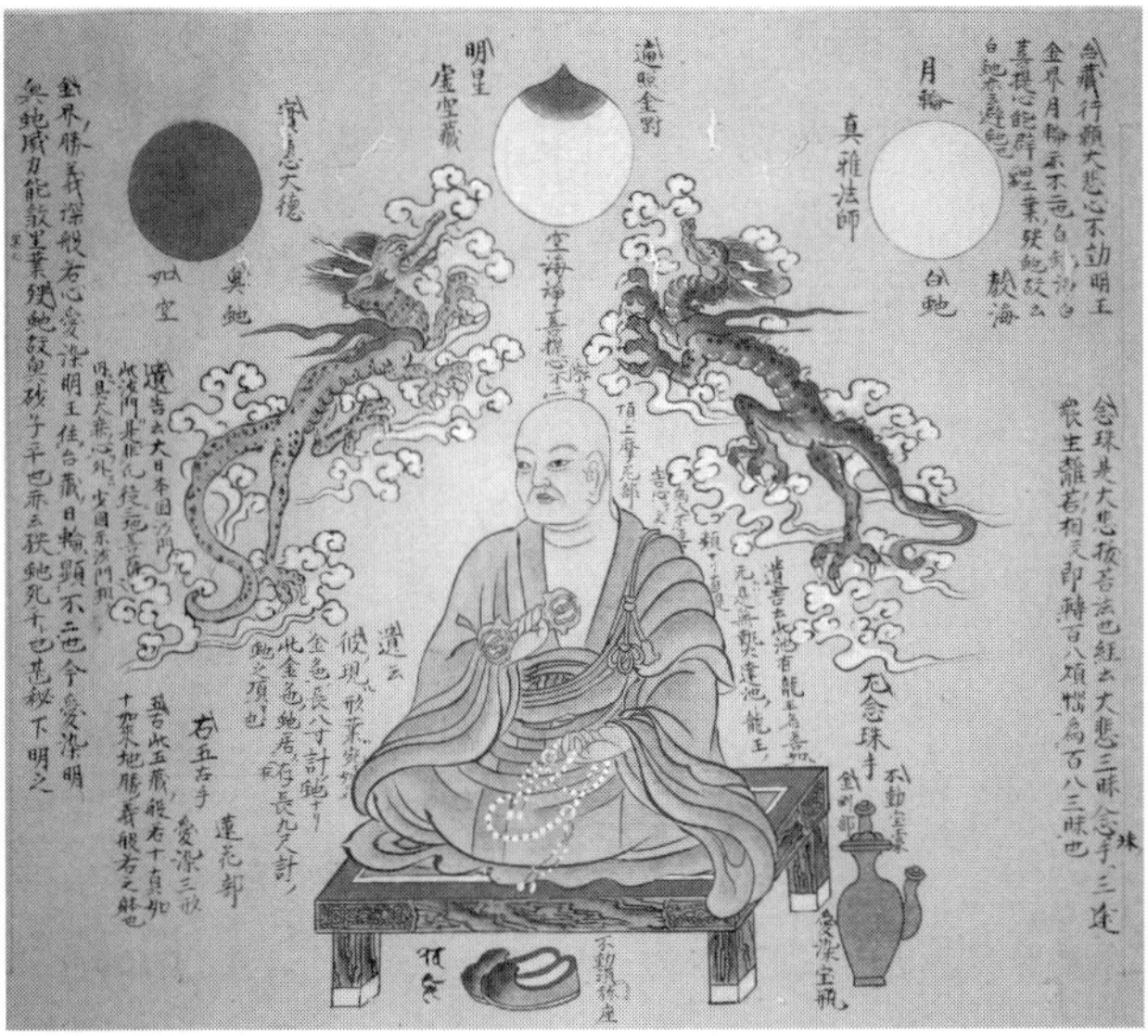

図9　空海の宗祖像（『御遺告大事』仁和寺蔵）

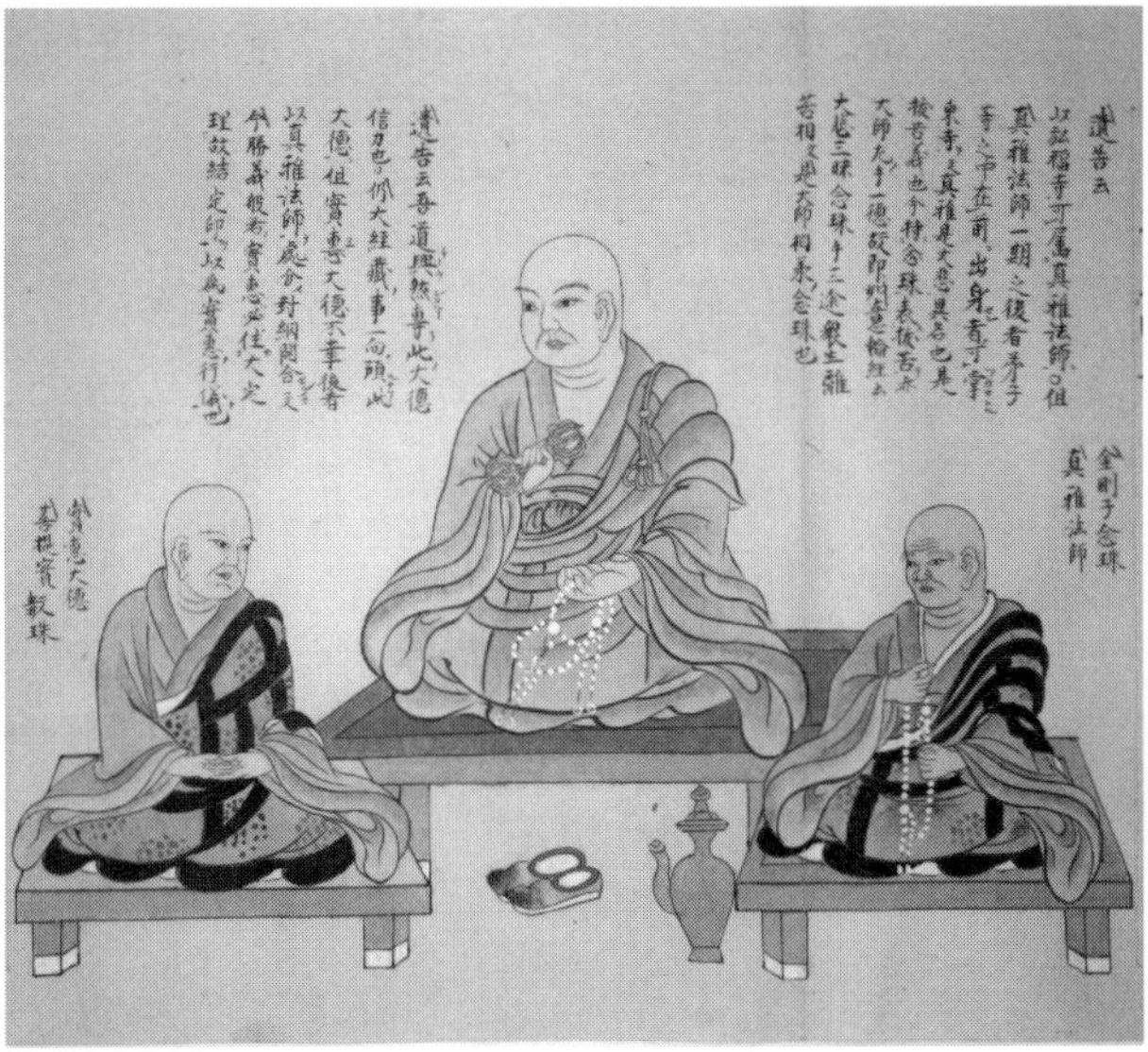

図10　空海の三尊像（同上）

方に描かれている天体の三尊は、教理的な内容の関連づけも認められる[53]（図8）。さらに、中央の宝珠が三摩地心に、両側の日輪・月輪がそれぞれ行願菩提心（または大悲心）および勝義菩提心に結びつけられている。これらは、『菩提心論』に説かれる菩提心の三つの相であって、密教の修行僧の実践に直結するものである。慈悲を動機として行動し、密教の究極の教えを追求し、すべてを瞑想に基づいて行なう、つまり（身・口・意の）三密によって仏陀との一体性を獲得する意味のことである。宝珠の上の部分は、修行者と心の不二性が記されている。これら三種類の菩提心は、『御遺告大事』のほかの部分でも、日・月・宝珠と関連づけられて説明されている[54]（図11）。つまり、テクスト上では神話上の解釈を提案しながら、同時に密教的修行の意味と修行の効果を考察するものとして説明されているのである。

また、「三宝院祖師」の建立とされている五輪塔と不動・愛染の三尊図[55]（図12）にも、菩提心の修法が詳しく説明されている。『菩提心論秘決』という注釈書（その作者と成立年代は特定できていないが）には、これを「三菩提心の三尊合行大事」であるといい、『菩提心論』を引いて「内心中観」と呼ばれる観想法について述べている。また、胎蔵界と金剛界の曼荼羅に配された日輪と月輪を観想する法であるという。

『菩提心論秘決』によれば、『菩提心論』に次のようにいう。すなわち、内心において日月輪を観ずる。この観想を行なうことによって、行者の本心が湛然として清浄であり、満月の光のように虚空に遍じ、分別するところがないことを照見するのである。これをまた、無覚了といい、また浄法界ともいう。あるいはまた実相般若波羅蜜の海ともいう。ここには、種々の無量の珍宝三摩地が含まれている。潔白分明なるがゆえに、満月のようである。なんとなれば、一切有情はすべて普賢の心を含んでおり、自らの心の形を月輪のごとくに見るからである。（中略）その円満で明るいことは、すなわち普賢の身体であり、また普賢の心であって、十方の諸仏と同じである。また、三世の修行には前後の違いがあるが、一度悟りに至った者にとっ

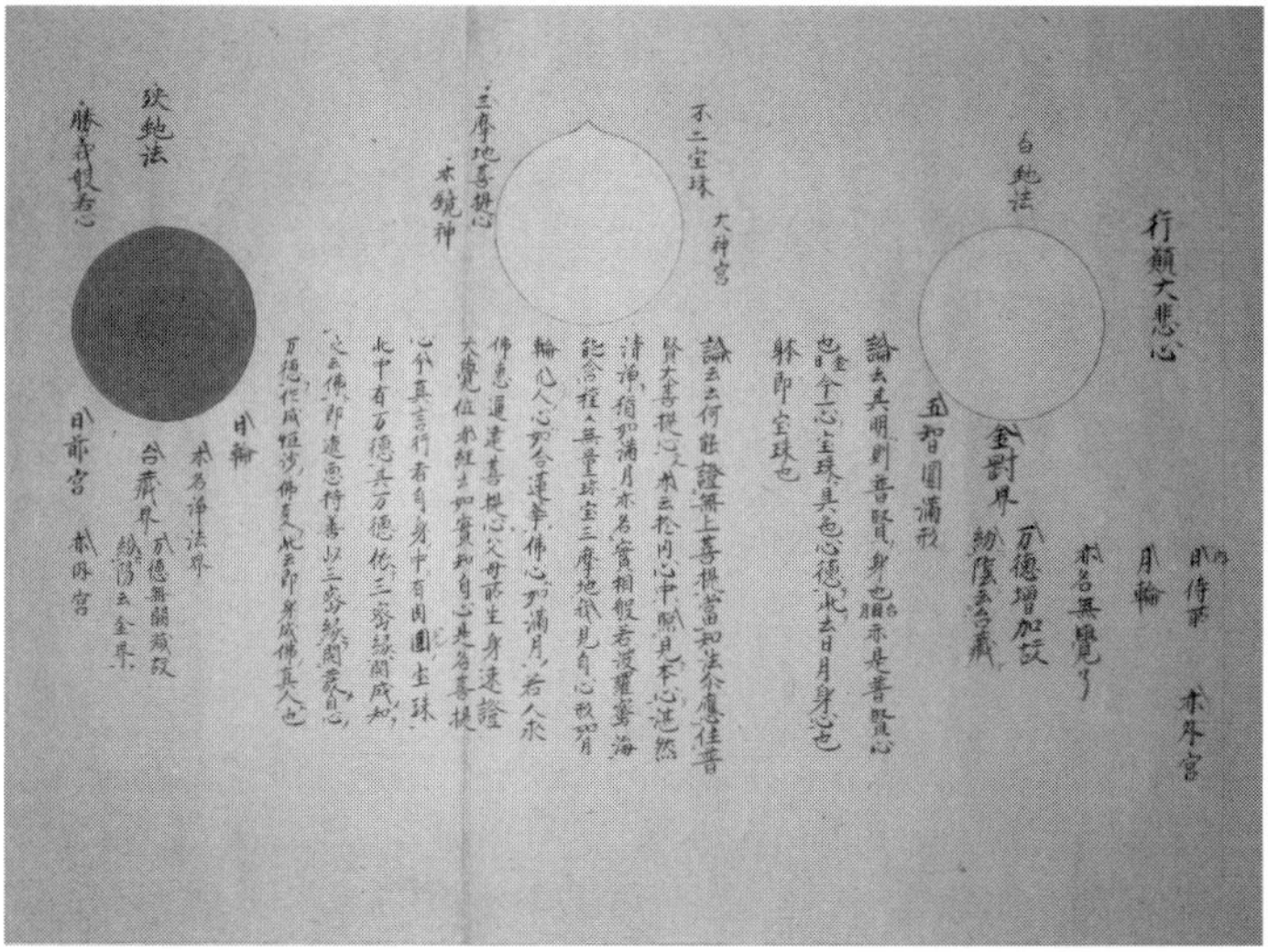

図11　菩提心の日・月・宝珠（『御遺告大事』仁和寺本）

図12　五輪塔・不動・愛染三尊図（『御遺告大事』仁和寺蔵）

ては、過去も現在もない。おおよそ人の心は蓮華のつぼみのようであり、仏の心は満月のようである。この観想を成就すれば、十方の国土は浄土であっても穢土であっても、また六道の含識や（身・口・意の）三業の行位も、三世国土の創造と破壊も、衆生の業の差別も、菩薩の因地の行相も、三世諸仏も、すべてがことごとく本尊の身体のなかに現われ、普賢の一切の行願を満足するのである、とある。(56)

これと同様の文言は、ほかにも見られる。興味深い点は、『御遺告大事』は、引用された文章が右側に朱で傍書され、解釈が加えられていることにより、もとの文章が重層的な意味をもつものとして成立している点である。たとえば、先ほど引用を説明したはじめの部分の叙述では、「内心」を「不二宝珠」と解釈し、(57)「日」が「台（胎蔵）」に、「月」が「金（金剛界）」に、「無覚」が「金界」に、「浄法界」が「台蔵」(58)に、「実相」が「不二宝珠」(59)に、「種々無量の珍宝三摩地」の「種々」が「宝珠の功徳」(60)に、「我が自心を見る」の「我」が「不二」に「、其の円明」の「其」が「不二宝珠」というようにそれぞれ解釈されている。

解釈学の観点からすれば、こうした語句の注釈は非常に興味深いものである。とくに、ここでは『菩提心論』には見られない三摩地心と宝珠の関係が示されており、この第三の菩提心の具象的なイメージが明らかにされている。また最初の「日」が胎蔵界に、「月」が金剛界に配当されているが、これは、大正蔵で採用された『菩提心論』の底本では「白月輪」となっている箇所が、異本では「日月輪」に置き換えられていることに基づいている。この解釈によって、行願心が日輪＝胎蔵界に、勝義心が月輪＝金剛界に関連づけられていると理解できるであろう。このような解釈を加えることによって、『御遺告大事』は、大乗仏教の根本的な概念である菩提心という抽象的な観念を、密教の具体的な尊格に関連づけているわけである。これらは、二元的なパターンに基づいており、その両極が合一して融解するという理解を示しているといえる。これは、密教の根本的な思考原理である「両部不二」の観念に基づく、神秘主義的な両極の一致の思想を表わしていることができよう。しかし『御遺告大事』では、その二元性は第三番目の要素によって乗り越えられ、宝珠や五輪塔、あるいは空海の身体といったさまざまな尊格として表現されるのである。このような表現は、両部不二を中心として展開する真言系の規範的な教相と事相の関係性を一新する新機軸として考えられよう。

そして、これらの図像で表わされているのは、何よりも、修行者の心の状態である。この反復されるテーマは、『御遺告大事』の根本的なテーマである。そこでは、空海を描いた肖像も、三元的構造のなかで悟りへ至るプロセスを身体的イメージによって表現するものとして理解できる。たとえば空海の三尊には、「此《ノ》無相《ノ》一心即《ハチ》六大和合、理智冥合《ノ》心也。是故《ニ》一切万物、皆《ナ》陰陽和合《シテ》而生《モス》二各々《ノ》事《ヲ》一。故《ニ》事々《ノ》当体、全《ク》理智也。猶《ヲ》如《シ》下父母《ノ》生《スル》二一子《ヲ》一、々々《ノ》当体全《ク》父母《ナル》上〔中略〕此《レ》即《チ》三尊合行・三部而二《ノ》法門也(61)」というような説明が見出される。

3　三宝院流の秘密的儀礼

『御遺告大事』の解釈のもう一つの重要な特徴として、愛染・不動・宝珠の三尊を、醍醐寺の諸法流において枢要な位置を占めていた「第三重灌頂」を図像的に表現している点が指摘できる。これは、修行者に最高の力を与えると信じられていた非常に重要な灌頂として考えられたものである。それゆえ、極官の位にある僧しか知りえない「最極秘密」とされていた。『御遺告大事』では、この儀礼を愛染と不動および宝珠の像によって説明している。

まず、初重の灌頂は、「二印二明」の伝授で、月輪と日輪のなかに描かれた不動と愛染の別々の像で表わされている。不動は劔と法輪をもち、愛染は宝珠と白雲のなかの白蛇をもっている〔ただし、この愛染の像は、忿怒相を現わしておらず、一般の像とは非常に異なる」。これは、『御遺告』における室生山と空海の伝承とが関連づけられるもので、宀一山に安置された「三寸白銀の不動」の彫像と「五指量の愛染」の尊体を表わす、といわれている[62]（図13）。次の第二重の灌頂は「一印二明」の伝授である。これは両頭愛染の像によって表わされている[63]（図14）。そして、最後の第三重は「一印一明」の伝授で、宝珠の像によって表わされている[64]（図15）。

『御遺告大事』の注解によれば、初重と第二重では、行者は二体とその合体を観想するのであるが、両者の間には依然として差異があることから二体の間に二元性という関係が存在するのである。しかし、第三重の段階になると、二体は別々ではありながら一つとなり、ゆえに宝珠の形をとるという。この宝珠は、「此《レ》行者《ノ》心身、内心《ノ》肉団《ナリ》。此《レ》宝珠実体也。我身《ハ》是赤白和合、陰陽冥合《ノ》体也」と説明されている。これは、また宝珠の二分を説明するものでもある。上半は「理」であり、悟りの「因」を表わし、下半は𑖪𑖽の字になり、「智」であって仏果を示すものであるという[65]。さらに宝珠には、悉曇文字で種子が記されている。これらは、通常、胎蔵界と金剛界の大日を表わす𑖀字（上半）と𑖪𑖽字（下半）に当てはめられるが、それのみならず、五輪塔に記される五大を表わす種子である𑖀《ア》𑖪𑖽《バン》𑖨《ラ》𑖮《ハ》𑖏𑖽《カン》が書かれている（宝珠の上に記された種子の順番は特殊なものである）。これは、『大日経』の五輪観（五字厳身観ともいわれる）の修法と関連すると考えられる。よって、この修法は五大、五字、五輪塔の五つの形態と、行者の身体である五つの箇所（腰下、臍、胸、眉間、頭頂）とを互いに関連づけることで、行者が即身成仏に至る、というものを示すものとして解釈することができるのである。これは、覚鑁をはじめとして中世に成立したいくつかの文献のなかで図式化され言及している[66]（図16参照）。

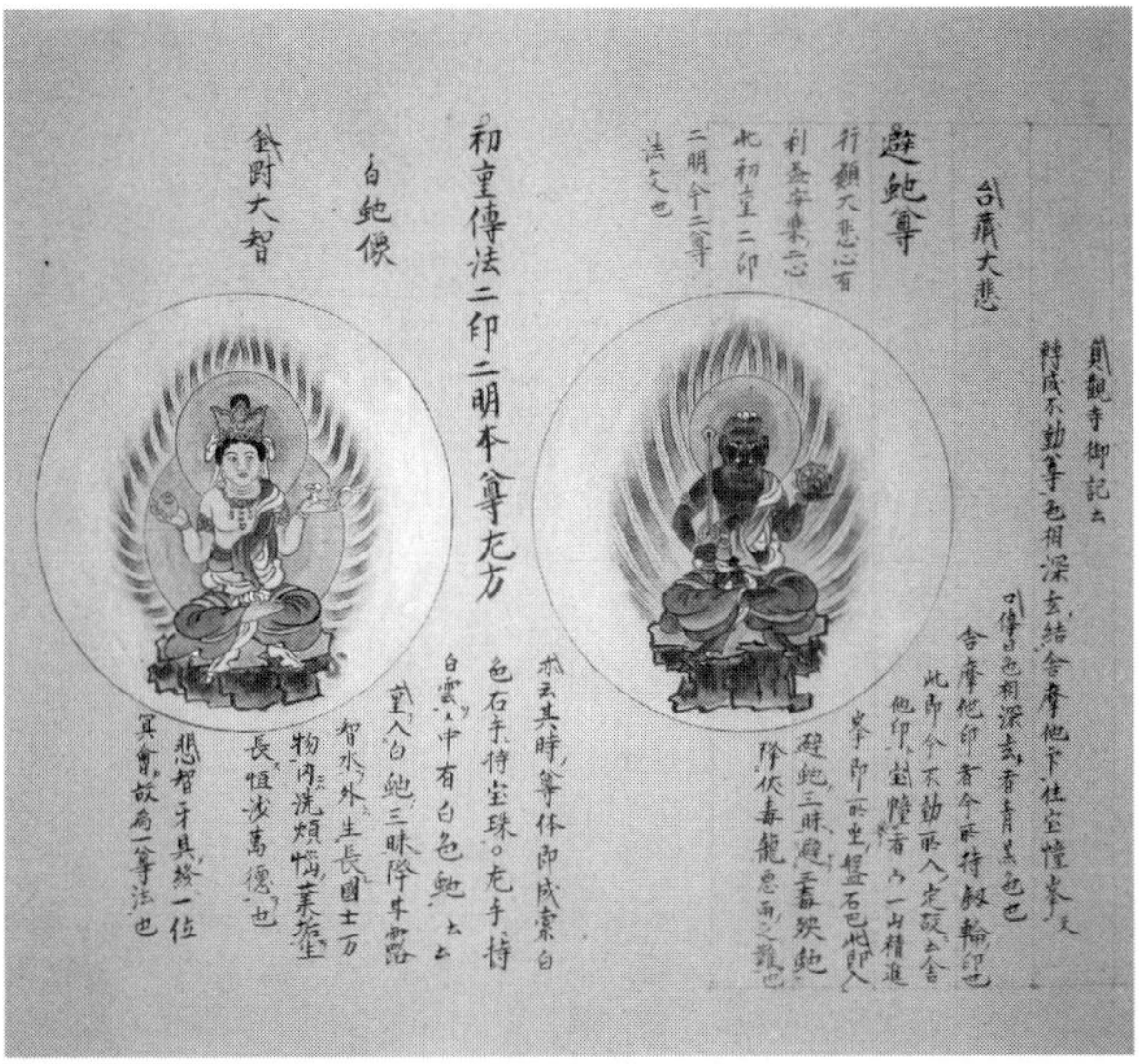

図13　三宝院流の灌頂：初重の「二印二明」(『御遺告大事』仁和寺蔵)

図15　同上：第三重の「一印一明」(同上)

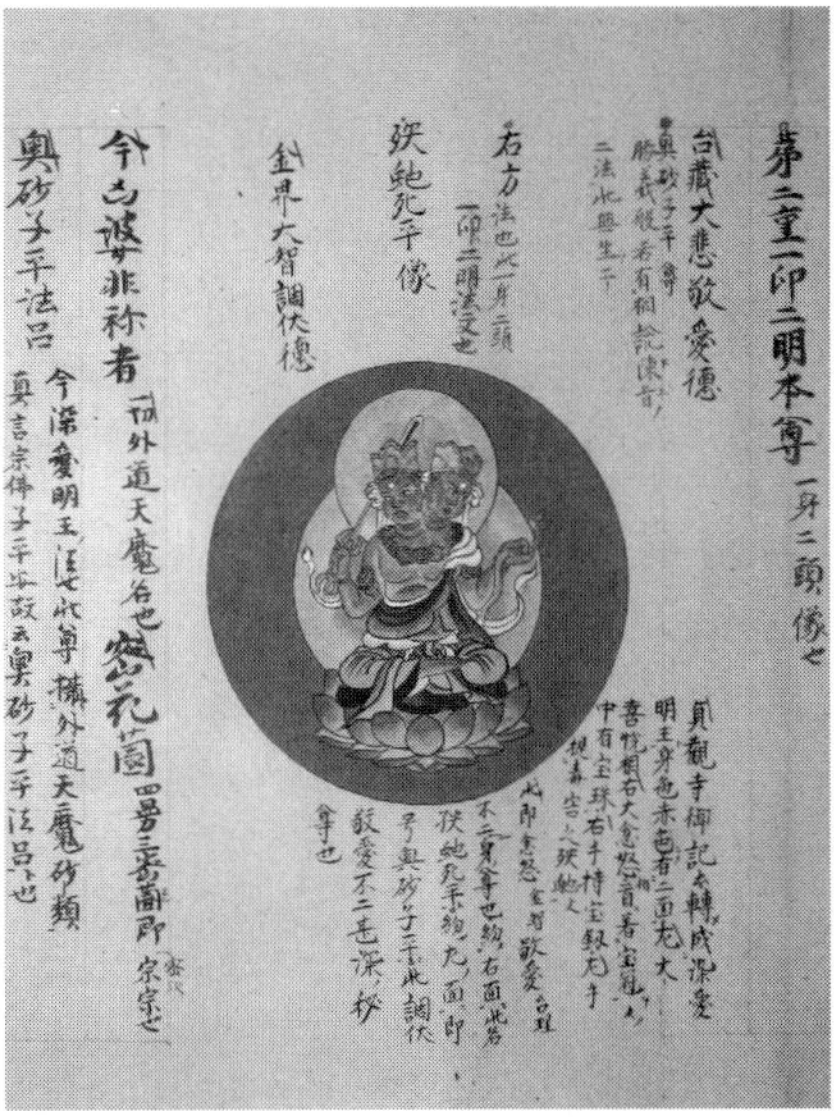

図14　同上：第二重の「一印二明」(同上)

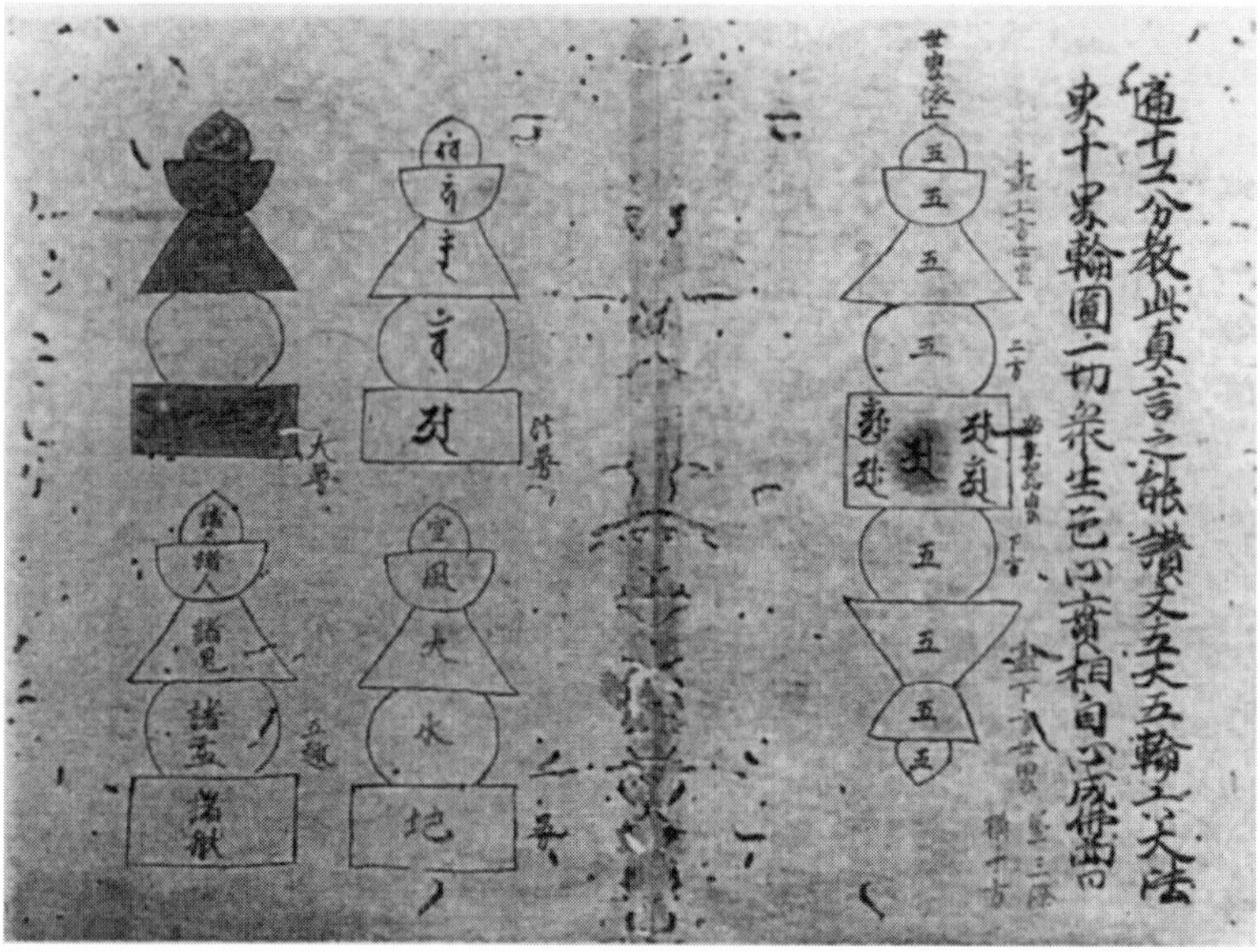

図16　覚鑁『五輪九字秘釈』（金沢文庫蔵）

4　身体論

『御遺告大事』の別の記述では、空海の身体が三仏一体の仏陀を表わす秘密の身体として解釈され、それが密教の行を修する行者の体と同一である、とされている。(67) 換言すれば、空海の身体が行者の身体の「鋳型」あるいは「雛形」とされ、行者の身体が儀礼をとおして変化を遂げることを示す、ということになる。

『御遺告大事』に見られるさまざまな三元的な尊像は、行者の身体が、このように三尊一体の尊格——空海の三尊も含まれる——によって表象される仏陀の完全な身体と、儀礼によって同一化する、というプロセスを表わすものであり、そこに至る観想を示したものであるといえよう。これらは、不二性や菩提心などの密教の根本概念を視覚的に象徴するばかりではなく、そうした概念を灌頂の印や真言、観想という現実的な行によって儀礼化し、それを図像化して表わす「遂行的な解釈」として捉えることができる。このような解釈は、たとえば、同じ三宝院流のほかの聖教である『遍口鈔』[68]などに見られる解釈や、櫛田良洪氏の『真言密教成立過程の研究』に引用されたいくつかの印信にも共通するものがある。たとえば、称名寺の第二世・剱阿の伝える切紙に、次のような内容のものがある。「二元性は二つの要素からなる。不二であると同時に二であり、深秘である。第三重の不二は、秘中の深秘である。〔中略〕第二重の〔不二は躰の不二を〔示す〕一印によって表わされる。しかし、二つの界〔両界曼荼羅によって表わされる二つの原理〕があるがゆえに、行者は二つの明を唱える。第三重では、行者は塔印を結ぶ。これは秘密の印であるがゆえに、印を結ぶ時、手を見せない。躰が不二であるがゆえに、一印を用いる。さらに、金剛界を行ずる時には胎蔵界の義があるゆえに、二明を誦する。第四重ではまた塔印を結ぶ。〔中略〕塔印を結び、この明を誦する時、われわれの身体はすなわち五輪の塔になり、われわれの身体はまたすなわちこの明になるのである」[69]というものである。

これらの文言から、中世における不二性に関する言説は、儀礼のコンテクストにおいて印を結び、明を唱える行為によって、具体的な不二性が成立する、という言説と密接に結びついていることが明らかになる。究極的な目的は、宝珠、あるいは五輪塔といった象徴的な要素の形態に結晶するのであるが、それがいかに成し遂げられるか、ということは、はじめに措定され、その最終的な要素を創造するところの二極的な対立要素にかかっていたのである。

このように、儀礼のなかでのしぐさや法具、図像などに見られる性的なメタファーは、儀礼のプロセスにおいて、観念がたんに内面化されていくのではなく、具体的な身体の中でこそ意味をもち、最終的にはその身体そのものを変化させることが目的となっている、という点を強調する役割をもっていたと思われる。

六　真福寺蔵の新発見の資料

真福寺で最近発見されたほかの文観著作の『𑖓𑖰𑖽𑖝𑖽《チンタマニ》合行秘決』と『当流最極秘決』には、先に挙げてきた資料と同様の言説が繰り返されている。これらにも、多様な要素間との関連づけを認めることができる。さらに、そこには悉曇文字や漢字が視覚的に駆使され、不動・愛染と宝珠、または塔の三位一体関係が図示され、あるいは赤白二渧の和合から誕生する完全な身体のイメージが描かれている。

『𑖓𑖰𑖽𑖝𑖽合行秘決』（一巻）（図17）には、三尊一体の尊格を図式と図像の形として、四つの形式で表わされている。まず文字で表わされた三尊の名前、次に不動を表わす劔、愛染を表わす宝瓶、そして台の上に載せられた宝珠という形の三昧耶形、次に手の持物で三尊を表わす空海の像、そして観想する心を天体のヴィジョンで描いた図である。最初の文字で表わされた三尊像は、二つの鏡のような対称形になった図式で表わされる。右側のものは、中央に如意宝珠を悉曇文字（𑖓𑖰𑖡𑖿𑖝𑖯𑖦𑖜𑖰）で表現したものを中央に置き、その両側に漢字で不動明王と愛染明王が置かれる。中央の如意宝珠の上に、小さな宝珠の図が描かれ、不動の上には小さな三角が、愛染の上には小さな丸が描かれている。また、その二尊の上には、室生山に関連づけられる二つの修法、避蛇と奥沙の名前がある。さらに、上に見てきたほかの関連する要素も、この図式に含まれている。宝珠は、一つのレベルでは『御遺告』の第二四条と「大定宝」に、また別のレベルでは「内心」に関連づけられているのである。一方、不動は、「三寸（の像）」と「大智」、『御遺告』の第二三条に、また別のレベルでは月輪、理、および胎蔵界曼荼羅に、また愛染は、「大悲」、「五指量（の像）」および『御遺告』の第二五条、そして日輪、智、金剛界曼荼羅に関連づけられているのである。

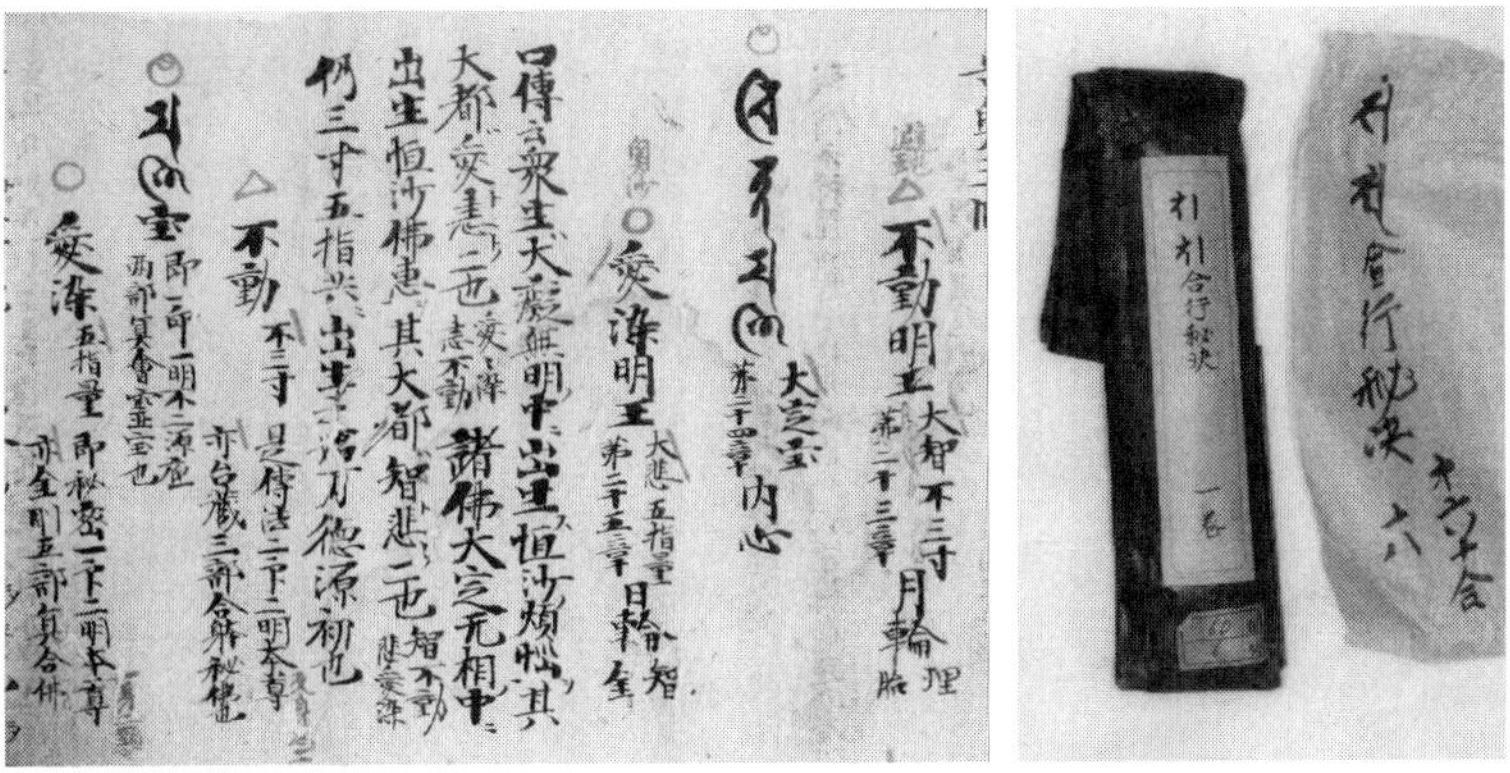

図17　『[illegible]合行秘決』（真福寺蔵）

次の図式は、今見たもののヴァリアントである。中央の宝珠は、悉曇文字（𑖦𑖜𑖰《マニ》）と漢字の「宝」を組み合わせて、「摩尼宝」ということばを記している。両側の不動と愛染は、前と同様に漢字で表わされ、その上に同じ三角と丸が朱で記されている。しかしここでは、三宝院流の三重の灌頂に関する新たな情報が加えられている。不動の下には、「伝法灌頂の二印二明の本尊」であり「胎蔵界の三部を合体した秘仏」である、と述べられており、さらに、注解には二つの身体で表わされることが加えられている。一方、愛染の下には、「即ち秘密の一印二明の本尊であり、金剛界五部の冥合仏である」と述べられており、さらに「一身二頭」である、という注記が付されている。そして、宝珠の下には、「即ち一印一明の不二の源底であり、両部冥会の霊宝である」と記されている。この二つの図式の間にはさまれた口伝は、「衆生は大癡無明の中に無数の煩悩を生み出し、それは愛と瞋恚（怒り）となって表わされる。愛は愛染明王の形をとり、怒りは不動明王の形をとる。諸仏は大定無相の中に無数の仏恵を生み出し、それは智と慈悲の二つとなって表わされる。智は不動の形を、慈悲は愛染の形をとる。それゆえ、その二尊はあらゆる徳の原初となる」と述べている(70)。

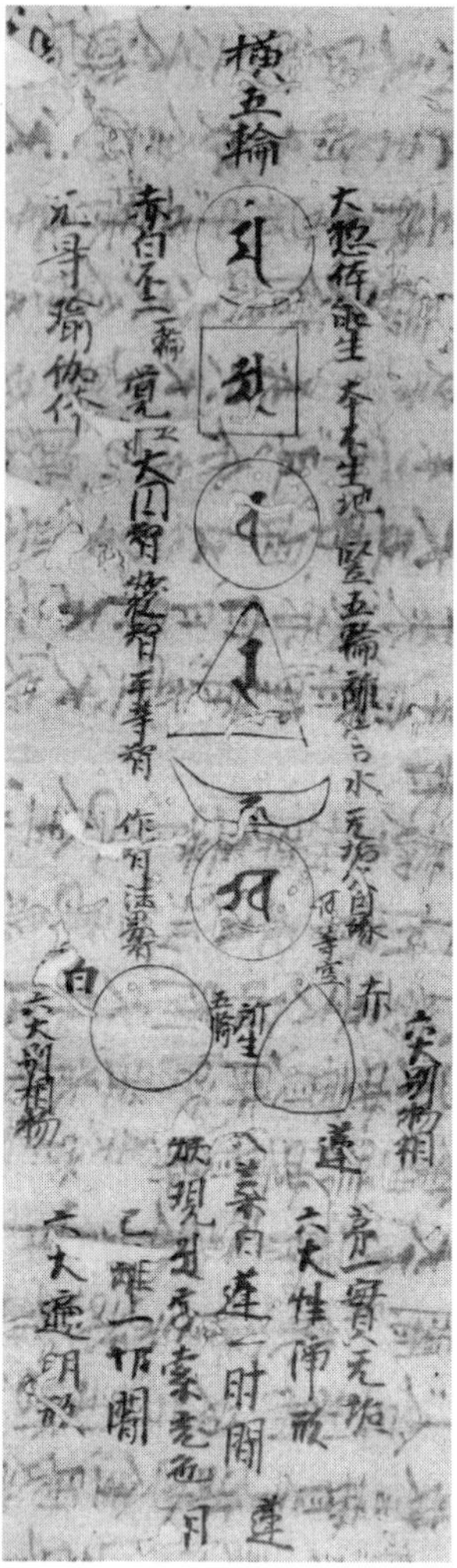

図18 『当流最極秘決』（真福寺蔵）

『当流最極秘決』では、同じ関連づけられたものが、さらに別の形で表わされている。ここでは、の種子がある五輪塔が描かれ、その下に二つの図形が描かれている（図18）。左側は円形で横に「白」と書かれ、右は 滴のような形の横に「赤」と書かれている。その両側に、白の側に「六大別相物」という語が記され、赤の側には「六大別物相」という語が記されている。その真ん中には「所生五臓」と記されているようである。次の丁には、覚鑁の二重の五輪塔と似た「六つ」の形が描かれている[71]（図16参照）。これらの図は、父母、両親から生まれた人間の身体が、即身成仏して、新たな身体として生まれ変わることを表現したものと思われる。すなわち、五輪塔は、きわめて広汎な宇宙論的、儀礼的な意味を含みながら、この胎生学的なプロセスを体現しているといえる。

七　完全な身体をイメージする

これらの観念を視覚化する『自心成仏奥不可得義』と題された、もう一つの驚くべき『瑜祇経』の印信のような資料がある。[72]これは、おそらく複数の法流間に普及していたと推測されるもので、稿者は、これまで、立命館大学資料アート・リサーチセンターの藤井永観文庫所蔵のもの（「建武元年（一三三四）七月十二日」という識語がある）（図19）と、金沢文庫所蔵のもの（「永仁五年（一二九七）四月七日」の識語がある）の二つを見出すことができた（図20）。これらの図像には、性別の明らかでない身体が描かれており、その手は金剛界の大日の印である智拳印を結び、右足を挙げたヨーガのポーズ、あるいは『瑜祇経』の根本の種字である𑖪𑖽の形に似たポーズをとっているものである（金沢文庫所蔵の印信は足のポーズが異なる）。そして、この印信の主題である経典のタイトル『金剛峯楼閣一切瑜伽瑜祇経』が朱で注釈されており、その不二性が強調されている。すなわち「金剛峯」は「白渧・智」であり、「楼閣」は「赤渧・理」であり、「瑜伽・瑜祇（瑜／伽・祇と結びつけられている）」は「二渧和合して、識種子その中に　詫す／是れ人躰即仏身と云うことなり／理智不二なり」と釈されている。ここには、不動と愛染を一対のものとして捉えたのと同じ言語的なコードが用いられている（もちろん、不動・愛染の両明王の名前はここには現われていない）。注意すべきは、「二渧和合して、識種子その中に詫す」という一文が、『摩訶止観』巻第七上の「赤白二渧和合して、識をその中に託し、以て体質となす」という一文と類似していることである。[73]

ここでもまた性的な象徴が「両極の一致」によって生まれ出たものを示しているが、それは宝珠や塔のような象徴的物体によってではなく、行者自身の儀礼的な身体のポーズによって視覚化されているといえよ

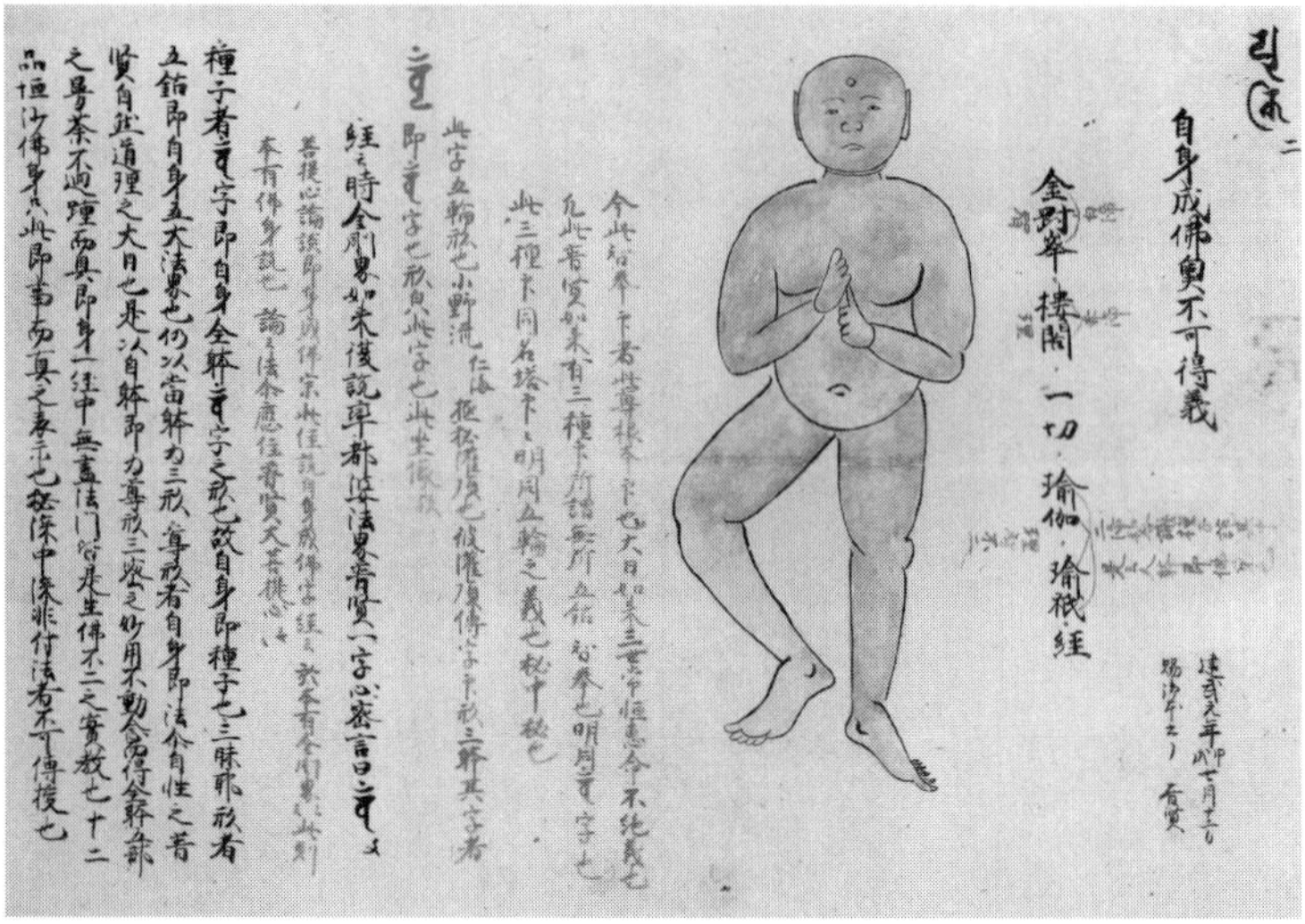

図19　瑜祇経切紙（立命館大学アート・リサーチセンター、藤井永観文庫所蔵）

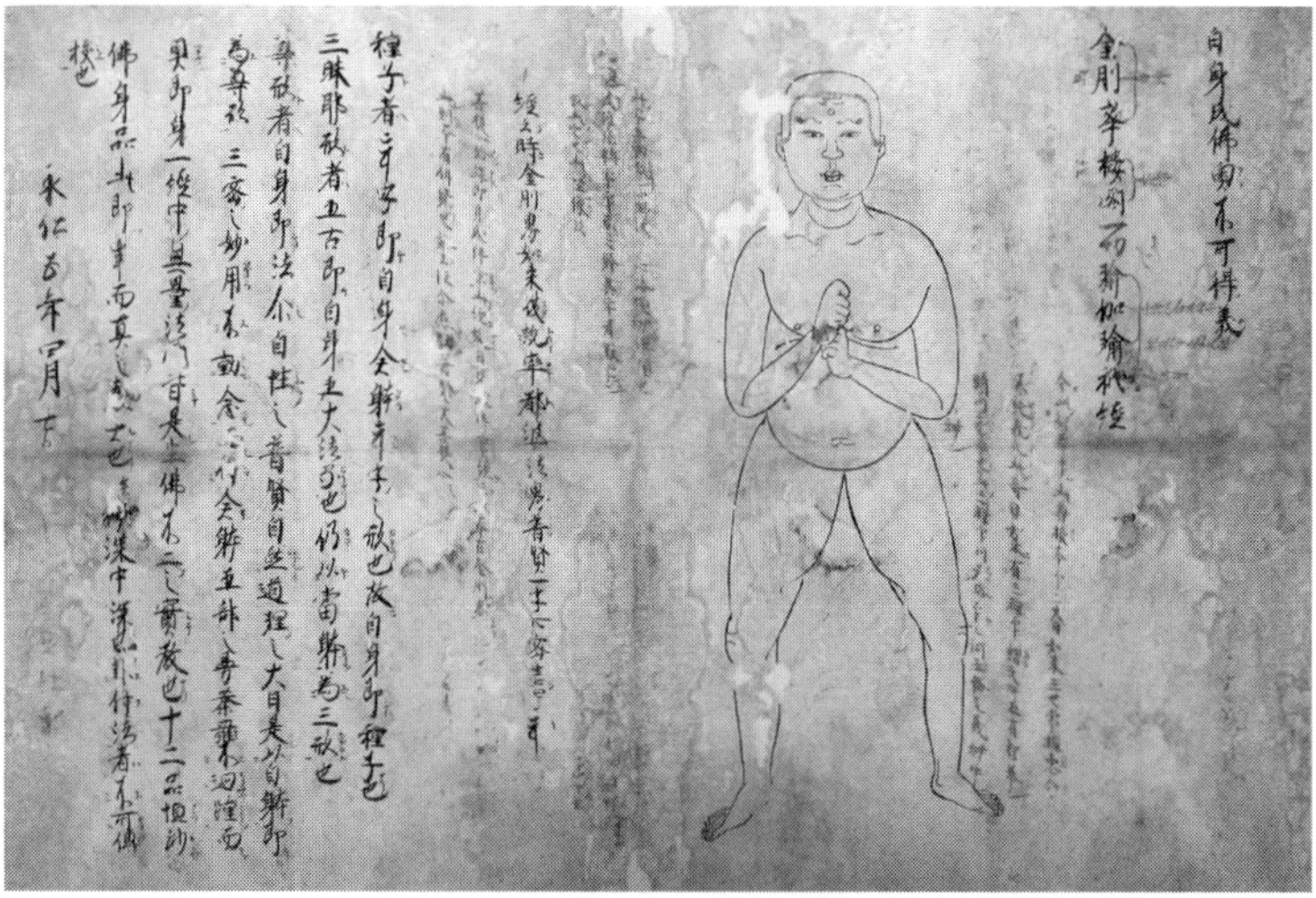

図20　瑜祇経印信（称名寺所蔵、神奈川県立金沢文庫保管）

う。しかし、解釈のほかのレベルは文観の『御遺告大事』と同様に存在する。テクストによれば、図示された印と明は次のように説明されている。すなわち、「今此《ノ》智拳印者《ハ》、此《ノ》尊《ノ》根本印也。大日如来三世常恒恵命不絶義也。凡《ソ》此普賢如来《ニ》有《リ》㆓三種《ノ》印㆒。所謂無所〔不至印〕・五鈷〔印〕・智拳〔印〕也。明《ハ》同《ク》𑖤𑖽字也。此三種印、同《ク》名《ク》㆓塔印《ト》㆒。明《ハ》同《ク》五輪《ノ》義也。秘中秘也。／𑖤𑖽。此字《ハ》五輪形也。小野流（仁海）《ノ》極秘灌頂也」とある。この解釈の後に、『瑜祇経』で金剛界如来が𑖤𑖽字を説く一節が引用され[74]、朱で『菩提心論』で「即身成仏」についで説かれることについての言及があり[75]、さらに続けて、次のような「自身《ノ》全躰、𑖤𑖽字之形也。故《ニ》自身即《チ》種子也。三昧耶形者《ハ》五鈷《ナリ》。即《チ》自身《ハ》五大法界也。〔中略〕皆是《レ》生仏不二《ノ》実教也。〔中略〕秘深中《ノ》深、非㆓付法㆒者、不㆑可㆓伝授㆒也」という解釈が示されている。

こうした文言は、行者の身体と大日の法身との同一性という、正統的な理解に基づいているが、それを別の語彙を用い、視覚化して表現しているのである。そこに、中世に広く普及した人間の誕生の過程についての胎生学的な考察（いわゆる胎内五位説）を背景にした、瞑想の技法の影響を見ることも可能であろう。

これまで分析してきたテクストは、三尊を一体とする視覚的イメージを用いて、不二の悟りに至るプロセスを具象化して示した言説であるといえる。しかも、このプロセスは、行者の身体を儀礼によって変化させ、完全な身体として生み出すものとして理解されていた。そして、三尊合行法の最終的な目的は、二元性を否定しないまま、それを包み込む絶対的な不二性を身体のレベルで生み出すこと、ということができよう。文観の『御遺告大事』が空海の通常とは異なる二つの図像ではじまっているのも、そのような理解の正しさを証左するものとして捉えることができる。このように身体そのものを変化させ、力を与える、という観念は、世俗の権威を示す肖像（たとえば後醍醐天皇の肖像[76]）や、あるいは信仰の対象としての本尊や曼荼羅などの図像にも適用されるようになるのではないか。

結論——視覚的遂行性に向けて

本稿では、日蓮の『感見記』と三室戸寺の摩尼曼陀羅に見られる「非典型的」な不動と愛染の図像を発端に、二明王を対にして表わす図像の意味や、それが作られたイデオロギー的な背景、またその発展形態としての三元的構造の図像など、さまざまな問題を提起した。不動と愛染のイメジャリーは、はじめは両界曼荼羅の和合と同様の不二性を表わすものとして用いられたが、その延長線上に両者の対立を物理的（かつ哲学的）に超越する第三の要素を生み出すことになったのである。

不動と愛染を三元的な図像で用いることは、テクストとしても、物質的な遺品としても残されているが、その解釈学上の意味や、どのようなプロセスでそれが生まれてきたか、という問題は、いまだに大きな課題として残されている。

本稿は、これまで論じられてこなかった不動と愛染が組み合わされた起源を探しながら、儀礼の展開のなかでこの二明王が新たな三元的構造においても本質的にはシニフィアンとして機能することの意味を明らかにしたものである。私見によれば、不動と愛染の図像は、儀礼的にも象徴的にも、二元的な構造から三元的な構造へと移行するプロセスが、明らかに連続性を見せているものとして理解されるのである。とくに、本稿で扱った時代の三宝院流に特有の解釈が、二明王の図像の意味を三元的な構造において理解するための根本的な鍵となっていると考えられる。そこでは、行者の心が悟りに至る過程が天体の象徴に結びつけられており、また、儀礼によって力を獲得することが、身体のみを動作主として遂行される、という言説が展開されているのである。この三位一体構造の図像は、密教の至上の原理として機能した曼陀羅から、次第に行者の身体および密教行者としての彼に力を与えるところの〔儀礼的〕行為に焦点が移っていくことを示している。こうした図像上の変化は、密教修行の理解が変化したことを表わし、色や形、行為において明確に定められた形態に主要な関心が移行したことを理解することができるのである。本稿で分析した資料は、悟りを体現する形態が、つねに新たなイメージとなり、また、二元性の超越を志向する言説がつねに更新されていたことを示している。

不動と愛染という組み合わせの変遷は、中世において密教図像が多様化していくプロセスを示すだけでなく、儀礼そのものが変化していく力学を表わしている。それは、仏教の根本的な主張を、新たな形で儀礼化し図像化するプロセスが働いていたことを意味するものでもある。最終的には、修行者の身体を、記号論的に新たな形でイメージし直すことで、儀礼によって象徴的かつ視覚的に生成された新しい身体を作り出したのである。儀礼化とは、ここでは、儀礼を実修するなかで生み出される新たな現実に結晶されるものであった。

こうした新しい解釈は、はたして「異端的」だったといえるのだろうか。真言密教の宗学的な学問では、この新しい展開が異端的だったことが強調されることもある。しかし、現在残されている資料は、このような解釈がすでに広く普及していた言説の一部であったことを証明しているものである。また、近年になり続々と発見される関連の新資料を分析することで、新しい理解の方法が生み出されるに違いないと思われる。さらに、本稿で検討したいくつかの図像に関しては、これまで否定されてきた大陸におけるタントリズムとの関連をも視野に入れなければならないと思われる。

註

（1）『不動愛染感見記』（『昭和定本日蓮聖人遺文』第一巻、身延山久遠寺、一九八九年）一六頁。二枚の図には、日付、伝授者（「新仏」と呼ばれる弟子と思われる人物）、および「自大日如来至于日蓮廿三代嫡々相承」という一文が記されている。これに関連して、神奈川県立金沢文庫所蔵の理性院流（醍醐寺小野流の一派）の血脈に、大日如来以来第二十五代目の相承を受けた者として「日蓮」という名がある（『金沢文庫古文書』第九巻、六六二二番、二二六―二二七頁）。ただしこの文書に関しては、以前から学問的論争が絶えない。

（2）「染愛王心眞言」（『大正新修大蔵経』一八、二五五頁）。以下、『大正新修大蔵経』については、「大正蔵」と示す。たしかに、仏教神話には、馬は太陽の象徴としてみられている。彌永信美『観音変容譚』（法藏館、二〇〇二年）四九一―四九二頁参照。『瑜祇経』注釈書の『瑜祇経聴聞抄』には、「馬陰蔵三昧」と日輪の関係が説明されている。山本ひろ子「中世における愛染明王法――そのポリティクスとエロス」（根立研介編『日本の美術・愛染明王像』三七六、一九九七年）参照。

（3）L. Dolce, *Esoteric Patterns in Nichiren's Thought*, PhD Dissertation, Leiden University, 2002, Chapter 2, および L. Dolce, "Criticism and Appropriation : Ambiguities in Nichiren's Attitude Towards Esoteric Buddhism," *Japanese Journal of Religious Studies*, 26 : 3-4, 1999, pp. 349-382 参照。

（4）ここで「遂行性」という用語を用いたのは、修行を行なう儀礼的文脈において生み出される効果とその効験の意味を示すためである。序章を参照のこと。

（5）宗学の中では、これらの図像は日蓮個人の特殊な感得図と考えられ、日蓮以前、またはその時代に修された儀礼との関連は考慮されてない。そうすることによって、宗学は、日蓮の仏教が位置づけられるべき密教的文脈から日蓮を切り離すばかりでなく、それらの図像がより複雑な仏教的実践の解釈の一部でありえたという可能性を否定してしまっている。

（6）この問題に関しては、Jean-Claude Schmitt, *Le corps des images*, Paris : Gallimard, 2002 のすぐれた分析を参照されたい。本書では、十二―十三世紀のヨーロッパでは、典礼に用いられる図像が非常に多様化されたことが強調されている。それは、社会的・政治的かつイデオロギー的な状況の変化に対応しており、教義の普遍性と新たな図像によって生み出される空間の特殊性との間のダイナミックな緊張関係を反映したものだったという。

（7）日本の密教図像を分析する場合、規範的な標準となるものを定めるのがむずかしい、ということも考慮しなければならない。中世の儀礼に関する集成を見ると、多くの「規範的ヴァリアント」が存在する。しかもそれらは唯一の例だけが知られている場合が多い、という印象を得る。そうしたヴァリアントは、それらを作り出した僧侶や流派が重要であったことから、そうした集成に加えられるべき権威があると考えられたのだろう、と思わせる。

（8）『瑜祇経』は「秘経」とされ、その伝授は、全十二品のうち第二の「染愛品」、第五の「愛染品」および第七の「瑜伽成就品」を除いて、最高の灌頂（伝法灌頂）を受けた者にしか許されなかった。山本ひろ子「中世における愛染明王法――そのポリティクスとエロス」（註（2）前掲書、八六頁）参照。それゆえ、愛染明王の二重性について述べる品は、より広く知られていた。

（9）速水侑著『呪術宗教の世界』（塙書房、一九八七年）一三六―一三九頁。また院政期の愛染明王法について小島裕子「院政期における愛染王御修法の展開――仁和寺守覚法親王相伝『紅薄様』を起点として」（阿部泰郎、山崎誠編『守覚法親王と仁和寺御流の文献学的研究』論文編、勉誠社、一九九八年）三一九―三八七頁参照。

（10）山本ひろ子「中世における愛染明王法――そのポリティクスとエロス」（註（2）前掲書、八六頁）によれば、愛染明王法の発展にともなって、その経典テクストの解釈も発展したという。

（11）『覚禅鈔』（大正蔵・図像五、二五四頁）。図3・図4は『覚禅鈔』第五巻（『勧修寺善本影印集成』第九巻、親王院堯榮文庫、二〇〇二）より。

（12）大正蔵・図像五、二五三―二五四頁。

（13）『覚禅鈔』は、不空に仮託された『仏母愛染最勝真言法』という儀軌を、両頭愛染の色と持物に関する典拠として引用している。なお、『渓嵐拾葉集』（大正蔵七六、六一五―六一七頁）には、愛染明王の真言が含まれた、不空訳という同じ題名の書物が引かれている。この儀軌に仏母と愛染という、ともに『瑜祇経』に説かれた両尊の名前が現われていることは、興味深い。水上文義によれば、台密と東密では『瑜祇経』の使い方が異なっており、台密では仏母の儀礼が発達し、東密は愛染の儀礼を選んだという。（『台密思想形成の研究』春秋社、二〇〇八年）参照。

経文は次のように説いている。「愛染王心真言」と呼ばれる「諸法のうちの最高」の法があり、もし「末法中の善男善女」がこの真言を持するなら、「無量の大菩薩」などによって「擁護される」であろう。その後で印明が説明され（六一五頁）、さらに愛染明王の図像についての長い叙述の後で、両頭の愛染の図像が「右の面は赤で忿怒の相であり、左は黄色で慈悲の形である」と述べられている（六一六頁）。

（14）『覚禅鈔』（大正蔵・図像五、二五四頁）。

（15）同右。道教（一二〇〇―三六）および頼瑜（一二二六―一三〇四）の解釈では、愛染が女性を表わし、染愛が男性を表わすという（大正蔵七八、六九八頁）。R Goepper, *Aizen-Myōō-The Esoteric King of Lust, An Iconological Study*, Artibus Asiae, Supplementum XXXIX, Artibus Asiae, Zurich, 1993, pp. 10-11参照。Goepper氏は染愛が男性を表わすのは、男は女に対して「染」を感じ、愛染が女を表わすのは、女は男に対して「愛」を感じるからである、と述べる資料を訳している（四六頁）。台密における最大の儀礼・図像集成である『阿娑縛抄』は、両尊を入れ替えても儀礼は同じになると説明している。「女のためには染愛品をもって祈り、男のためには愛染品によって修すべし」（大正蔵・図像九、二九九頁）。Goepper氏によれば、愛染／不動とその図像は、それらが発展したのが異端的環境であったことを強調し、天台の僧侶はそうした思弁に関係しなかった、と主張している（一〇二頁）。櫛田良浜氏に基づいて、「赤白二渧和合」の観念は、より正統的な伝統にも浸透したと述べている（一一一頁）。

（16）『瑜祇経』第二染愛品。この「隠された性器」は、もともと仏陀の「三十二相」の一つだった（『覚禅鈔』第八一、愛染法・下、二五四頁参照）。

（17）『続天台宗全書　密教2、経典注釈類1』二五七―三五五頁。一三三四年以前の成立。水上文義氏の解題参照。ここには、愛染明王の儀礼に関する部分や法具に関する説明がある。

（18）同右書、三〇六頁。ここでは、左の頭が金剛薩埵であり、右が愛染であるという。この「正伝」は、台密では円珍の流派の「秘蔵」であり、東密では円行の流派が伝える、と述べられている。

（19）同右書、二八四頁。

（20）『覚禅鈔』愛染法・下（大正蔵・図像五、二五三頁）。また、いくつかの人形杵が密教寺院に現存している。例として十三世紀に遡る京都国立博物館蔵がある。特別展『仏舎利と宝珠』（奈良国立博物館、二〇〇一年）一四〇番参照。

(21) この種の五股杵は、典拠となる経軌も存在せず、入唐八家のうち誰も中国から持ち帰った者はいない。通常、日本で作られ、醍醐寺の流派、または立川流によって相承されたとされる（『密教大辞典』第四巻、一七七〇頁）。また、この杵に特有の印（人形杵の印という）があり、ある説によれば、これは『瑜祇経』における愛染明王の印明と関連するという。愛染法の敬愛法では、根本印として「禅」の指と「智」の指をからませる印があり、これによって「男女の愛が視覚化される」という。

(22) 『覚禅鈔』（二五三頁）には、「実勝云。和会杵股間初求之事書ハサム」と説明されている。

(23) 中国由来の金剛杵は、人形杵のように二分割できるものはないが、請来されたなかには、同様の舎利を収める孔がうがたれた五鈷杵が存在する。たとえば、奈良国立博物館蔵の唐代に遡る金剛鈴がその例である。特別展『仏舎利と宝珠』（註（20）前掲書、二三五頁）。

(24) 大正蔵七八、六九八頁。このテクストについては、伊藤聡「三宝院流の偽書――特に『石室』を巡って」（錦仁・小川豊生・伊藤聡編『「偽書」の生成』森話社、二〇〇三年）二一六―二二九頁を参照。

(25) 『邪流立川流の研究』（全正舎書籍部、一九二三年、二〇―二五頁）。水原によって引用された『覚源抄』によれば、愛染と金剛薩埵との組み合わせとしては「一体両頭《ノ》〔像〕為レ表《スルカ》二冥会一体《ノ》法門《ヲ》一也」と記されている。（『覚源抄』、『真言宗全書』三六、三四二―三四三頁）を参照。

(26) 山本ひろ子「中世における愛染明王法――そのポリティクスとエロス」（註（2）前掲書）参照。

(27) 『瑜祇経聴聞抄』一八三―一八四頁。山本ひろ子の註（2）前掲書、九四―九五頁も参照。

(28) 『摩訶止観』（大正蔵四六、九三頁）。

(29) 『続天台宗全書密教3、経典注釈類Ⅱ』四〇三頁、慈円の口伝、慈賢（一一一三―一一九）筆とされている。

(30) 大正蔵七八、六一七―六一九頁。本書は、おそらく一一八四年以降の成立と思われる。守覚によると『追記』は、「小野・広沢流の大法・秘法」について述べたとし、事実、守覚は東密の二つの大きな流派、広沢流の学僧（覚性および覚成）と小野流の学僧（勝賢と源運）に師事していた。

(31) 本書の成立年代は不明とされている。守覚が死去した一二〇二年以前とする説があるが、守覚撰そのものに対する疑問も呈されている。

(32) 大正蔵七八、六一八頁。

(33) 尊経閣本『真俗擲金記』乙、三ウ―四オ。

(34) 図5は、岩戸三尊といわれる三幅一対のもののうち、不動のみ掲載した。この問三尊関連する両部神道のテクストと図像については、拙稿 "Duality and the *kami* : The Ritual Iconography and Visual Constructions of Medieval Shinto," *Cahiers d' Extrême-Asie* 16 (2006–2007) : 119–150（special issue: *Rethinking Medieval Shintô*）を参照されたい。

(35) 三室戸寺の歴史とその社会的・政治的な位置については、今後の研究が必要である。平安時代と中世における三室戸寺の宗教的活動に関する断片的な情報は、林屋辰三郎・藤岡謙二郎編『宇治市史』第二巻「中世の歴史と景観」（宇治市、一九七四年）一三七―一三九頁、二六六―二六九頁参照。今日では、三室戸寺は「あじさい寺」で有名だが、現在でも聖護院の修験者による修行の場として知られている。大阪市立博物館の学芸員と三室戸寺の御住職に、三室戸寺に関する情報をいただいた。記して感謝を表したい。

(36) 特別展『仏舎利と宝珠』（註（20）前掲書、六六番、九三頁）参照。大阪市立博物館の許可を得て作品を参看し、写真撮影をさせていただいた。記して感謝を表したい。

(37) 毘沙門天と吉祥天の組み合わせは、『金光明最勝王経』の「於佛左邊。作吉祥天女像。於佛右邊作我多聞天像。幷畫男女眷屬之類」（大正蔵一六、四三一頁）に基づいている。

(38) 如意輪観音が一つ以上の面をもつことはないが、如意宝珠と関係があり、かつ三面の尊格で、この三尊の中央の尊格と近い図像的特徴を有する尊格もありうる。たとえば、宝楼閣曼陀羅で釈尊の眷属の一人として描かれる摩尼金剛菩薩は、その一つである（図像的な類似から、中央の尊格のモデルとして、摩尼金剛菩薩を考えられるかもしれない、という御指摘は、東京文化財研究所の津田徹英氏からいただいた）。愛染と不動が日天と月天を表わすとすれば、日天が馬に乗った密教図像は存在する（ただし、一頭の馬の例は、私の知るかぎり存在しない。『大日経疏』によれば八頭の馬といい、胎蔵界曼陀羅では五頭の馬車に乗っている）。一方、三光天子との関係は、中世後期の（密教に基づく）神道関係の文書に表われている。『神代巻秘決』「生身不動愛染品第十八」（『続神道大系　習合神道』二一、七―二二三頁）ではまず、生身の大日が三光天子として現われ、最後に日蓮の図と類似点がある日と月に礼をする儀礼が記され、儀礼が東密と台密のもっとも重大な秘密である、と述べられている。不動・愛染と三光天子と関連づけられた大日と組み合わされていることは、三室戸寺の摩尼曼陀羅上部の中央の尊格が、この三光天子であるかもしれない可能性を示しているが、いずれにしても、三光天子の視覚化については、今後の研究が必要であると思われる。

(39)『仏舎利と宝珠』(註(20)前掲書、二一六頁)。内藤栄「密観宝珠形舎利容器について」(『鹿園雑集』創刊号、一九九九年)二一―四三頁も参照。ただし、この儀礼についての資料が何であるかは明瞭でない。

(40) 阿部泰郎稿「宝珠と王権――中世王権と密教儀礼」(『岩波講座東洋思想第16日本思想2』岩波書店、一九八九年)一五二―一五三頁参照。また、阿部泰郎による、阿部泰郎・山崎誠編『中世先徳著作集』(真福寺善本叢刊第二期、二〇〇六年)所収「解題」も参照。

(41) 水原尭栄『邪教立川流の研究』(註(25)前掲書)や守山聖真『立川邪教とその社会的背景の研究』(鹿野苑、一九六五年)、あるいは真鍋俊照『邪教・立川流』(筑摩書房、一九九九年)参照。これらの文観に対する評価は、宥快の立川流と文観についての記述に基づいている。『宝鏡鈔』の関連箇所の英語の翻訳が Pol Vanden Broucke, *Hōkyōshō : "The Compendium of the Precious Mirror" of the Monk Yūkai*, Ghent National University, 1992 および Roger Goepper, *Aizen-myōō* に見ることができる。本論文集所収の彌永信美論文を参照のこと。また、真福寺で発見されたものを含めた文観の著作には文観が戒律に関心を寄せていた点が示される。文観に関するより詳細な研究は、内田啓一『文観房弘真と美術』(法藏館、二〇〇六年)があり、文観や文観に仮託された美術作品について論じられている。

(42) 慈眼寺本の奥書には、嘉暦二年(一三二七)十二月二十一日に道順から授けられたことになっている。真鍋氏は、この時点でこの図像的注釈書はでき上がっていた、と論じている。真鍋俊照「虚空蔵求聞持法画像と儀軌の東国進出」(『金沢文庫研究』二五、一九九五年)二六頁参照。文観は、この法を康永三年(一三四四)十月三日に如空(またの名を英心という)に授けたという。この文書には、文観の花押がある。

(43) 真鍋氏(同右、二六頁)によれば、この法の血脈相承が「義紀―勝覚(三宝院〔一〇五七―一一二九〕)―定海〔一〇七四―一一四九〕―元海〔一〇九三―一一五七〕―実運〔一一〇五―一一六〇〕……成賢〔一一六二―一二三一〕―憲深〔一一九二―一二六三〕―道順―弘真(文観)―如空(英心)―仙秀であったと推察される」(生存期は稿者が付した)というが、参照資料ははっきりしていない。

(44) この写本は、牧野和夫・藤巻和宏両氏による解題と影印が『実践女子大学文学部紀要』第四四集(二〇〇二年）一―三八頁に刊行されている。以下、本写本の頁は、この資料集の頁を参考にして示した。

(45) 水原尭栄『弘法大師影像図考』（丙午出版社、一九二五年）。

(46) この写本は、阿部泰郎氏から複写を借覧した。深く感謝申し上げる。

(47) この写本は、奈良国立博物館の二〇〇一年の特別展『仏舎利と宝珠』（六八頁〈カラー図版〉、一六五―一七〇頁〈白黒図版・全文〉）の図録に写真が掲載されている。本図録には『東長大事』という仮題がつけられている。写本は冒頭部分が欠けている。

(48) ただし、そこには「本尊図」、「秘密三尊像」が別にあることが記されている（真福寺本、一オ）。『秘密源底口決』は、いくつもの写本がある。なお、阿部泰郎氏から彦根城博物館蔵琴堂文庫本のコピーを頂いたことを記して感謝する。善通寺本は、渡辺匡一「善通寺蔵『秘密源底口決』翻刻・紹介」（『善通寺教学振興会紀要』六、一九九九年）一一八―一三〇頁で紹介・翻刻されている。この書について阿部泰郎「宝珠と王権」、および真鍋俊照「虚空蔵求聞持法画像と儀軌」も参照。

(49) 『御遺告』（大正蔵七七、四〇八―四一二頁）については、たとえば門屋温「「宀一山土心水師」をめぐって」（『説話文学研究』第三二号、一九九七年）九六―一〇五頁、藤巻和宏「「宀一山と如意宝珠法をめぐる東密系口伝の展開――三宝院流三尊合行法を中心として」（『むろまち』第五号、二〇〇一年）一―一五頁参照。一般に、この文書は九世紀から十二世紀の間に偽作されたものであることが認められている。門屋によれば、もっとも妥当な成立年代は十世紀末であるといい、『御遺告』と題される文書は、一般にはこの『御遺告二十五箇条』を指すが、それ以外にも四つ、あるいは五つの『御遺告』という題の文書があり、そのうち『御遺告二十五箇条』はもっとも古いとされている。

(50) 『御遺告大事』一四頁。『御遺告』の冒頭（大正蔵七七、四〇八頁）、「爰父母曰。我子是昔可佛弟子」の一文を参照。

(51) 『御遺告大事』一六頁。「八葉の蓮華の中に坐って」という文章は、『御遺告』冒頭の「生年五六之間夢常見居坐八葉蓮華之中諸佛共語也」（大正蔵七七、四〇八頁）の一文を参照した。

(52) 『御遺告大事』二〇頁。

(53) 『御遺告大事』一六頁。

(54) 『御遺告大事』三四・三六頁。

(55)『御遺告大事』三三一―三三三頁。
(56)大正蔵三二、五七三・五六四頁参照。
(57)この注は、慈眼寺本と仁和寺本にはあるが、山岸文庫本には付されていない。
(58)仁和寺本にはない。
(59)山岸文庫本にはない。
(60)山岸文庫本にはない。
(61)『御遺告大事』二二一―二二二頁。このテクストは、より一般的なほかの三尊像に言及し、脇侍の二菩薩が、真如の二つの相、理と智に当たり、それらが中央の尊格に統合されることを述べている。たとえば「釈迦ニ八分二理智一為二普賢・文殊一、薬師ニ八分二陰陽一為二日・月一」など（二二二頁）。
(62)『御遺告大事』二二五―二二六頁。
(63)『御遺告大事』二二八―二二九頁。
(64)『御遺告大事』二二七頁。
(65)『御遺告大事』二二七・二二八頁。
(66)覚鑁、金沢文庫本『五輪九字秘釈』（『金沢文庫古文書』第七輯、一二五四号）。『五蔵曼陀羅和合釋』（上・下、鎌倉時代、金沢文庫蔵）も参照。神奈川県立金沢文庫編『称名寺の石塔――中世律宗と石塔』（二〇〇二年）二二頁参照。
(67)『御遺告大事』二二四頁。
(68)伊藤聡「三宝院流の偽書――特に『石室』を巡って」（註(24)前掲書）参照。伊藤氏がこの論文で取り上げている『石室』も、『瑜祇経』と『理趣経』に基づいた胎生学的な儀礼理論を展開しており、興味深い。
(69)櫛田良洪『真言密教成立過程の研究』（山喜房仏書林、一九六四年）三四〇―三四一頁。
(70)真福寺所蔵『𑖀𑖽𑖪𑖽合行秘決』。本資料の閲覧については、阿部泰郎氏にご配慮いただいた。深く感謝申し上げる。
(71)真福寺所蔵『当流最極秘決』。本資料の閲覧については、阿部泰郎氏にご配慮いただいた。深く感謝申し上げる。

（72）『密教大辞典』の「瑜祇印信」の項によれば、これは金剛王院流杲海方勝尊相承の瑜祇印信、および金剛王院流杲海方勝円相承の瑜祇印信に属するものと思われる。『密教大辞典』二二〇五頁を参照。

（73）註（28）参照。

（74）「時金剛界如來。復説觀波法界普賢一字心密言曰鑁」（『金剛峯楼閣一切瑜伽瑜祇経』大正蔵一八、二五五頁）参照。

（75）大正蔵三二、五七二頁、参照。

（76）文観が描いた肖像。藤沢市清浄光寺（遊行寺）蔵。

付記　本稿をなすにあたり、彌永信美氏には翻訳の労をおとりいただいた。ここに記して心からの謝意を表したい。また、本稿は、二〇〇六年度日本学術振興会外国人特別研究員（欧米短期）による研究成果の一部である。本稿は、二〇〇六年に立命館大学アート・リサーチセンターで開催されたシンポジウム「儀礼の力」の際に発表したものを基本に成稿したものであり、一部は、二〇〇七年にイェール大学で行われた学会「東アジアにおける密教のテクストと図像」と、二〇〇八年名古屋大学で開かれたシンポジウム「日本における宗教テクストの諸位相と統辞法」での基調講演「儀礼により生成される完全なる身体」で発表したものである。

第Ⅲ部

儀礼の社会・政治的力学

第六章　尼寺における生活を再考する
——儀礼、信仰、社会生活の場としての中世の法華寺

ローリ・ミークス

問題の所在

中世の尼について、牛山佳幸氏は、女性学が（短期的ではあったが）ある種の「ブーム」となったにもかかわらず、日本の尼寺は一般の仏教史関係の研究者の間で問題にされてこなかったと指摘している。歴史学者にとっての尼寺とは、社会に不必要とされた女性たちを住まわせていた場所であり、その存在は過小評価されてきた感が否めない。(1) 尼寺は、社会生活で家父長制に圧迫されてきた女性が、出家した後も五障三従や転女成仏といった男性中心的な教義を唱える仏僧にさらなる服従をしいられた場であったという見解が一般的であり、この見方をふまえ、尼寺での生活はみじめで、尼にとっては男性中心的な教義は不利にちがいなかったと推測しているのがこれまでの研究の帰着点である。そして、尼寺での生活が必然的にわびしいものであったという考え方は、女性が慣習的な結婚生活のほかに満足のできる場を想定できなかったという、現代の男性中心主義に元を発しているとも考えられる。(2) このように数々の問題点が挙げられるが、重要な問題の一つに、女性を扱った仏教研究が尼の「日常生活」に焦点をおかず、男性が書いた女性の救済に関する「教義」ばかりに目を向けていた点がある。この結果、女性の信仰生活は、日常的に行なわれてきた実際の

活動を扱った研究よりも抽象的で、男性が主導してきた教義からのみの側面が強調されてきたのである。

最近の研究では、野村育世氏が論じているように、女性の仏教を経典によってのみ推測する研究方法は多分な危険性をはらんでいる。平安時代の文献や、鎌倉時代の仏僧の記録に男性中心的な仏教の教義が見られるのは確かだが、男性であれ女性であれ、在家者にとってこれらの性差別的教義が重要であったという証拠は全くない。野村氏は、鎌倉遺文の寄進や願文を研究し、女性が書いたとされる三百五十六通の文書の中で、たったの二十通または約六パーセントしか、五障、三従、または転女成仏という男性中心の教義に関係した言葉を使っていないという結果を報告した。鎌倉時代の女性は男性中心的な教義に抑圧されていたという通論に反して、野村氏の研究は、女性の施主が五障から解放されるために男性の体をもつことを願っていたのではなく、男性と同じように長寿、癒し、往生を祈願していたことを示している(3)。

一　中世法華寺の尼衆と「法華滅罪寺年中行事」

中世法華寺の女性が書いた文書も数は少ないながら現存し、これと同様のことが言える。つまり、男性中心の仏教教義を無視した内容が主である。例えば、法華寺の尼が書いた手紙、年中行事の記録、縁起などの文書に、女身を厭う文面は見られない。野村氏の研究で扱われた女性たちと同じく、法華寺の尼も、五障、三従、転女成仏といった性差別の言葉を気にかけている様子はない。法華寺の尼にはむしろ、教義的なことよりも、体系的にはつかみにくいが、熱心な「信仰」が見られる。それは、同時代の在俗や仏僧にも共通している信仰で、光明皇后の崇拝である。

中世法華寺の復興に関わる一連の文書に、一三二二年（元亨二年）に維綱比丘尼融施によって改定されて以来伝わる「法華滅罪寺年中行事」（以下「年中行事」）がある。数多くの研究者の推測に反して、「年中行事」にある法華寺での儀礼には、単にしいたげられた女性たちの祈願という解釈では済まされないものが多い。例えば、尼たちは一生を近親男性の亡者供養に費やしたという推測があるが、法華寺の文書からは、尼が近親者や男性以外のさまざまな人々への亡者供養も行なっていたことが明らかである。その上、法華寺の尼は、形式のある、大規模で公的、かつ大変長い儀式を数多く行なっていたことも分かる。

さらに、「年中行事」の記録は、法華寺で行なわれた儀式が男性の僧が行なう儀式となんら違いがないことも示している。また、尼は男性と同じ儀式形式をとることができただけでなく、特に女性の救済に関わる「女性特有」の儀礼を中心として生活を営んでいたわけでもない。

まず、最初の点は、世界の他宗教との比較において特に重要である。これは、他宗教にも性差別思想があり、女性が神聖な儀式や公的な儀礼に参加することを認めていない例がある。カトリックの場合、女性信者は「聖職の位階」を認められておらず、厳密にいうとカトリックの信者とはみなされなかったため、司祭や牧師のようにサクラメントを行なうことができなかった。中世までに、聖職者たちは、女性には聖職授任できる資格がないと決定し、女性は男性に劣りキリストの恵みを象徴しえないため、サクラメントを行なう要件を満たしていないとされた(4)。中世日本でも、上流階級の儀式が男性の僧のみで行なわれていたが、ヨーロッパのカトリックとは違い、日本の仏教は女性が儀式を行なったり参加したりすることを「制度」または「教義」という正式な形で決定してはいなかった。

二点目の、法華寺の尼が女性特有の儀式形式にとらわれることがなかったということも、女性が男性中心の仏教教義を内面に備えていたとする今までの見方と異なる重要な点である。法華寺の「年中行事」のなかで、年に二回、女性のみで行なわれたとみられる儀礼に、阿難講がある（この他、羅睺羅講という釈迦の息子である羅睺羅をまつる儀式もあるが、これは、十六羅漢の講式という形で広く行なわれたとみられるため、羅睺羅講が女性のみで行なわれたかどうかに関しては、一層の研究が必要である)。阿難講は、尼が阿難大師をまつるための講式である。[5] 釈迦の伯母と養母、摩訶波闍波提（Mahāprajāpatī）は女性の出家の許可を釈迦に請い、阿難大師は、その願いを釈迦に聞き入れてもらうとりなしをした人物である。三回は養母の要求を拒否した釈迦も、阿難大師の説得によって女性の出家を許したというのである。明恵によって、または天台宗の僧によってかは判断しかねるが、書かれた序文によると、この阿難大師をまつる阿難講は年に二回、旧暦の二月八日、八月四日に阿難大師への感謝の意をこめて行なうものとされている[6]（これらの日付は法華寺の「年中行事」に記録された阿難講の日付と大方一致している。以下でみるように、法華寺では、八月四日ではなく八日に二回目の阿難講が行なわれていた)。

阿難講の典礼の記述の中では、男性中心の教義を説いたり、女性の存在に問題を提示したりしていない。そして、阿難大師が女性たちのために釈迦に女性の出家を認めさせてくれた感謝の意味合いに加えて、儀式そのものは、女性が出家を認める記述のある経典をまつるものであった。儀式的に女性の出家を祝うことは、女性の戒壇の例がなかった平安時代をふりかえると、中世の日本における一つの変化として注目されるべきことである。法華寺でも、戒壇は長く認められていたものであったが、「年中行事」が書かれた時期からわずか百年前までは、実現されていなかった。したがって、「年中行事」に見える唯一の尼の儀礼が、昔、アジア全体で認められた女性の出家に関する阿難講であったことは、「年中行事」に仏教的性差別の言葉である五障や転女成仏が見られないことと合わせて、特に重要である。法華寺の女性は、男性中心の教義を意識していなかったばかりか、女性に出家が認められていることを祝い、尊い仏寺の管理者であることを誇る儀式をなしえていたのである。

したがって本稿では、中世法華寺の日常生活を儀礼を中心とした観点から見直すことで、中世の尼の生活に以前の研究とは全く違う側面があることを強調したい。日常的に尼が行なっていたことは何だったのか。尼はどのように日々を過ごしていたのであろうか。実際に尼の生活に直結していた「儀礼」を焦点とすることで、尼の生活基盤が仏教的性差別の濃い教義に左右されなかったことを示し、また、儀礼の考察から法華寺のような中世尼寺の実態をより正確に知る研究方法を提示したい。具体的には、法華寺の儀礼に関する記述は、法華寺の尼が仏僧や在家者とどのように接していたかまで浮かび上がらせ、法華寺の設立者である光明皇后への信奉の強さもうかがわせるものであった。説話や文学にも見られる光明皇后信仰は、法華寺随一の信奉の対象であり、尼の誇りを象徴するものであったため、以下に示していくように、法華寺の尼たちは、女性が生まれもった救済への妨げを気にかけるよりも、光明皇后への信奉を大切に生活していたと結論づけることができる。(7)

二　法華寺における儀礼

法華寺の「年中行事」には、数々の儀式や法会、または大規模な仏教の式典がみられる。以下、参考にこれらのものをいくつか挙げてみる。

諸堂修正会（正月一日から七ヶ日）
金堂修正、薬師堂修正（正月一日から三ヶ日）
講堂修正（正月一日から七ヶ日）

講堂修正（正月九日、在家衆施主のために）
大仁王会（正月十日、五月一日）
四分布薩（正月十四日、二十九日）
梵網布薩（正月十五日、三十日）
観音講（正月十八日）
御影供（正月二十一日）
太子講（正月二十二日）
文殊講（正月二十五日）
舎利講（正月三十日、三月三日、四月二十四日）
羅睺羅講（正月八日、七月八日）
修二会（二月一日から三ヶ日）
涅槃経講讃（二月一日から十二ヶ日）
梵網経講讃（正月十四日、二十五、二十七日、二月二日）
阿難講（二月八日、八月八日）
法華八講（二月七日から四ヶ日）
釈迦念仏（二月十三日から三昼夜不断）
涅槃会（二月十五日）
五座講（二月十五日）(8)
仏生会（四月八日）

一切経転読（四月二十三日から三ヶ日）
本願御忌日梵網大会（六月一日から七ヶ日）
本願御追善往生講（六月七日から七ヶ日）(9)
盂蘭盆会（七月十三日〜十五日）
仏名（十二月八日から三ヶ日、十二月二十三日から三ヶ日）(10)

法華寺にはかなりの数の儀礼と法会があり、それらがさまざまな形態をとっていることから、法華寺は奈良の寺のなかでも重要な尼寺であったと考えられる。このことは、法華寺の儀礼が東大寺の年中行事と比べても、多少規模が小さいぐらいであることからも判断でき、長く南都七大寺と称されてきた大安寺よりも格段に規模が大きいことによっても確実である。(11)

ところで、法会は寺院儀礼の中でも大規模で一般に開かれていた行事であったといえる。永村眞氏が、「寺家の財務は法会勤修を柱として運営されていた」と言うように、(12)法会では歌や踊り、経典の暗唱などが大規模に行なわれ、仏をまつり結縁をつなぐという意味をもっていた。そして、法会は経典を読んだり説明したりする教育的な場でもあった。上島享氏によると、十世紀以降の法会は在家の宴の場となっていったが、寺が法会の際に集まるお布施からの収入に頼るようになってからは、法会は、寺とその寺に加担する人々との関係を保つために開かれるようになった。在家者たちも、はじめは上流階級の人たちに限られていたが、そのうち庶民も加わり、結縁のために集まるのではなく、説教や通読はもちろん、派手な装飾物や着物、歌と踊りなどで華々しい宴の場を楽しんだ。法会は仏僧にとっても、広く庶民に仏教を説き勧めることができる上、在俗からの支持と寄付が受けられる重要な場となった。首都から離れた寺でも同様に、法会は仏教が庶民に受け入れられる良い機会を与えたのである(13)。

十三世紀末までに法華寺は再興され、法華寺の法会も規模の大きい、大衆を集める行事となっていたと考えられる。法華寺がそのような大きな法会を開けたということは、法華寺の尼が確固たる支持者層をもっており、彼女たちが在家者とも定期的に接していたことを示している。

ところで、「法華滅罪寺年中行事」に記録されている数多くの行事を法華寺の尼がすべてこなしていたか、疑問に思われるかもしれない。法華寺での行事が、現存するその時代の他の史料にまでは記録されていないので、十三世紀、十四世紀の法華寺でどのくらいの行事が本当に行なわれていたかは把握しえない。しかし、年中行事が年を重ねるにしたがって、内容に付け加えられた点や修正を施された跡が見えることから、法華寺の尼は過去の行事を参考にしていたことだけは確かであり、記録された行事は実際に行なわれていた、と類推される。

三　大乗院尋尊と法華寺の梵網会

法華寺の尼が中世を通して儀礼を守り続けていたという記述が後の史料にも残されている。この史料は『大乗院寺社雑事記』というもので、興福寺の大乗院門跡であった尋尊・政覚・経尋によって一四五〇年から一五〇八年まで書かれたものである。『大乗院寺社雑事記』には法華寺に関する記述が頻出し、大乗院門跡と法華寺の尼衆に交流があったことが分かる。特に日記の中には、法華寺の光明皇后をまつる法会である梵網会が繰り返し記録されている。『大乗院寺社雑事記』によると、梵網会は旧暦の六月七日に開かれていたと書かれており、これは法華寺に残る「年中行事」の記録と一致している。

また、『大乗院寺社雑事記』の記事には、大乗院門跡となった僧が梵網会にほぼ毎回出席していたとある。この章のなかでも、一四六〇年から一四八〇年代までに書かれた梵網会に関する内容の記事を引用する。しかし、前述したように、『年中行事』は一三二一年に書かれたもので、法華寺の復興期である十三世紀後半の数十年後である。大石雅章氏の法華寺に関する研究によると、一二七〇年代と八〇年代の法華寺は特に活発で、尼寺には行事の度に、百人ほどの尼と俗仏教徒が集まったと記されている。そして、ほぼ全額と言えるほど大部分の収入は、在家の女性から集まったものであった[14]。このことから、法華寺での儀式は十三世紀後半に最も盛んであったにちがいない。さらに、その二百年後に書かれた尋尊の日記にも、大規模な法会が同じように催されていたと書かれている。この時期が応仁の乱の最中であったことを考慮すると、古都奈良の寺の多くは困窮していたはずである。もしも、このような時期にあっても、梵網会が毎年続いていたとするならば、『年中行事』の大部分の法会が十三世紀後半と十四世紀前半に行なわれていたとしても何ら不思議はない。

尋尊の梵網会参加の記事を見る前に、『年中行事』の法会の記事に注目しよう。旧暦の六月のはじめの七日間は、光明皇后をまつる行事にあてられている。この一週間の行事の中心はもちろん梵網会であり、この梵網会は説教が主となる「講説」と呼ばれるタイプの儀式であるが[15]、最終日の旧暦六月七日には伎楽も演奏された。

六月一日、本願御忌日梵網大会。「梵網講讃。」自今日至七ヶ日大法会儀。結願日奏技楽。又七ヶ日之間法華経千部転読講讃。三日　梵網講讃。墓参。長門女房。七日　本願御追善往生講。自今日至七ヶ日、毎日四ヶ法用。光明真言七反。吉祥女[16]。

唐招提寺の梵網会の例から、一般に梵網会にはまつられる対象となる人の絵画が掲げられることが知られていて、唐招提寺には覚盛の絵があったため、法華寺の梵網会に際しては、光明皇后の絵を掲げるのが適切であったと思われる。梵網会の間は、唄と散華も含めた声明が奏でられ、梵網経も講讃された。また、陪臚や菩薩と呼ばれる踊りも催された。

『大乗院寺社雑事記』の梵網会は旧暦六月七日の記述のみになっているため、十五世紀までに梵網会は一日限りの行事になったか、または、最終日が一番重要で大衆の参加もあった日となったのであろう。一四六四年の尋尊の法華寺への訪問は次のように書かれている。

光明皇后御忌日於講堂修之、法華寺之皇后御忌日ニ参詣、諸堂巡礼、著一室、其後大湯屋ニ入了、此湯御起文子細在之、遁三悪道云々、尤可入事也、次於金堂前法会丁聞之、次参長老坊了、御対面、折紙進之了、次帰禅定院、予小衣香ケサ、板輿、北面衆召具之、候人少々参向了、

（『尋尊大僧正記』寛正五年六月七日条）

この記録から、法華寺の梵網会の主旨は寺の本願である光明皇后の供養に置かれていたことになる。永村氏が、梵網会は天皇との関わりにおいて重要であったとするように、光明皇后とその夫の聖武天皇との関わりも見過ごせない。特に、聖武天皇は、最初の梵網会を光明皇后の母親を供養するために毎年東大寺で開くことを決めた天皇でもあり、関係性は重要だろう(17)。

この時期の梵網会は、法華寺の法会のなかでも最も重要な行事であった。尋尊は、日記に法華寺の梵網会

の記録を必ず残しており、法華寺の法会のなかでも梵網会だけは出席していた。尋尊が出席することは梵網会の規模の大きさを表している。実際、梵網会の日の尋尊は、数名の北面衆とよばれる召使が担ぐ板輿に乗り、芳香のついた最高の袈裟をかけ法華寺に向かい、寺の一部屋を特別に用意され、奉献物を長老に提供した。このような大掛かりな準備を尋尊がしたことは、法華寺の梵網会が南都でも特別な儀礼であったことを示している。

また、梵網会が天皇家との関わりによっても重要だったことは忘れてはならない。もちろん、法華寺の尼が梵網会を他の法会よりも大切にしていた理由には、本願であり、経典が十四世紀までに観音としてまつられた光明皇后の崇拝以外にも、法華寺の歴史的または同時代の上流階級との密接な関わりを保つことが挙げられる。いわば、梵網会は法華寺の尼の格を表していたのである。また、長老と彼女の弟子たちが、念入りな準備をして梵網会を自ら挙行したことは、尼が物理的また精神的に、自分たちが法華寺を代々管理してきた存在であることを自覚する行為であったことを示している。

また、法華寺の再興期の真っ只中の一三〇四年（嘉元二年）に書かれた『法華滅罪寺縁起』には、著者である法華寺の尼が、自分たちが五百年以上前に生きていた光明皇后の伝統を引き継ぐ存在であることを認識している点をはっきり表現している。この縁起は、続日本紀、説話、巡礼記からの引用でまとめた光明皇后の伝記から始まり、光明皇后の仏教信仰の篤さを強調し、女性のための女性による寺を建設した功績をたたえている。

御門きさき御心さしをおなしくして、おなしくして。東大寺の大仏殿をつくらせ給てのち。内ちんに女人をいれしと御門の給けれは。きさき。さらなり。我も寺をたて、男子をいれし。とちかひ給ける。この寺の御事なり。御門うせ給にしかハ。ひとえにこの寺になすみ給けり。女房女官なともみなあまと成りておこなひたまひけり。五師・三綱みなあまをもちうる。中ころさけあまとい丶て。かミをかたのまはりにきりて。法衣をきて。女人なから上座・寺主と名つけて。みな寺領をわかちとりておこなひける。(18)

ここで、光明皇后は尼にとって理想的な仏教信者であり申し分のない指導者であったばかりでなく、光明皇后は〝十一面観音の垂跡〟であったとも書かれている。(19) そして、この縁起には法華寺の尼は、自分たちが由緒ある光明皇后の直系の後継者であると理解していることも、次のように記してある。

(鎌倉時代の法華寺復興に関わった十六人の尼の名を挙げた後で)この十六聖尼ハ往古誓約むなしからす。た丶いま如説修行の善友たり。ほかに三千・八万の威儀をみたらす。内に一如法性の水に心をすまし給えり。然然同心合力して三宝を興隆。衆生をさいとし給ふ。(諸略)昔ハ翠帳こうけひのまとの中に詩哥管絃の曲をならし。いまハ毘尼浄住のゆかりのほとりに大少権実の教文をもちあそふ。(20)

縁起はそもそも、寺を訪れる巡礼者に語られる寺の由来のことであり、光明皇后の伝説が含まれた縁起は鎌倉時代の巡礼記や説話にもみられる。したがって、光明皇后の伝説は法華寺内部のものではなく、巡礼者、尼、僧、後見者たちによって外部にも伝わっていった。(21) したがって、法華寺の外部に伝わった話が、法華寺の尼から寺を訪問する者に話されていた縁起であったならば、法華寺の尼がどれほど光明皇后と寺との関係、または天皇家と寺の関わりを自負していたかが分かる。縁起にも表れているように、尼の関心を引きつけていたものは、自身と光明皇后とのつながりだったのであり、それは女体に関する仏教的性差別の教義よりもはるかに大きい関心であった。寺が困窮に陥りかねない時代でも、光明皇后をまつり、寺と光明皇后の結びつきを示す梵網会を引き続き行なっていたことが、その重要性を裏打ちしているのである。

『大乗院寺社雑事記』に戻ると、尋尊の法華寺訪問の準備の例でみたように、上流階級の客人が梵網会でどのような体験を得たかも伝わってくる。例えば、尋尊の法華寺の訪問には定型の儀礼があった。まず始めに、尼寺を一周めぐり、各部屋で祈禱をする。そして、法華寺の有名な湯屋でお湯に入った後、法会に出席。法会は本堂の前の特覧席から眺め、最後に尼寺の長老の部屋を訪ね供物を渡した。尋尊が法華寺を訪ねていた頃の長老は、足利義満の娘である尊順であったとみられる。

一四七六年の例もまた、このようなしきたりを記録している。

法花寺御忌日ニ参詣了、参長老坊、大湯屋ニ入了、梵網会丁聞弟子御房為読師、楽人等参懃厳重事也、

（『尋尊大僧正記』文明八年六月七日条）

このように、法華寺の梵網会の記述は光明皇后とのつながりを示すばかりではなく、来訪する者たちに湯屋のお湯につかる慣習があったことも伝えている。また尋尊はこの記事で、法会には楽人もいたと記録しているが、楽人とは伎楽の演奏を専門とする者たちが雇われていたらしく、梵網会には結縁を求めて来訪する者だけでなく、救済のために効のある湯につかり、音楽と踊りを楽しむ者もあった。

法華寺の湯屋の話は、尋尊の梵網会の記録のほぼ全てに登場していたことが興味深い。そもそも、この湯屋は説話や巡礼記によく見られるもので、『法華滅罪寺縁起』も湯屋の件にふれている。尋尊が梵網会に行

く度に湯屋のことを特記していたのも、湯屋が巡礼者にとって法華寺を訪ねる魅力的な要因であったからだろう。次の一四八四年の短い記録にも、梵網会に行くことと湯に入ることが同時に書かれている。尋尊にとって、梵網会と入湯は切り離せない行事であったようだ。

法花寺梵網会幷湯在之、

（『尋尊大僧正記』文明十六年六月七日条）

この湯屋は、『法華滅罪寺縁起』にどのように書かれていたのだろうか。縁起では、法華寺の湯屋は光明皇后が天からの声を聞き、自ら建てられたものとされている。一般的な説話のなかには、光明皇后が誓願を立てたときに、湯屋に最初に訪れた者（千人目の訪問者としている話もある）を洗い流したとされており、実際に光明皇后が洗い流した者は、ハンセン病の患者であったとも書かれている。病に侵された肌を見て抵抗はあったものの、皇后は誓願を立てる意志を貫き、彼を慈悲と愛情をもって洗い流した。すると、皇后が洗い終わるやいなや、病人の体から光が放たれ、彼は実は阿閦仏（Akṣobhya）であったという結末である。縁起はこの話に引き続き、この湯に入った者は病気や三つの毒から解放されると伝えている。

そのゆのかま。たゝいま法華寺にあり。かまの中に薬師の十二神をいつけたてまつらるなるへし。ひとたひもこのゆを身にふれん人。三毒等のやまひをいやし。衆病悉除して身心安楽ならむ事うたかひあへからす。(22)

この部分は、尋尊も一四六四年の梵網会の文面でふれており、法華寺にはこの湯屋のご利益と効能を表し

た御起文があるとも述べている。(23)

阿部泰郎氏が指摘するように、光明皇后がハンセン病の患者を湯屋で洗い、彼が阿閦仏であったとする説話がさまざまな作品のなかに見られることは重要な点である。代表的なものは、『宝物集』をはじめ、一一九二年の『建久巡礼記』のような巡礼記にこの逸話は登場している。(24)このように、法華寺の湯屋が古記録に頻出していることから、次の二つのことがいえる。まず、法華寺の湯屋が一般によく知られていた存在であったこと、湯屋を訪ねた巡礼者が光明皇后がハンセン病者を洗った逸話を尼から聞かされていたことである。(25)

尋尊が、法華寺の湯屋の記録や、その湯には救済の力があると頻繁に記録を残したことも、この湯屋が十五世紀に至っても巡礼者を法華寺に引きつけていたことを意味する。それでは、十五世紀の法華寺はどれほど開かれた場所であったのだろうか。『年中行事』が書かれた十三世紀から十四世紀の初頭は、在家者の訪問が相次ぐ寺であったことは確認できる。しかし、大石氏らが言うように、法華寺とそのなかの生活は室町、戦国期に大きな変化を遂げたことも間違いない。室町時代において、法華寺は比丘尼御所となり、長老と呼ばれていた役職は「門跡」となり、足利家の女性たちあるいは天皇家の親王たちがその職につくようになった。(26)十三世紀は、長老が高貴な出の者ではなかったため、法華寺を訪れる在家者と長老との接触も多く見られたようだが、室町、戦国期に長老が上流階級の生まれのものに変わってからも、在家者と長老の関係は変わらなかったのだろうか。

これは、依然としてさらなる研究を必要とする問題であるが、尋尊の日記にはこの疑問に答える大きな情報が一つ含まれていた。それは、長老の座につく女性の生い立ちが高貴になっていった後も、法華寺では在家者向けの行事が開かれていたという記述である。尋尊は、在俗向けの行事として、法華寺で重宝されていた十一面観音の開帳が行なわれたことを数回記録している。そのような記録のなかには、開帳の際、多くの在家者や観衆が法華寺に集まり十一面観音を拝んでいたともある。したがって、法華寺が比丘尼御所となってからも、このような行事の際には、法華寺の尼と在家者の接点があったとみられる。

法花寺観音開帳、云々、自早旦開之、云々、甲乙人群集、云々、

（『尋尊大僧正記』明応三年六月十八日条）

この十一面観音は、もちろん光明皇后の伝説と関係がある。少し前に若干触れたが、『法華滅罪寺縁起』のなかで、光明皇后は十一面観音の生まれ変わりとされており、本尊に置かれた十一面観音は、皇后の生身の観音とされている。以下は、縁起に書かれた皇后と観音にまつわる部分である。

この像は天竺健達羅国々王。生身の観音をおかみたてまつらんといふ願をハしましけるに。夢のつけあり。これより東海のしま日本国の国王のきさき光明女をゝかむへし。それこそ生身の観音よとつけき。夢さめて巧匠を御使として御かたちをうつしたてまつりて来へしとてつかハしたりき。（諸略）きさきうつされ給き。つくりおはりてならへて見たてまつらは。六観音（の像、行間に小文字で挿入されている）にてそおはしましける。

この部分とほぼ同じ話が、縁起と同年代に書かれた『建久御巡礼記』にも見られる。したがって、湯屋の逸話と同様に、観音の話も、法華寺と光明皇后をつなぐ伝説の中枢をなすものだった。そして、生身の観音

の話によって、本尊を訪れる巡礼者には、十一面観音を見ることは光明皇后を一目見ることに値する、と尼は話した。さらに、法華寺の近くに住む在家者が多数、観音の開帳に訪れていたことからも、法華寺の尼と巡礼者が光明皇后と寺とのつながりを常時重視していたことをうかがわせる。

さて、梵網会の日の尋尊の儀式参加の記録に戻る。尋尊は湯屋を訪れ、法会を観覧したが、さらにその後、長老の部屋を訪ね供物を渡している。供物を贈呈したことは、尋尊の梵網会当日の日記に繰り返し出てくる記述で、一四八三年の記事を例にとると、この年の供物は三百疋であったらしい（この時期の長老は関白一条兼良の娘の尊秀光叡房であった）。

法花寺梵網会ニ参申、事務幷東林院同道、上下北面衆等上下、歩行、衣衆ハ参向了、長老折紙三百疋進之、湯ニ入了、

（『尋尊大僧正記』文明十五年六月七日条）

三百疋のような高額の供物は尋尊が上流階級の僧だったからであろうが、寄付金は梵網会に出席する者の慣習となっていたため、梵網会を開くことはまた、資金を集めるためでもあった。

そして、梵網会の最後には、法華寺の長老が指揮をとって儀礼が行なわれたと尋尊は記録している。一四七八年から一四八〇年にかけての日記から、長老が御頭や導師と呼ばれる梵網会の指導者の役割を果たしていたことが分かる。

光明皇后御忌日於講堂修之如例也、同法花寺御忌日今日長老御頭云々、

（『尋尊大僧正記』文明十年六月七日条）

今日御忌日延引、供目代未定之間、事務入官無之、旁以延引之、法花寺御　忌日、導師長老勲仕云々、

（『尋尊大僧正記』文明十二六年六月七日条）

また、前に引用した『尋尊大僧正記』七九、文明八年六月七日条の「読師」は法華寺の長老の弟子であったと推測できる。その理由の一つに、長老には弟子がいたことが、尋尊の次の文面に表れているからである。

今日法花寺殿御弟子十六歳、御受衣、御戒師則長老御沙汰、天気快然、珍重々々、

（『尋尊大僧正記』応仁二年十月十七日条）

法華寺で梵網会のような大規模な法会を催すにあたって、法華寺の内部で儀礼に関する教育と伝達を行なっていく必要があり、尼の師弟関係がその役割を担っていたことになる。梵網会をはじめとする法会を開くために、法華寺の尼は漢文や声明を学ぶことになり、それはまったく容易ならぬことであった。

法会が、仏教に従事する者にとっても手の込んだ一般行事であったことを考慮にいれると、男性のみが法会に関わり儀式を遂行していたとは言い難い。法華寺の史料と尋尊の日記から、実際は女性も法会を開いていたことが分かる。女身の穢れは仏教教義のなかに頻出するが、実際は女性が法華寺で仏教の儀礼を行なうことへの反発はなかったようである。また、尋尊の日記からは、梵網会が奈良において厳に受け止められ、功徳を求める訪問者が常に法会に集まっていたことも推測できる。

おわりにかえて

尋尊の梵網会についての記述から、法華寺の尼は儀式の担い手として、あるいは光明皇后の長い伝統を継ぐ者として認められていたことが分かる。梵網会の儀礼を通して、尼は光明皇后をまつる気持ちを忘れず、皇后の逸話を聞かせながら湯屋や十一面観音の参拝を巡礼者に勧めてきた。既存研究は、尼をあわれみの対象として扱っていたり、家父長制の政治的戦略に利用された者として解釈しがちであった。事実、十五、十六世紀に尼寺に入った女性には、自らの意志で出家をしなかった者も多いが、出家の動機が尼寺における生活の陰鬱を決めるのではない。尼寺では、自己修行と師弟関係を通して、ある時は有意義に、ある時は光明皇后とのつながりを誇りに生きることができたのである。『年中行事』と『大乗院寺社雑事記』の尋尊の日記から分かることは、法華寺の尼の日常生活が他の大きな寺における僧の生活と似通ったものだったことである。男性の仏僧と同様の責任を管理者という立場で果たし、誇れる伝統ももっていた。さらに、法華寺の尼には一定の収入もあり、在家者や参賀に集まる人との交流も日常的にあったのである。

教義を中心に仏教史を眺めると、仏教的性差別が女性に重圧をかけていたかのように思えるかもしれない。しかし、法華寺の儀礼から分かるように、法華寺の尼は南都寺院社会にある立場を確立していた。梵網会という恒例行事を行うにあたり、尼は儀礼の遂行と逸話を語ることで、自身が光明皇后の伝統を引き継ぐ存在であると認識していた。梵網会は法華寺の法会の象徴的なものと言っても過言ではないため、尼寺での日常生活は男性中心の教義にとらわれたものではなく、むしろ女性の観音として知られる光明皇后への信仰に篤かったのである。法華寺の尼は、皇后を大々的にまつる梵網会をはじめ、皇后の建てた湯屋の効験、皇后の生身の観音とされる十一面観音の所持を根拠に、法華寺を光明皇后と接することができる場所としてあがめることに熱心な生活を送っていたのである。

註

（1）牛山佳幸「寺院史の回顧と展望——中世の尼と尼寺に寄せて」（『日本の仏教』法藏館、一九九四年）一五九—一六一頁。

（2）この点は、田中貴子氏も指摘するところである。『尼になった女たち』（法藏館、二〇〇五年）一六六—一七二頁。

（3）野村育世『仏教と女の精神史』（吉川弘文館、二〇〇四年）一〇五—一〇七頁。

（4）ジョン・ヒラリー・マーティン「中世の女性の聖職授任と神学者（The Ordination of Women and the Theologians in the Middle Ages）」（『*Escritos del Vedat*』三六、一九八六年）一一五—一七七頁。特に一二八—一三八・一四八—一五四・一六四—一六五頁。

（5）この講式は明恵によって書かれたと言われてきたが、野村卓美氏は、明恵の時代よりもかなり前に、天台宗の僧が尼のために書いたものではないかと述べている。野村卓美『明恵上人の研究』和泉書院研究叢書第二八一巻（和泉書院、二〇〇二年）を参照。また、勝浦令子氏も野村氏の論を支持した上で、『三宝絵』の仏事を扱った研究のなかで、淳和天皇の第四妃である如意尼が建設した西院において、阿難悔過が尼によって執り行なわれていたことを指摘し、阿難悔過が阿難講式の前身であったと述べている。よって、間欠的ではあるが、平安時代から最近まで阿難大師をまつる尼の儀式は続いているといえる。勝浦令子氏の早稲田大学での「あたらしい古代史の会」（二〇〇七年六月三十日）における発表「『三宝絵』西院阿難悔過——尼寺仏事の系譜」による。

（6）阿難尊者講式、講式データベース（c）Niels Guelberg 一九九七年、魚山叢書八二（講式之部五）。

（7）『法華滅罪寺縁起』（『大和古寺大観』五巻、岩波書店、一九七八年）一四〇a—一四三b頁を参照。また、阿部泰郎『湯屋の皇后——中世の性と聖なるもの』（名古屋大学出版会、一九九八年）も参照した。

（8）明恵（一一七三—一二三二年）の書いた四つの大きな講式である涅槃講、十六羅漢講、遺跡講、舎利講に加えて、（おそらく）持経講式の講式が行なわれた。これらの講式はまた、梵唄、散華、梵音、錫杖の四つの声明を奏でる密教の儀礼である。

（9）これらの講式も、梵唄、散華、梵音、錫杖の四つの声明を奏でる密教の儀礼である。

（10）『法華滅罪寺年中行事』。この法会は「外衆結縁」の方々のために行なわれていた。（『大和古寺大観』五巻、岩波書店、一九七八年）八六―八七頁。

（11）ただし、現存する大安寺の儀式を記録した文書は『法華滅罪寺年中行事』より一四四年後の一四四八年に書かれており、このころの行事が経済難の時代を背景に縮小を余儀なくされたことも考えられる。細川涼一「中世大安寺の年中行事」（『中世寺院の風景――中世民衆の生活と心性』新曜社、一九九五年）。福島金治「金沢称名寺の年中行事」（『古代中世史論集』九州大学国史学研究室、吉川弘文館、一九九〇年）三五三―三七七頁。

（12）永村眞「寺院社会史の観点からみる中世の法会」（『儀礼にみる日本の仏教』）六一―六四・八七―八八頁。引用箇所は八七頁より。

（13）上島享「中世国家と寺社」（『日本史講座　第三巻　中世の形成』歴史学研究会・日本史研究会編、東京大学出版会、二〇〇四年）二三四―二三六・二五〇頁。

（14）大石雅章「尼の法華寺と僧の法華寺」（『日本中世社会と寺院』清文堂出版、二〇〇四年、三三〇―三四八頁。

（15）法会の分類は永村眞（註（12）前掲書、六一頁）を参照した。

（16）「法華滅罪寺年中行事」（『大和古寺大観』五巻、岩波書店、一九七八年）。

（17）永村眞（註（12）前掲書）、六四頁。

（18）「法華滅罪寺年中行事」（『大和古寺大観』五巻、岩波書店、一九七八年）。

（19）「法華滅罪寺年中行事」（『大和古寺大観』五巻、岩波書店、一九七八年）。

（20）「法華滅罪寺年中行事」（『大和古寺大観』五巻、岩波書店、一九七八年）。

（21）阿部泰郎『湯屋の皇后――中世の性と聖なるもの』（名古屋大学出版会、一九九八年）八―四〇頁、特に九頁参照。

（22）「法華滅罪寺年中行事」（『大和古寺大観』五巻、岩波書店、一九七八年）。

(23) 阿部泰郎（註（21）前掲書）二一頁。
(24) この他、内田澪子「大宮家蔵『御巡礼記』解題・翻刻――『建久巡礼記』の一伝本」（『巡礼記建久』一、二〇〇四年）特に三六頁参照。
(25) 阿部泰郎（註（21）前掲書）一八―三一頁。
(26) 大石雅章「尼の法華寺と僧の法華寺」（『日本中世社会と寺院』清文堂出版、二〇〇四年）三三〇―三四八頁。「比丘尼御所と室町幕府」（『日本史研究』三三五、一九九〇年）一―二八頁。

付記1

本稿の執筆にあたっては、西口順子先生、佐伯俊源先生、阿部龍一先生、真鍋俊照先生をはじめ、上島享先生には『法華滅罪寺年中行事』を解読していただき、中世法華寺の役割を理解する段階で、多くの助言と励ましをいただいた。先生方の貴重な時間と心遣いに感謝したい。そして、阿部泰郎先生からは、二〇〇六年九月十四・十五日、立命館大学アート・リサーチセンターで行なわれたシンポジウム「儀礼の力」の際に、有意義なご意見を賜った。各先生方から多くのことを学ばせていただいたことに記して謝意を表したい。

付記2

本稿の翻訳は南カリフォルニア大学大学院の北川智子氏による。心より感謝するとともに、記して謝意を表したい。

付記3

本稿は、日本学術振興会外国人特別研究員による研究成果の一部である。

第七章　醍醐寺における祈雨の確立と清瀧神信仰

スティーブン・トレンソン

はじめに

寛治三年（一〇八九）七月九日、東寺一長者・醍醐寺検校定賢（一〇二四―一一〇〇）は、下醍醐釈迦堂で祈雨のために孔雀経法を修した。同じく醍醐寺座主勝覚（一〇五七―一一二九）も、師定賢に替わり釈迦堂でこの法を実修した。そして、七月十一日に雨が降り、祈雨は成功裏に終った。[1]それより三十数年後、勝覚の弟子・座主定海（一〇七四―一一四九）は、天治二年（一一二五）七月一日と大治五年（一一三〇）七月十一日の二度、釈迦堂で孔雀経御読経を行い、法験を顕した。[2]このように、十一世紀末以降、醍醐寺では、時々孔雀経に基づいた祈雨儀礼が修されていた（表1）。

醍醐寺における公的祈雨は、史料によれば寛治三年に確立し、真言宗の祈雨史における新しい展開として評価できるものである。しかし、この展開については、いくつか不明な点がある。これらを指摘する前に、まず、それまでの真言宗における祈雨儀礼の歴史を概観しよう。

寛治三年まで、真言宗の国家的雨乞儀礼として、概ね、神泉苑の請雨経法、東寺の孔雀経法と神泉苑の孔雀経御読経が営まれていた。請雨経法は、九世紀末に成立し、醍醐寺開祖聖宝（八三二―九〇九）の実修以

年月日　西暦	実修者	僧職	場所	請雨	対照欄	出典
寛治3.7.9（1089）	定賢	①	釈迦堂		●	祈雨日記
	勝覚	×	釈迦堂		●	秘鈔口決、新要録
天治2.7.1（1125）	定海	×	釈迦堂	（有）	○	慶延記、中右記目録
大治5.7.11（1130）	定海	×	釈迦堂	（有）	○	中右記、長秋記、慶延記
仁安元.7.12（1166）	？		清瀧宮		△	慶延記、新要録
嘉応元.7.1（1169）	乗海	×	釈迦堂	有	○	醍醐寺座主次第、新要録
承安3.6.22（1173）	乗海	×	清瀧宮	有	○	醍醐寺座主次第、玉葉
承安4.5.25（1174）	乗海	×	釈迦堂		○	新要録
養和元.？.？（1181）	勝賢	×	？		読経	醍醐寺座主次第、新要録
文治2.5.28（1186）	（勝賢）		清瀧宮		読経	玉葉
文治3.6.28（1187）	（勝賢）		清瀧宮		読経	玉葉
建久2.5.7（1191）	勝賢	③	清瀧宮		○	建久二年祈雨日記、玉葉
建久2.5.17	勝賢	③	三宝院	有	●	玉葉、百錬抄、新要録

表1　平安時代末までの醍醐寺における祈雨の一覧

1．僧職項の①は一長者、③は三長者、×は非長者を示す

2．請雨項の有は、実修者は醍醐寺における祈雨以前（あるいは以後）に請雨経法を依頼されたがそれを実修しなかったことを示す

3．対照欄項の●は孔雀経法、○は孔雀経御読経、△は仁王経御読経、読経は御読経（おそらく孔雀経御読経）を示す

後、代々この修法を修した経験がある僧の付法弟子によって行われた（図1）。その中には、醍醐寺初代座主観賢（八五三―九二五）や上醍醐延命院元杲（九一四―九九五）など、醍醐寺僧が多い。請雨経法で何度も霊験を見せた小野流の開祖・雨僧正仁海（九五一―一〇四六）の後、この法は小野流の僧のみにより修されたが、永久五年（一一一七）の勝覚による実修以後、その実修は鎌倉初期の建保元年（一二一三）まで断絶した。

次に、祈雨としての孔雀経法について述べたい。この孔雀経法は、請雨経法が開始される前に降雨によって中止となった場合に、すでに十世紀東寺または宮中真言院で行われたものである。十一世紀中頃、この修法は請雨経法から独立し、東寺長者の専修となり、それ以後、度々東寺で祈雨のために実修されていた（図1）。十二・十三

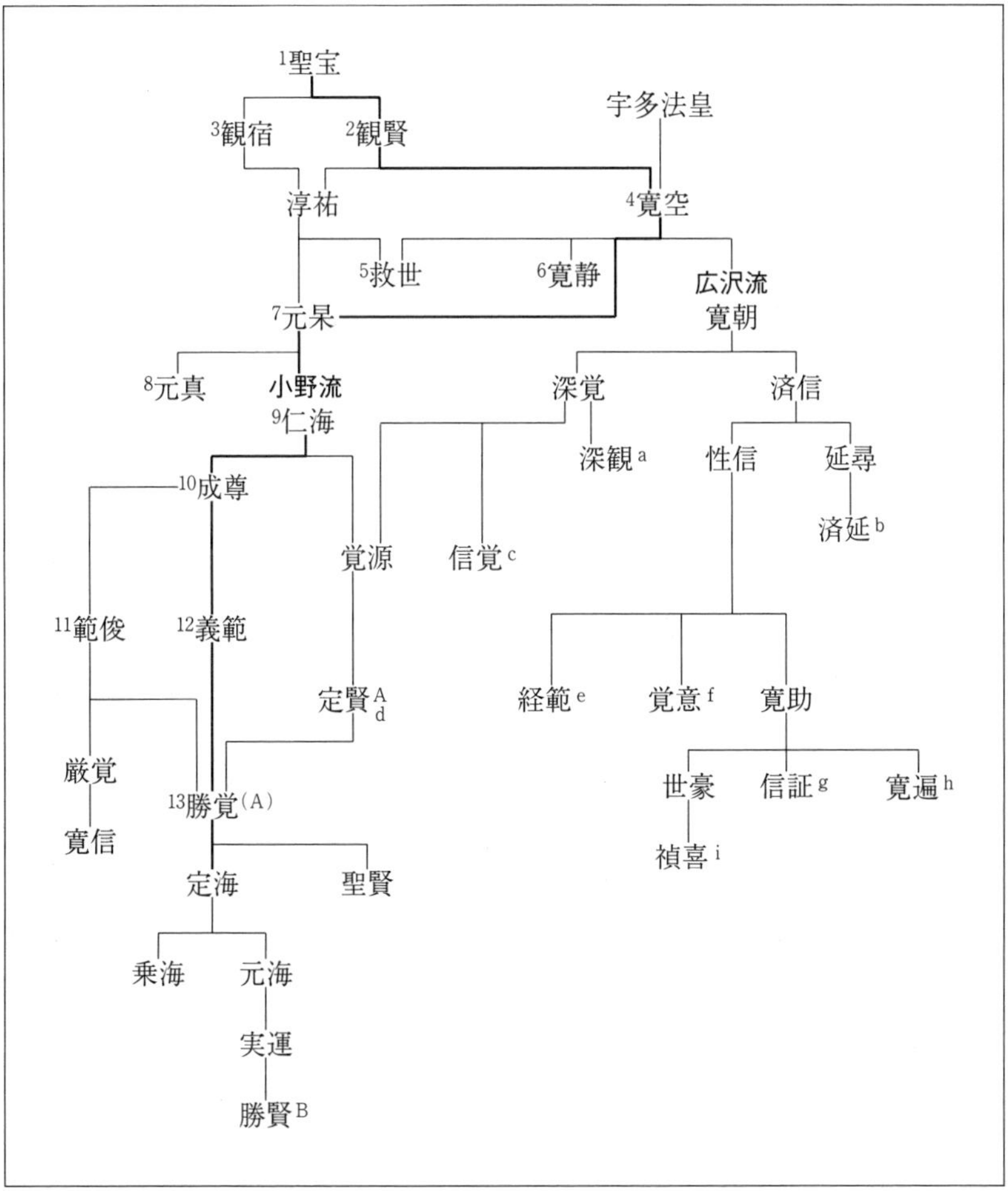

図1　請雨経法と祈雨としての孔雀経法の実修者（10世紀初めより平安末まで）

1．普通線は師資関係を示す
2．太線は請雨経法の正脈を示す
3．1～13は、請雨経法の実修者、a~i は、東寺で孔雀経法を実修した東寺長者、A と B は、醍醐寺で孔雀経法を実修した僧を示す世紀以降に成立した多くの仏書には、請雨経法の開始前、降雨により同修法が中止となった場合以外にも、十世紀のこととして聖宝や観賢が神泉苑などで孔雀経法を祈雨のために修したことが明確に主張されている。しかし、筆者は前稿において、当該史料を批判的に分析した結果、主張されている史実は認め難いという論説を述べたことがある。本稿でもこの論を踏まえた上で論を進めていきたい。

つづいて、神泉苑の孔雀経御読経について説明しよう。この御読経は、治暦元年（一〇六五）に成立した、東寺長者が行うべき祈雨儀礼である。永久五年までは、神泉苑で先に孔雀経御読経、降雨がなければその後に請雨経法が実施されていたが、同修法の断絶期には、この御読経が神泉苑における唯一の真言宗の雨乞儀礼として存在していた(3)。

以上、真言宗の祈雨の歴史について概観してきたが、これらの事実から、醍醐寺における祈雨の実修には、当初より勝覚や定海など、請雨経法の正脈を受け継いだ僧が関わっていた点と、醍醐寺における祈雨修法の確立が、請雨経法の断絶に繋がるものであったことが判明するのである。そして、神泉苑における請雨経法から醍醐寺における孔雀経による祈雨へと、祈雨修法の場と修法内容が変化したが、この変化がなぜ発生したのかは不明である。確かに、醍醐寺の聖宝と観賢が、孔雀経法によって雨を降らせたという史実を認めれば、勝覚と定海が醍醐寺で孔雀経に基づく祈雨を行ったということはそれほど不思議ではない。僅かな違いは、彼らがその祈雨を神泉苑ではなく醍醐寺で行ったという点のみを指摘できる。ただし、筆者は、請雨経法が開始前の降雨により中止となった場合以外に、聖宝などが孔雀経法を実修したという伝承は、むしろ醍醐寺における祈雨の確立に伴って十一世紀末―十二世紀初より流布しはじめたものであると考える。よって、勝覚と定海が、請雨経法の相伝者でありながら孔雀経に基づいた祈雨を行ったのは、その祈雨実修の理由が、請雨経法の開始前の降雨によりこれが中止となった、という条件的なものではなく、そもそも伝統に反する出来事として捉えることができるのである。その上、当時、孔雀経に基づく祈雨は東寺長者の専修となっていたが、孔雀経によって降雨を祈願した時点では、勝覚と定海は東寺長者ではなかった(4)。それゆえ、このような異例を重ねながら、醍醐寺における祈雨が台頭してきた根底には、そこに請雨経法の実修が困難となった問題があったことが推察されるが、その問題とは何か、という点については、いまだ検討されていない。

なお、醍醐寺の雨乞の成立に関しては、成立時期より醍醐寺の鎮守清瀧神が役割を果したかどうか、という点も不明である。清瀧神は、おそくとも長保三年(一〇〇一)以降に上醍醐で祀られたものである。本来、この神の社殿はなく、その「本宮」は上醍醐清瀧峰にある岩窟であった。その後、勝覚によって寛治三年四月四日に上醍醐に、承徳元年(一〇九七)四月十七日に下醍醐に清瀧社(清滝宮)が造営された(5)。『醍醐寺縁起』(成立年代不明、十三世紀カ)によれば、清瀧神とは、本来、空海の師恵果が住した長安青龍寺の守護神であり、空海と同船して日本に渡った後、名を青龍から清瀧へと変えたとされる。そして、延喜二年(九〇二)、清瀧が醍醐寺で聖宝の前に現れると、自分が娑伽羅龍王の娘(つまり『法華経』に登場する龍女の姉妹)、及び准胝・如意輪両観音の権現であることを告げたという伝承が残されている(6)。

ところが、この縁起の成立年代は未詳であるため、醍醐寺の祈雨が確立された時期より清瀧神が龍神・祈雨神としての役割を果たしたとは断言できないのである。現在、清瀧神について考察した藪元晶氏は、初期に祈雨が下醍醐の釈迦堂——釈迦如来が本尊である寺院——で行われ、清瀧宮が祈雨場所として史料に現れるのは、仁安元年(一一六六)の時からであるため(表1)、醍醐寺の雨乞の成立期に清瀧神が祈雨神であったかどうかを疑問視し、清瀧神が龍神として機能し、龍女の姉妹と融合したのは、むしろ十二世紀後半以降であるとされている(7)。しかし、筆者は、「青龍」に三水偏がついた神であるにもかかわらず、本来、龍神信仰と無関係であったという主張については疑問視しており、さらに、醍醐寺における清瀧神がはじめから雨乞としての役割を果たしていなかった、という点についても、検討する余地が残ると思われる。

したがって、本稿では、醍醐寺において祈雨が確立された理由を探るとともに、確立期の祈雨が、はたして清瀧神に立脚していなかったのかという疑問点も踏まえ、この神に関する信仰が形成された点について再考察したい。これによって、本書のテーマ「中世の儀礼の力」の一面である、醍醐寺の「祈雨の力」をより明らかにしてみたいと思う。

一　醍醐寺の祈雨の確立と請雨経法の断絶

「はじめに」で述べたように、請雨経法から醍醐寺の孔雀経法・同御読経へと変遷した背景には、そこに請雨経法の実修を困難にさせた問題があったことが推察される。そのために、以下、請雨経法をめぐる問題点について検討しながら、醍醐寺における祈雨の確立を論じることにする。

1　請雨経法の束縛

請雨経法の特徴の一つとして、この修法を雨天の場合に修することができなかったという点が挙げられる。請雨経法の実修のためには、神泉苑で壇所などを建て（後掲図2）、諸壇具・道具を調進させる必要があったため、命令から修法の開始まで整備のために数日の隔たりがあったのである。その間に雨が降った場合は、請雨経法を中止し、その実修者に神泉苑以外の場所（東寺・真言院）で孔雀経法を行わせた。十世紀における事例として二件指摘できる(8)。

白河院政期（一〇八六―一一二九）に入り、同様の事態が起きた際は、この手配が通るはずであったが、次第に問題視されてきたのである。以下に示す三つの事件に、その事実が反映されている。

まず、寛治元年（一〇八七）の事件がある。同年八月十日、孔雀経御読経の無験により醍醐寺の義範（一〇二三―八八）が神泉苑で請雨経法を開始しようとしたが、その日、開始前の申の刻（午後三時―五時）に雨が降り出したので、義範は請雨経法の中止を院へ申し出た。すなわち、「有法前得之文、是則霊験也、但猶不能勤修云々」と、請雨経法の開始前に降雨を得たという文に言及し、その場合、この法を修することができない旨を伝えた。だが白河院は、その言を聞き入れず、彼に修法の開始を命じた。結局同十三日に義範は、七日修するはずであったのに、「有法験雨脚降了、若及数日者、還有国土愁歟、行法之間豈祈晴天哉」として、請雨経法の結願儀礼を行いたい旨を言上した。義範は、すでに霊験があってもなお請雨経法を実修すれば国家に何か災いが起こることを恐れ、請雨経法で晴天を祈願することは不可能である以上、この修法を中止すべきであると主張したのである(9)。院は、「縮日結願先例如何、頗不穏便」と語り、結願を早めるのは簡単にできる筋合いのものではないと考えたが、この時の義範の申し出については、結局受け入れられたのであった(10)。

次に、永長元年（一〇九六）の件を説明しよう。白河院は、同年六月十七日、勝覚に請雨経法の実修を命じた。しかし勝覚は、若年の故をもって辞退し、その後、二十一日から二十二日にかけて雨が降った。すでに雨が降ったので、白河院は、この状況では勝覚が請雨経法を実修できないことが分かっていたのだが、それでも翌二十三日に、院は、再び勝覚にこの法の実修を命じたのである。勝覚は頻りにこれを辞退したが、翌日、ついにこの命を受け入れた。しかし雨は降りつづけ、勝覚は晴れの日に修法を開始したいと言上したことにより、請雨経法の執行は延引されたのであった(11)。

次に示す三つ目の事件は、永久五年に起きたものである。同年六月十日、勝覚は、来る十四日に請雨経法を始行せよとの宣旨を受けていたが[12]、その次の十二日の朝に一時的に微雨が降ってきた。そこで勝覚は「已微雨漸下、於今者不可勤仕歟」と、「微雨漸下」の故をもって請雨経法を実修することはできないと申し入れた。これに対し院は、開始日は十四日なので、天気の変化の様子に従って中止か決行を決めると定めた。結局、十四日に院は、蔵人頭藤原顕隆を勝覚に遣わし、「一日雖甘雨降、昨今有陰雲不雨下」と、十三日と十四日は雨が降っていないので請雨経法を修すべきであるという意を伝えた。これによって勝覚はついに請雨経法を開始したのである[13]（十七日に雨が降った）。

上記に示した三つの事件から、白河院が、請雨経法の開始の前、すでに雨が降った場合、この修法の実修が不可能であるという点を解していなかった事実が判明する。おそらく院は、すでに雨が降っても、なお降雨が望ましい時は、請雨経法の執行があってよいという立場に立っていたものと思われる。しかし、その立場は義範や勝覚のそれと齟齬するものであった。彼ら宗教家にとっては、請雨経法の開始前の降雨は「法験」であり、この場合、請雨経法を止めて、あるいは、古式にならって孔雀経法に変えるべき現象であったのである。だが白河院政下においては、請雨経法の相伝者は、すでに雨が降った後でも同修法の実修を強いられ、要するに、雨天時の孔雀経法の代替実修が拒まれ、請雨経法に束縛されるようになってきたと解釈することができるのである。

2　請雨経法の準備の懈怠

当時、請雨経法に関しては、次に示すような問題も発生した。それは、朝廷が請雨経法の準備を懈怠するようになった点である。

たとえば、治暦元年（一〇六五）六月十五日、小野流の僧成尊（一〇一二―七四）が請雨経法を開始した日については、『祈雨記』「蔵人頼仲記」同日条にある「蔵人五位伊房、六位頼仲、奉仰、且行向彼所、且召仰諸司、依事急速諸司等悉以懈怠」[14]という一文の注記によれば、事が急速であったため、諸司などがこれを懈怠したという。通常、諸司・諸国から諸道具・壇具が調達されるべきであったが[15]、成尊の実修時に、諸司は勤めを懈怠したようである。

そして、永保二年（一〇八二）七月十一日の神泉苑孔雀経御読経の後、同月十六日に実修された請雨経法の準備も、『覚禅鈔』に「件仮屋上〔等か〕相違先例之由時人難之云々、而事依率爾且随行事申請以本御読経所為其所」[16]とあるごとく、手薄いものであった。すなわち、その際に請雨経法の壇所（仮屋）は建てられず、行事弁の申請によりその壇所として御読経の蔀屋が使われたのである[17]。その結果、請雨経法の壇所の様相、つまり壇所内の諸壇の配置が先例と違うものになった（『覚禅鈔』所収の永保二年壇所図参照）。ちなみに、その際に請雨経法を修した範俊（一〇三八―一一一二）は、九日間修しても結局雨を降らせることはできなかった[18]。

つづいて、永久五年六月十四日（開始日）、勝覚は「毎事率爾旁難始修」と、準備が万事中途半端であると不平を述べていた[19]。この時、準備が急がせられたため、諸道具は諸司・諸国から調達されず、院により提供されたが[20]、それらには不備があったのである。たとえば、勝覚がその際に記録させた『永久五年祈雨日記』同年六月十七日条によれば、普段越中国の負荷であった青衣は開始日に揃わなかったようであり[21]、同記同十四日条の「抑青瓷器等不足巨多、以白瓷器令塗緑青、何事候哉」という院の言から、青瓷器は足りなかったことがうかがえる[22]。請雨経法の守るべき重要な規定の一つは、道場で使う道具などが全て青色であることと、法衣は青衣を着ることであったため[23]、このような不備は勝覚を困らせたにちがいない。しかし、白河院は、白瓷器の上に緑青を塗ったものを使えばよいであろうと考え、さらに、「今日猶抛万事可被始行、炎旱之愁遍満遐邇、徒不可送数日」（同記同日条）と、炎旱が厳しいため、無駄に時を過ごさず、早く修せよと命じた。勝覚は結局、「前後依難逃、令申可始修由畢」（同日条）と嘆きながら、祈雨法を逃れることはできず、開始せざるをえなかった。

以上の事例から、治暦元年より朝廷が請雨経法の準備を懈怠した事実を知ることができるが、その理由は史料のなかでは明らかにされていない。しかし、その契機は、孔雀経御読経の確立であったかもしれない。すなわち、治暦元年より、朝廷は神泉苑で孔雀経御読経を優先的に運営させ、先に神泉苑で御読経の蔀屋などの整備を行った。結局、適量の雨が降らなかった場合に請雨経法の実施が決定されたら、さらに無駄な時間を過ごすことになるため、この修法の準備が急がれたと考えられる。

請雨経法の整備が行き届かなくなった原因はさておき、それが、末法の時代においては、祈雨霊験を見せるべく僧侶を大いに悩ませたにちがいない。彼らにとって、祈雨霊験を得るためには、少なくとも壇所や諸道具が、「如法」すなわち仏法・請雨経に定める条件を満たさなければならなかった。しかし、この条件を満たすのに必要であった朝廷側が果たすべき手配や配慮は次第に手薄なものになっていったのである。

3　請雨経法の延行の問題

もとより、密教祈雨修法を行う僧侶には、朝廷側より与えられた日数の期限内における祈雨霊験が期待されていた。期限内にもし雨が降らなければ、請雨経法の場合、次に示す村上朝（九四六―九六七）の朝儀が記載されている『新儀式』に、「又於神泉苑令修請雨経之法、若其限内甘沢不降、更且延其日矣」(24)という一文があるように、同法が延行させられたことが判明する。したがって、十世紀前半には、三日・五日間という基本日数の上に、二日間延行されることがしばしばあり、十世紀後半より、七日間という基本日数の上に、二日または七日間の延行が許されていたことが分かる。[25]つまり、最大の場合、十四日間の請雨経法の実修が可能であった。

ところが、範俊が永保二年七月十六日から請雨経法を七日間行ったのであるが、その上二日間の延行は許されたが、その後、雨が全く降らなくても、さらなる延行はなく、同月二十八日に、一長者信覚（一〇一一—八四）によって孔雀経法が行われた。信覚も最初の七日間は雨を降らせられなかったが、彼は仁和寺御室性信（一〇〇五—八五）より空海所持の孔雀経を渡され、さらに七日間孔雀経法を修する許可を得て、ついに雨を降らせることができた。[26]この事件から、朝廷が孔雀経法を推奨していた事実を読み取ることができる。

横内裕人氏が詳論したごとく、御室性信は、王家が真言密教界に送り込んだ宗教権門である。これにより、御室の政治力に東寺が依存し、真言宗は、院権力—御室—東寺—末寺という体制に再編されたのである。[27]その上、性信は玉体護持・御息災のために孔雀経法を盛行し、永保元年（一〇八一）三月三日には、禁中弘徽殿において高さ三尺の孔雀明王木像を供養している。[28]すなわち、院は御室を保護し、孔雀経法の霊力を信頼して、東寺長者は御室に依存することとなったが、このような傾向は、永保二年の祈雨孔雀経法の件にも反映されていると評価できよう。

つまり、白河院が御室と東寺長者を保護し、孔雀経法の霊力を信頼した影響により、朝廷は、請雨経法の実修者が雨を降らせることができなかった場合、この修法を七日まで延行させる代わりに孔雀経法を修させるという方針を取ったのである。よって、永保二年以後の請雨経法の実修者は、七日の間に雨を降らせられなければ十分な延行が許されず、失敗の危険がさし迫った状態におかれていたといえよう。

4 醍醐寺の祈雨の確立

さて、前項までは、請雨経法をめぐる環境が悪化した様子について明らかにしてきた。このような背景のなかで、寛治三年七月九日に醍醐寺の祈雨が台頭してきた。そこで、本項では、これまでに論じた点を踏まえ、醍醐寺で祈雨が確立した理由とその展開について追究したい。

寛治二年（一〇八八）に義範が没すると、その弟子・座主勝覚は次に請雨経法を行うのに最も適切な僧となった。(29) しかし、すでに勝覚は、この時点でこの修法の実修を逃れなければ、宗教的理由によっても（整備不足）、実用的な理由によっても（十分な延行の許可を得るのは確かではない）、失敗する危険が高い点を認識していたと考えられる。彼が範俊に次いで請雨経法に失敗すれば、朝廷がさらにこの修法に対する信頼性を失い、ひとえに孔雀経による祈雨法のみを営ませる原因となる恐れがあった。

なお、成尊没後、義範と範俊の間では、成尊正嫡と聖宝が住した上醍醐延命院（仁海が建立した曼荼羅寺に属する上寺）の執行権をめぐって争いが起こったが、義範はこの争いに決着をつけないまま没したため、その弟子である座主勝覚の醍醐寺内における地位は、実際には不安定であった。(30) したがって、祈雨に失敗すればその地位がさらに揺らぐことになるため、勝覚にとっては、請雨経法が失敗する危険性は、醍醐寺内における彼の主導的立場の確保に影響する問題でもあった。

したがって、この問題を解決するため、勝覚は何か対策をうつ必要があった。考えてみれば、孔雀経法の実行さえ許してもらえば、問題は解決する。なぜなら、請雨経法の場合、七日間の内に雨を降らせられなければ、朝廷によって孔雀経法に転換される可能性が高かったが、孔雀経法の場合、同じく七日間の内に雨が降らなくても、この修法自体、政治的に朝廷から支持を得ていたため、さらに七日間の延行が期待できるからである。すなわち、僧侶にとっては、請雨経法よりも、孔雀経法の命を受ける方が望ましかったにちがいない。しかし白河院政下、請雨経法の相伝者は明らかに請雨経法の実修に束縛されていた。よって、この束縛を解くのに、徹底的な対策を取らなければならなかったのである。

寛治三年における醍醐寺の祈雨は、その対策の一つであったと捉えることができる。すなわち、東寺一長者定賢は下醍醐釈迦堂で孔雀経法を行い、長者でない勝覚にも同修法を修させたが、そうすることによって、請雨経法を伝持した勝覚が神泉苑以外の場所でも、また請雨経によらなくても、降雨が可能であることを貴族社会に示そうとしたと思われる。(31) いずれにしても、定賢と勝覚の共同祈雨の結願儀礼が二十三日に行われ、(32) これにより、醍醐寺における十四日間の孔雀経法による祈雨の先例が実現したのである。これは、請雨経法が伝えられた醍醐寺がこの修法の束縛から解放されるための、重要な対策であったというべきである。

結局、前項で論じたように、寛治三年以後、勝覚は請雨経法の勅命を二回蒙っており、この修法の束縛はすぐには打開されなかった。それでも、勝覚は、永長元年に請雨経法を辞退した際には、朝廷に孔雀経法の実修を提案し、(33) 永久五年に請雨経法を逃れることなく行わざるをえなかった際には、先例がない新作法として、壇所の東庇で孔雀経の読経を実行させた(図2参照)。(34) 寛治三年における祈雨の後も、勝覚は、なお孔雀経の霊力を重んじ続けていたのである。

なお、勝覚が孔雀経を重視した点については、当時、小野流の僧の間で、聖宝や観賢が孔雀経法によって雨を降らせたという伝承が流布していた事実からも推察できる。永久五年成立の『祈雨記』(寛信撰)と『祈雨日記』(聖賢撰)は、同年に請雨経法の命を受けた厳覚(一〇五六―一一二一)と勝覚のそれぞれの弟子による記録である。これらには、聖宝が請雨経法の無験の後に孔雀経法を修し、雨を降らせたとする伝承に加え、観賢が神泉苑で孔雀経法を修したとの伝聞が記録されている。(35)「はじめに」で述べたように、この説

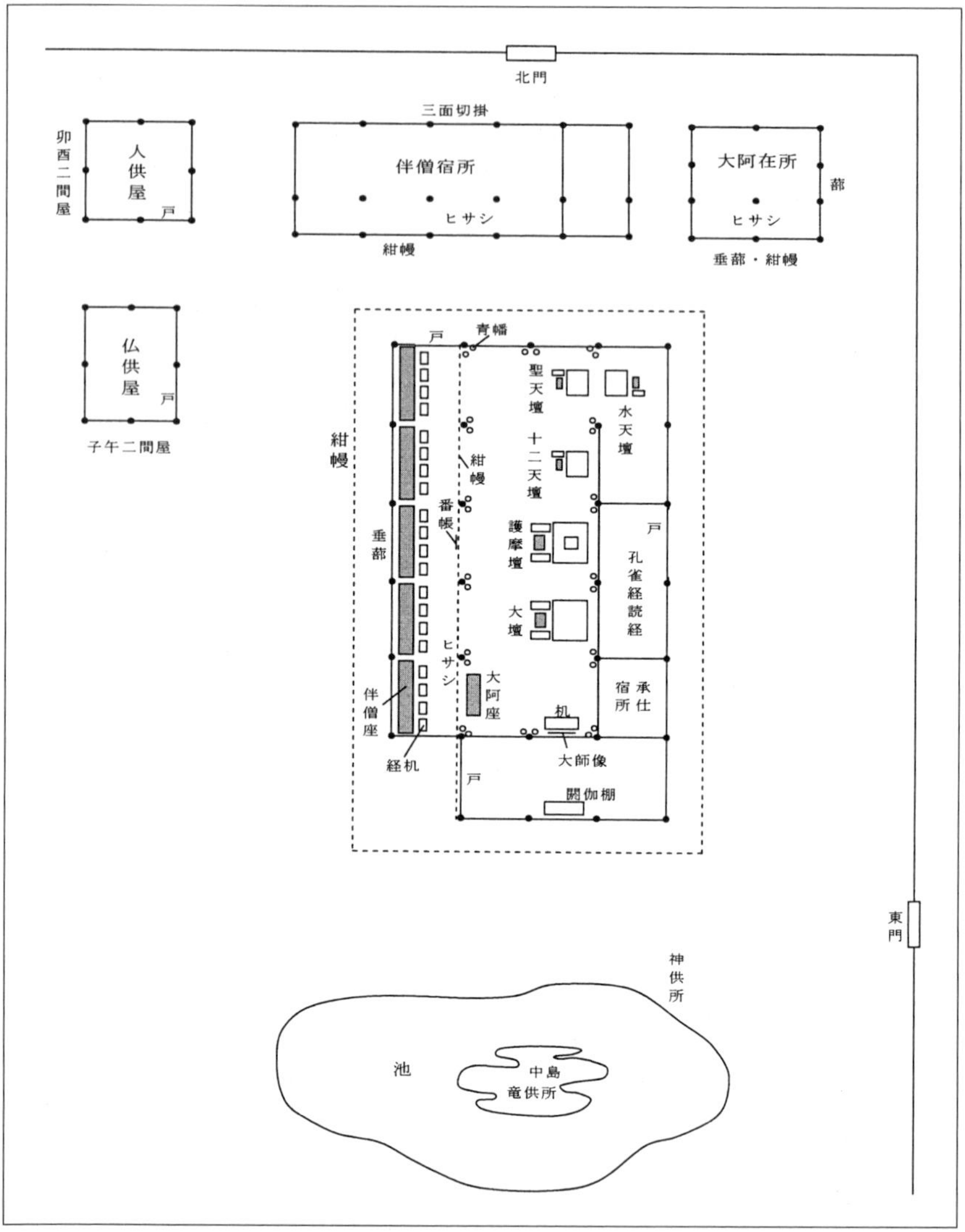

図2　永久5年請雨経法壇所復元図

を裏づける史料的な根拠はない。これについては、すでに別の論稿で[36]詳述したため、詳しくはその論稿を参照されたいが、本稿のなかでは、この小野流の主張が、おそらく請雨経法の相伝者を同修法の束縛から解放させるための対策として機能したものではないか、という私考を付記しておきたい。とりわけ、聖宝が請雨経法の無験の後に孔雀経法の実修の勅許を得たという話は、請雨経法に束縛されてこの修法が無験となる危険性と直面した勝覚であったからこそ、その是を訴えたと理解することは、想像に難くない。

そして、請雨経法の束縛から脱出するための諸対策は、ついに効果を現した。すなわち、勝覚の弟子定海は二度、釈迦堂で孔省経御読経によって公的祈雨を行うことができたのである（前掲表1）[37]。定海が神泉苑で請雨経法を修しなかった理由は、『玉葉』建久二年（一一九一）五月十四日条に、「定海大僧正、乍承請雨経法、堅以辞之、於本寺勤行孔雀経法」[38]とあるごとく、年号は明確にされていないが、彼が請雨経法の命を固く辞退したためである。この定海の固辞の内容は史料には示されていないが、前項までに論じたように、これは請雨経法の準備不足の問題と失敗への恐れとが関係していたと解される。

定海以後にも、請雨経法を辞退した後、醍醐寺で祈雨を行った座主がいた（表1参照）。まず、乗海（一一一六―七八）である。『醍醐寺座主次第』によれば、乗海は嘉応元年（一一六九）六月二十五日に請雨経法の命を受けたが、「先々孔雀経御読経於当寺被転読有其効験」と、「又件法為公私煩先御読経之由」などを理由としてこの修法の実修を辞退していた。この事件は、嘉応元年以前に、公私の煩いにより請雨経法の代わりに孔雀経御読経が行われた場合があった事実を示している。次は、三長者・座主勝賢（一一三八―九六）の件である。建久二年五月十三日、摂政九条兼実（一一四九―一二〇七）が勝賢に、同十七日に請雨経法を修するように命じたが、彼は当日に京へ向かい、「以二箇条道理、辞申□〔神〕泉御修法、先彼地荒廃、如当時者、不能為密法之道場、又当時諸司諸国用途物等、如法難調進歟、若不如法者雖有法験歟」[39]と、神泉苑の荒廃と、諸司・諸国から調進される道具が掟に適うものとして期待できないという理由で、その実修を後白河院（一一二七―九二）に辞退した。院は、勝賢に請雨経法の代わりに孔雀経法の実修を命じ、九条兼実も、醍醐寺僧が祈雨修法に対して恨みを抱くことがないように、勝賢が請雨経法に代わる醍醐寺での孔雀経法を行うことをよしとした[40]。

以上の二つの事例を踏まえた上で、定海の件を改めて解釈すると、掟通りに準備されないことから無験に終ることを恐れ、請雨経法の実修を固辞する定海に祈雨法に対する恨みを残さないようにするため、その代わりとして朝廷が醍醐寺での祈雨を許したと判断できる[41]。

定海は、大治五年七月十五日に、「就中此二ヶ度御読経、共霊験掲焉也、若当此時無其賞者、向後祈禱有何勇哉」と、祈雨霊験を顕したので、祈雨の勧賞を申請している。その結果、翌年二月二十八日、釈迦堂に阿闍梨五人の賞を賜った[42]。この定海による勧賞の申請は、それまでの祈雨の勧賞（僧官・僧位・阿闍梨の下賜）が御読経ではなく、密教修法にのみ下賜されていたことからすると異例の措置であったといえよう[43]。しかし、定海が醍醐寺で行った孔雀経御読経が請雨経法の代わりであったという事実を考慮に入れれば、定海があえて勧賞を申し出たことは驚くに値しない。

本節の論をまとめると、次のような点を指摘することができる。まず、醍醐寺における祈雨が成立した理由としては、白河院政下において、朝廷が祈雨法として孔雀経法を支持していたにもかかわらず、当初、座主勝覚は、環境が悪化して失敗する危険性が高くなった請雨経法の実修に束縛されてきたという点が最大の要因であったと考えられる。よって、勝覚による束縛を解くための対策を取る必要があった。その対策として、醍醐寺における孔雀経に基づく祈雨の確立と、聖宝が請雨経法の無験により孔雀経法で雨を降らせ、観賢も神泉苑で同法を実修したという根拠のない伝承の主張が登場したと思われる。そして、これらは、定海

による実施をもって、ついに実現したのである。(44)

二　醍醐寺の清瀧神信仰

次に、清瀧神の信仰について考察しよう。既述した通り、『醍醐寺縁起』のなかで、清瀧神は龍女のような龍神と二観音の垂迹として扱われている。この信仰は、いつより流布し、どのような背景で形成され、発達したのだろうか、本節で改めて検討する。

1　龍神・祈雨神としての清瀧神

まず、清瀧という神が龍神として信仰された点が確定できる史料としては、『永久五年祈雨日記』が挙げられる。同記の永久五年六月十七日条に、

> 衆僧等弥致信仰之間、漸及未時巽方有陰雲（醍醐人々於清瀧峯祈請之間、俄片雲現峰上云々、）少時之間、周遍一天、（中略）于時雲雷数声、雨脚滂沱、

とあり、(45)これによれば、勝覚が神泉苑で請雨経法を修していた際、上醍醐清瀧峰でも祈禱がなされ、清瀧峰より雲が上り、雨を降らせた旨が記されている。雨雲とは龍の仕業であるということはいうまでもないので、この記事で清瀧神は「龍神」として扱われているのである。そして、『建久二年祈雨日記』によれば、勝賢がその際、永久五年の例に従って上醍醐五大堂で広目天（諸龍の王）を供養させていた。(46)よって、以上

に示した二つの史料から、永久五年に神泉苑で請雨経法が行われた際、同時に上醍醐の五大堂と清瀧峰でも降雨の祈請がなされていたことが分かる。

なお、『永久五年祈雨日記』の奥書にも、以下に示す記述がある。

保元三年八月十日、参桜町阿闍梨御房良勝之処、御物語数剋、（中略）、中嶋青蛇泛来水上、蟠大壇下、其後昇壇上纏巽方壇足云々、以此旨令披露之処、御記状如（加カ）注人有之歟、本御記状元所不被載彼旨也、賢信記之而已、

すなわち、保元三年（一一五八）の良勝[47]（生没年未詳、厳覚・定海の弟子）の物語によれば、永久五年の請雨経法の際、神泉苑池の中島より青蛇が浮かんできて、壇所中の大壇の巽方の足に纏ったという。このシンボリズム――〈巽＝醍醐寺〉・〈青蛇＝青龍＝清瀧〉――では、神泉苑で示現した蛇龍（善如龍王[48]）は清瀧神そのものであるという信仰が示されているのである。

『永久五年祈雨日記』の奥書によれば、青蛇が大壇の巽方の足に纏ったという話は、もともと勝覚の日記には見えなかった。しかし、これは、当時、醍醐寺と神泉苑のそれぞれの龍が結びついているという信仰がなかった証拠ではない。事実、奥書にある「以此旨令披露之処、御記状如（加カ）注人有之歟」という言葉は、すでに保元三年以前に、清瀧神と善如龍王との融合の説が知られていた事実を示唆するものである。

その上、清瀧神と善如龍王との関係については、次の寛信撰『祈雨記』（永久五年編纂）所収の「旧記」の内容にも着目したい。

或旧記云（朱書）「神泉祈雨法、大元歟、常暁律師」、常暁律師、於神泉院、斉衡三年被奉修、為祈雨、而中央幡係白竜、修善間去不（不去カ）、仍寺奉迎、外護山奉移了、即山名改云福徳龍王山云々、（頭書）「醍醐聖賢勘送、仁和寺兼意闍梨許又有此記、可見合之、

右の記述によれば、法琳寺別当常暁（八六六年寂）が斉衡三年（八五六）に神泉苑で祈雨を行った際、壇所屋根の上の中央幡に白龍がかかってきたという。その龍が修法の間ずっととどまっていたため、法琳寺の僧がそれを奉迎し、龍は、法琳寺が位置する山を護るためにそこへ移動したという。法琳寺は、醍醐寺の西方、現在の京都市伏見区の大岩山東麓にあった寺院（現在廃寺）で、永久五年に醍醐寺の賢覚はこの寺院の別当を勤めていた。本文の頭書によれば、『祈雨記』の著者寛信（一〇八四―一一五三、大岩山北麓に所在する勧修寺の僧）と聖賢（一〇八三―一一四七）は、互いに「旧記」について情報を交換していた。この「旧記」の記述の当否はともかく、永久五年における小野流の僧の間では、神泉苑の龍が、古くより当苑の池に閉じ込められていた存在ではなく、当苑で祈雨法を行った僧と縁を結び、その僧が住む小野の地の寺院を守護する存在として信じられたことは明らかである。この事実から、『祈雨記』編纂時における醍醐寺僧の間には、昔聖宝や観賢などが神泉苑で祈願した龍が、聖宝や観賢と縁を結んだ、醍醐寺を守護している龍神（つまり清瀧神）であったという信仰が形成されつつあったと考えられる。

中世の清瀧神は、醍醐水としての神泉苑池に達し、神泉苑の池の波に存し、善如龍王として示現する、[49]あるいは、清瀧神が神泉苑で空海の祈請に感応し、示現したのが龍王（善如龍王）であるという伝承が流布した。[50]なお、清瀧神の姿の一つとして、善如龍王と一体である形が仰がれていた。[51]この融合信仰は、右に論じてきたように、すでに永久五年に萌芽したと見なせよう。

このように、天治二年に定海が醍醐寺で祈雨を行った際、彼は清瀧神を龍神・祈雨神として見立てていたと判断してよいと思われる。確かに、定海は清瀧宮ではなく、釈迦堂で降雨を祈願した。しかし、これに関しては、嘉応元年の祈雨の有様に着目したい。『醍醐寺座主次第』によれば、同年に乗海が釈迦堂で孔雀経御読経を行った際、清瀧神の本宮（清瀧峰）より黒雲が聳え、雨を降らせたという。すなわち、乗海が下醍醐で行った祈雨は、清瀧神への祈願でもあり、この祈願に上醍醐にある清瀧神が感応したと解してよいであろう。なお、同史料では、その時、上醍醐の衆僧の一人である成円が朝早く本宮で法螺貝を吹き、大声を出して祈請した結果、雨が降ったと述べられている。そして『建久二年祈雨日記』に、勝賢が三宝院で孔雀経法を行った際、彼がほかの醍醐寺僧に上醍醐の清瀧宮と清瀧峰及び下醍醐の清瀧宮で祈禱をさせた事実が記されている。勝賢自身は一時的に下醍醐の清瀧宮に参詣し、仏舎利一粒を五輪塔に入れて、清瀧神に祈願していた[52]。

よって、乗海と勝賢は、本格的に清瀧宮以外の場所で祈雨儀礼を指導しても、明らかに清瀧神を重んじた祈雨を行ったのである。したがって、現存史料からは、十二世紀初頭に定海が釈迦堂で祈雨を実修したということしか読み取れなくても、彼がほかの醍醐寺僧に清瀧峰や清瀧宮で祈禱をさせ、あるいは、自分で一時的に清瀧宮へ参詣するなど、清瀧神を配慮した可能性は否定できない。すなわち、定海が祈雨儀礼を釈迦堂で行ったことは、その祈雨が清瀧神の信仰と無関係であったとする十分な論拠ではないのである。『祈雨日記』（続群本）によれば、大治五年に定海が釈迦堂で孔雀経御読経を行った時、三日目に清瀧峰より黒雲が聳えたというが[53]、これは、定海が、後に乗海と勝賢と同じように、実際には清瀧神に降雨を祈願した蓋然性を例証するものである。

2　皇室関係の女性、龍女と清瀧神

清瀧神は、ただの龍神ではなく、龍女の姉妹とされる。この龍女とは、娑伽羅龍王の八歳の娘子で、釈迦如来に宝珠を奉るや、男子に変じて速やかに成仏したという龍女のことである。

勝賢は、建久二年の祈雨の際、「鎮守権現是女体也、娑羯羅龍女善女龍王妹也、」と、清瀧神が龍女の姉妹であると明言した[54]。これで、十二世紀末に清瀧神が龍女のような存在であったことが判明するが、具体的に、いつ、そしてどのような背景で、清瀧神が龍女と融合したのかという問いについては、未解決である。

これに関して筆者は、醍醐寺で応徳二年（一〇八五）より、白河院の中宮である藤原賢子（一〇五七―八四、源顕房の実子、藤原師実の養女）をはじめ、数人の皇室関係の女性が成仏できるよう祈禱されていた事実に着目したい。当時、龍女と女性成仏の概念が密接な関係にあった点を考慮すれば[55]、この祈禱の結果として、清瀧神と龍女とが結びつけられてきたと推論できる。以下、さらにその推論の論拠を説明しよう。

応徳元年（一〇八四）九月二十二日に賢子が三条内裏で没すると、白河天皇は数日間悲嘆にくれ、御膳も召されなかった[56]。『古事談』によれば、中宮が亡くなっても、天皇はなおその遺体を抱いていたようである[57]。このような白河天皇の悲しみようから、賢子に対する愛情の深さが察せられる。十三世紀には、「又仰云、賢子中宮是白川院御寵后也、重愛頗超李夫揚妃、絶倫過法一天謳歌之云云」[58]といわれるように、天皇の中宮に対する愛は、漢武帝の李夫人、唐の玄宗皇帝の楊貴妃への愛情をもしのぐものとして世に聞こえていた。

その白河天皇は、中宮の「頓証菩提」、つまり中宮が速やかに成仏するよう、上醍醐で円光院を建立した[59]。この円光院が供養された応徳二年八月二十九日より少し前の同年七月十日、中宮の遺骨が金銅の仏塔に納められ、塔は石櫃に入れられて円光院仏壇の中に安置された[60]。円光院は、初めに定賢と義範によって司られ、次に勝覚と定海がその勤めを担ったが、定海の後、代々座主の管轄下に置かれた[61]。当院は、醍醐寺の上層部の僧が司るべき重要な寺院だったのである。

賢子以後、白河院はさらに最愛の娘である郁芳門院媞子（一〇七六―九六、賢子娘）の菩提を弔うために、下醍醐で無量光院（承徳元年八月二十一日完成）を建立し、(62)媞子の遺骨を円光院へ送らせた。媞子に次いで、禧子内親王（一一二二―三三、鳥羽院・待賢門院璋子娘）と太皇太后宮令子内親王（一〇七八―一一四四、白河院・賢子娘）の遺骨も円光院仏壇下に安置された。(63)十二世紀中頃までに、円光院で女性の成仏祈禱がさらに活発になったのである。

円光院仏壇の中の石櫃と金銅塔は、慶長十一年（一六〇六）に座主義演（一五五八―一六二六）により発掘された。その時に出土した塔は五輪塔で、石櫃には「応徳二季乙丑七月　日」と刻まれていた。一番下の地輪の中に中宮の遺骨が入っており、水輪の中に、大日如来真言、無垢浄光陀羅尼、智炬如来破地獄真言、滅悪趣真言や摧罪真言などの真言があった。(64)これらの真言は、応徳二年九月十五日より七日間、義範が頼照という僧に無垢浄光陀羅尼法、すなわち、亡者が悪趣から離れ菩提位に至るための滅罪法を行わせた事実と符合するものである。(65)

さて、王家関係女性が仏塔を墓所としたのは、文献史料のなかでは以前に見えない特例であった。上島享氏も論じているように、中宮賢子の遺骨を仏塔に納めることにより、遺骨は仏の骨、仏舎利のような意味を持つものとなるのである。(66)なお、密教では塔が大日如来の三昧耶形（尊格のエッセンスを包含するシンボル）であることは、多言を要しない。(67)よって、醍醐寺僧は、中宮を大日如来と連想させ、中宮が究極の成仏を達成するように徹底的な祈願を行ったと理解してよかろう。

こうして、醍醐寺僧が、中宮の煩悩を滅し、彼女を地獄から救いながら、中宮が速やかに最上の成仏を遂げるように様々な宗教的行動を行っていくなかで、龍女の思想を発揚させたと考えられる。『法華経』の龍女成仏譚によれば、仏弟子の舎利弗が、女人は垢穢にして法器ではないために速く成仏することは困難と訴えたところ、龍女が現れて仏に宝珠を奉り、突然男子に変じて速やかに成仏したという。(68)この龍女成仏譚には、女性成仏の困難さと女性成仏の可能性という両面があるが、当時の醍醐寺僧は、ちょうど龍女成仏譚のこの両面に沿ったような宗教的行動を行っていたのである。すなわち、頼照が行った滅罪法、または塔の中にあった「滅悪趣真言」や「破地獄真言」などの文言から、三宝の力なくしては中宮が成仏するのが難しく、中宮が地獄におちるであろうという信仰が読み取れ、一方、中宮の遺骨が仏塔に納められ、中宮のために「頓証菩提」が口にされた事実により、中宮が究極の成仏を成し遂げることは可能であるという確信がうかがえる。このことから、円光院の中宮成仏祈願と関わる醍醐寺僧が龍女の思想に思いを及ばせなかったとは考えにくく、それがむしろ最も自然であったといえよう。賢子に次いで、年十一歳の禧子内親王についても、年八歳の龍女の成仏信仰との連想があったであろうことは容易に想像される。なお、同時期に、醍醐寺の新しい年中行事として、円光院（寛治四年から承徳二年まで毎年六月一日）、無量光院（承徳二年以降、毎年六月一日）、上醍醐清瀧宮（寛治三年より毎年四月四日）、下清瀧宮（承徳元年以降、毎年四月十七日）、そして准胝堂（寛治五年より毎年八月）における法華八講（あるいは法華三十講）が成立した事実にも着目したい。(69)

したがって、以上の事柄から、円光院で女性・龍女成仏信仰が発揚されていく過程で、その信仰が鎮守清瀧神と結びつけられ、清瀧神が娑伽羅龍王の娘の一人として変貌したと考察できる。『醍醐寺縁起』に、清瀧神が「沙竭羅竜王之皇女」であるとあるが、「皇女」という言葉の採用は、清瀧神と皇室関係女性との関連を暗示するものである。そして、媞子という皇女の菩提のために下醍醐で無量光院が建立された時期に、勝覚はその近くに清瀧宮を建て、無量光院の完成より四カ月前に遷宮式を行っていた。この両院の建立時期も、無量光院—下醍醐の清瀧宮、転じて円光院—上醍醐の清瀧宮の関係は、おそらく女性成仏・龍女成仏思想によって貫かれていたであろうという説を示唆するところである。

ところが、藪氏も指摘したように、龍女・清瀧神と女性成仏の関係を直接示す史料はない。但し、その史料がなくても、藪氏のように、清瀧神と龍女との融合が女性成仏の観念と無関係で成立したと推察するのは早計である。[70] 昔でも今日でも、龍女といえば、女性成仏への思いが自ずと浮かび上がるため、龍女を女性成仏の観念と切り離すことには無理がある。ゆえに、一〇八五—一一四四年の間、後世の記録で龍女の姉妹といわれる清瀧神の本宮の周辺に、数人の貴女の成仏祈願が行われていたという歴史的事実によって、その背景に清瀧神と龍女との融合が成立していたと捉えることは、妥当であると思われる。

3 権現としての清瀧神

さて、さらに、如意輪観音と准胝観音の二仏の化身としての清瀧権現についても考察しよう。

醍醐寺の准胝・如意輪両観音の信仰は聖宝に由来し、清瀧神は少なくとも十一世紀初めより上醍醐で祀られた。しかし、権現としての清瀧神について考察した津田徹英氏は、神々の本地が定まってゆくのは十一世紀後半であるという論を根拠に、本来清瀧神の信仰は素朴なものにすぎず、清瀧神が准胝・如意輪両観音の化身と仰がれたのは、清瀧宮建立が契機であるとするのが妥当であると考えている。氏は、その際に清瀧神が二尊の化身と信じられたことを「御遷宮之事清瀧託宣事」(座主義演編『上清瀧遷座類聚』所収)で裏づけている。この史料のあらましを述べると、寛治二年十一月十八日、勝覚の父左大臣源俊房(一〇三五—一一二一)は下醍醐に参り、勝覚の口を借りた清瀧神より、自分が准胝・如意輪両観音の垂迹であるという託宣を受けて、この託宣により上醍醐の清瀧宮が建立された、という内容である。当史料は江戸初期の記録集に載っているものであるが、津田氏は、それを上下醍醐の清瀧宮造営の頃の成立とみなしうると論じている。[71]

筆者は津田氏と同感であるが、勝覚生存中に清瀧神が一神二仏であったという点を右の資料だけで証明するのはやや不十分なので、以下、氏の説を裏づける二つの論点をつけ加えたい。

まず、勝賢の弟子である成賢（一一六二—一二三一）の口決を記録した『実帰鈔』（深賢撰、一二三一年成立）には、清瀧権現について「両所御事、三宝院御経蔵御権僧正（勝覚）御房図絵御正体、一所仏母由、女形持宝珠給、今一体聖如意輪由、聖僧御也、此旨故行善房申シケルソト被仰也」[72]という記述がある。これによれば、勝覚が、清瀧権現の姿として、宝珠を持つ女形としての准胝仏母（図3）と、僧形としての如意輪観音の二図像を図画したという。これは、行善房真海（?—一一八四）という僧が標榜した説である。真海は、定海・元海（一〇九三—一一五六）・実運（一一〇五—六〇）の三僧の付法弟子であった（図4参照）[73]。勝覚が二図像を描いたか否かはさておき、十二世紀中頃〜後半に、清瀧神が二尊の合体と信じられたことは確認できるのである。

図3　清瀧権現像（弘長2年〈1262〉作、畠山記念館蔵）

そして、次の論点を考慮すれば、二尊の垂迹としての清瀧権現の信仰が流布した時代はさらに遡ることができる。『白宝抄』（十三世紀後半成立）に、「善女竜王《ノ》当時《ノ》羯磨《ノ》印相《ハ》、右《ノ》地水《ヲ》申豎、風火小屈《シテ》、空《ヲモテ》風《ノ》第三節《ノ》内方柱《ヲささえヨ》、地水《ハ》両部大日、風火《ハ》不二《ノ》人体也、火《ハ》胸、風《ハ》頸《ナリ》、空《ハ》如意宝珠也、

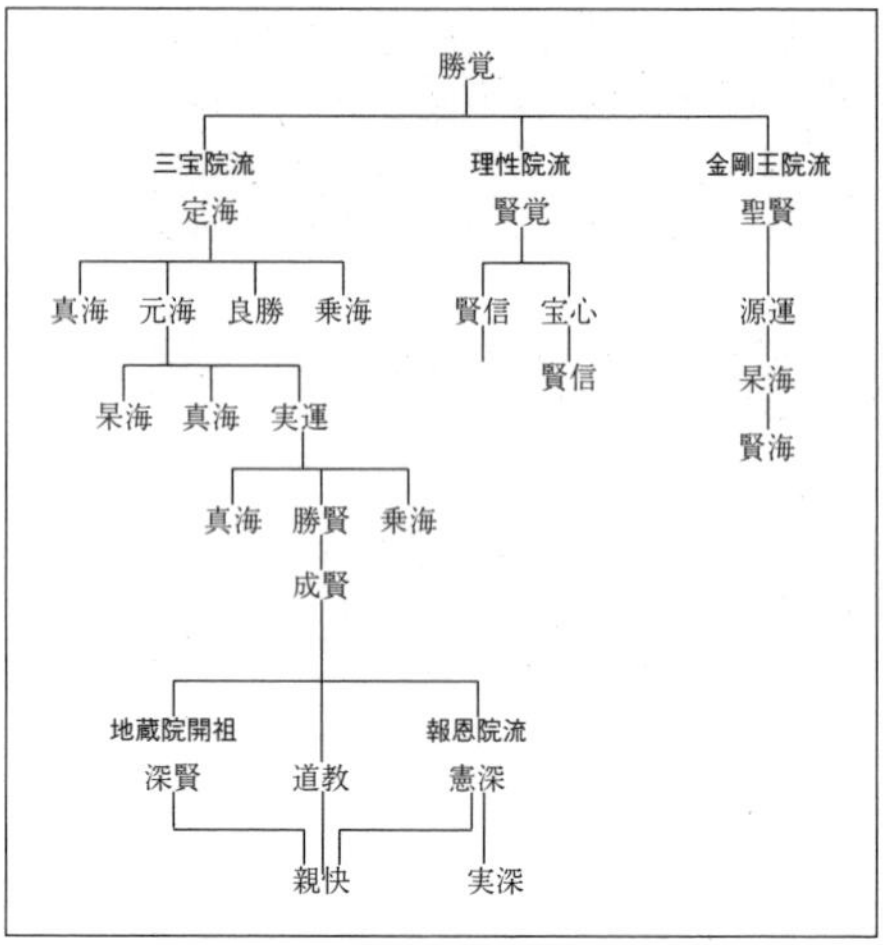

図４　勝覚以後の醍醐流

（後略）[74]」という記述がある。善如龍王の印は、右手の小指（地）と薬指（水）を立てて、中指（火）と人差し指（風）を少し曲げて、親指（空）で人差し指の第三節の内側を支えるというもので、小指と薬指は両部＝大日如来、中指と人差し指は〔両部〕不二の人体を象徴している、と記す。両部不二（金胎不二・二而不二とも）とは、空海またはその師恵果から受け継がれてきた思想と考えられ、これは、胎蔵界と金剛界のそれぞれの性質は異なっているかに見えるが、実際には一つのもの（大日如来）であるという原理を表すものである。[75]

　以上の印の説明は十三世紀の記録に載っているが、その印は、一一四五年作の「善女龍王像」に見える印と全く同じである（図５）[76]。二本の指を立て、ほかの二本を親指の方に曲げるという、現象的には二つだが本質は一つという思想に沿っているものであるため、これは両部大日及び両部不二の思想を表す印にほかならないと解釈してよいであろう。これにより、一身の龍の姿の裏に「二つの存在」を想定する信仰は、一一四五年以前より広く真言宗内に流布したものと知られる。これは、清瀧神が善如龍王と同類視された点から、勝覚生存中に清瀧神が二尊の化身であったという説を裏づける重要な手掛かりである。事実、清瀧神も、次に示す『新要録』巻第八「神秘事」所収の「或記」に、

（前略）其本地垂跡有㆓至極之習、本地者准胝・如意輪二尊是也、則習胎金両部大日也、准金如胎、垂跡者一

神、青龍権現是也、当流大事《ハ》理智而二《ニシテ》然《モ》不二也、（中略）台《（胎）》金両部大日成不二宝躰、顕密教妙理、准胝如意《ノ》二〔成イ〕仏不二《ノ》神躰、（後略）

とある通り、善如龍王と同様、両部不二・二仏不二の神体とされるが、右に論じた点から、この箇所についても、少なくとも十二世紀前半に流布した信仰と判断してよいように思われる。

しかし、なぜ清瀧神は両部不二の具体なのであろうか。この問いに関して筆者は、再び円光院と清瀧宮との関連について述べたい。

すなわち、円光院に中宮の遺骨を納めた金銅塔が安置されていることは既述した通りであるが、当院の本尊が金銅製の両部曼荼羅であった点にも注意すべきである[77]。よって、両部・塔は両方本質的に大日如来を表

図５　深賢筆「善女龍王像」（醍醐寺所蔵白描絵／建仁元年〈1201〉に、高野山現存の定智本〈久安元年〔1145〕作〉を模写したもの）

しているものなので、円光院では、塔は両部不二の具体という信仰が標榜されてきた可能性が高い。そして、前項で論じたように、円光院が龍女成仏思想を媒介に清瀧宮と繋がっていくと、龍女の思想と合わせて、円光院の両部不二の観念も清瀧神に投影され、その結果、清瀧神が両部不二の具体・一神二尊として信仰されるようになったと考察できる。この考察は推測の域を出ないが、近年、上島享氏の研究により、勝覚が両部不二と五輪塔の教理を重視した事実が史料で確認できるようになった。氏が紹介している勝覚筆『護持僧作法』に、禁中を金剛界、京の東側を胎蔵界とし、禁中を金剛界と観ると両部不二の観念を深く観想すべきであるという瞑想法が記されている（「〈前略〉其上以禁中、観作金剛界之間、以東京為胎蔵界、殿内則観想金界之時、両部不二深観在之〈後略〉」）。加えて、宮中の中に本不生の理（胎蔵界の大日如来）を表す梵字があると観想し、その梵字が五輪塔から金剛界の大日如来へと変ずるという観想法も述べられている（「〈前略〉観禁裏或宮中或殿内有本不生不可得妙𑖀字、成浄白円明月殿或宮殿内有[梵字]字、成千葉宝蓮、宝蓮上有自性本有[梵字]字、々変成常住五輪円塔、塔変成金剛界九会曼荼羅主法界躰性智遍照如来〈後略〉」）[78]。禁中（天皇）を五輪塔と両部不二の思想と関連づける座主・円光院別当勝覚であるが、その勝覚の時代に、円光院で両部不二思想が高揚し、龍女思想を媒介にこの思想が清瀧神と結びついたという考えに妥当性があるといえる。

　このように、仏塔そのものと清瀧神の神体は、両部不二の思想を共有してきた。清瀧権現の図6では、両方が一緒に捉えられているが、これはその共通性に起因する結末と考えられる。すなわち、図6は宝珠の中に、蓮台に乗った五輪塔の下に、同じく蓮台に乗って絡み合っている二蛇龍（准胝と如意輪）が描かれたものであるが、この構成は、根本的に仏塔と清瀧神を両方とも両部不二の具体として連結させるものと思われる。図6は先に引用した『新要録』巻第八所収の筆者不明の「或記」より掲載したものであるが、同図が勝賢撰と伝えられている『[梵字]清瀧』という史料にも載っている事実は興味深い（図7）[79]。第一項で述べたよう

図6　清瀧権現（『新要録』巻第八「或記」）

図7　清瀧権現（勝賢撰『[illegible]清瀧』）

に、勝賢は建久二年に下醍醐の清瀧宮で五輪塔の中に舎利（宝珠）を込めたが、この祈願は、具体的に清瀧権現の図の構成が示す信仰――塔、竜神の神体及び舎利がそれぞれ両部不二であるという信仰――に基づいたものであったという可能性がある。(80)ともかく、図6・7の構成に示されている信仰の源流は、勝覚または定海まで遡ると理解したい。

最後に、清瀧権現の二仏の姿――僧形と女形――についても、簡単に言及したい。まず、先程述べた通り、座主成賢が教えたところによれば、十二世紀中頃―後半に活躍した三宝院流の真海の説により、勝覚は、如意輪を僧形として、准胝は宝珠を持つ女形の姿で描いた。これはいわば、清瀧神は男女二尊合体という解釈である。一方、成賢の弟子深賢（?――一二六一）の口決を記した『土公鈔』（親快記、京都大学所蔵）「清瀧御本地事」に、真海の説のほかに「又師云、賢海僧正説《ニハ》、如意輪《ハ》女形《ニテ》御《ス》、准胝禅尼《ノ》形《ニテ》御」という文も記されている。すなわち、成賢が伝えたところによれば、醍醐金剛王院流の賢海（一一六二―一二三七）の説では、准胝は尼形、如意輪は女形の姿を取る。これは、清瀧神の二本地仏が共に女性であるという解釈である。

両解釈の相違は、本質的に、僧形を名実ともに僧と見るか、尼と見るかという違いにある。はっきりしていないが、勝覚が描いたといわれる二姿は、おそらく剃髪している人物と女形で、その剃髪している人物が僧か尼か、明白ではなかったようである。ともかく、疑いなく二本地の姿が尼と女であれば、一貫して「尼形」と「女形」という語が伝わり、「一姿は僧形、一姿は女形」という伝はなかったはずである。そして、准胝は、仏母であるがゆえに女性の観音と見るのが最も自然といえるが、如意輪は、女性の観音であるとは断言できない。それゆえに、「如意輪は僧形、准胝は女形」という表現をとり、僧形を准胝ではなく如意輪に充てるのは、清瀧権現が男女二尊の合体であるという説と解釈するほかにないであろう。

この両説がどう伝わったかという点に関しては、成賢の弟子憲深（一一九二―一二六三）の口決を記した『幸心鈔』（親快記）の次の記述を見ることができる。

問、清瀧御正体一定何様《ニ》御《ト》可存知乎、答、両所之内僧形女形也、僧准胝、女如意輪云云、（中略）（割注）「私（親快）云、此事先年尋申地蔵院法印（深賢）之処、先師遍智院僧正（成賢）云、両所之内僧形女形之由云云、不違本〔今イ〕説乎、但女形准胝僧形如意輪由、真海アサリ説云云遍智院僧正被申ケリ、又賢海僧正ハ、女形如意輪、准胝禅尼形ニテ御スト申ケル、然者此賢海申様〔之イ〕相似両僧正（成賢・憲深）之説乎、真海アサリ説〔之イ〕尤不審也〔不審イ〕、委可尋聞也[81]」（僧名傍注筆者）

すなわち、成賢に次いでその弟子深賢も両説を伝えたが、成賢のもう一人の弟子憲深は二姿が共に女性であるという説のみを教えたという[82]。そして、憲深・深賢の弟子親快（一二一五―七六）は、両説を受けても、二観音が共に女性であるという説を是と判断し、真海の説を怪しんだ。十三世紀前半、両観音を共に女性とする見方を定説とし、両観音がそれぞれ男性と女性と解釈できる真海の説を除外するという風潮があったのである。

それでも、十二世紀中頃―後半の間、清瀧権現を男女二尊が合体した神体と見る三宝院流の僧真海がいた事実は見逃せない。簡単に思いをめぐらせば、清瀧神の姿の裏に想定された両部を陰陽のように見なすのが不可能ではない。なお、清瀧神と融合した龍女は、女体より男体に変じた仏で、衆生に利益を与えるためにこの世に女体として示現する存在であるが、その本質は、男女二尊合体としての女性の龍神という信仰を押し広めさせるものといえる。よって、清瀧神は男女二尊が合一した神体という説は、おそらく根拠のあるものであろう。真海の説の根拠と位置づけは今後の研究を要する課題であるが、真海が三宝院流を受け継いだ僧である事実から、彼の説が当流の祖師勝覚・定海まで遡る可能性があることを特筆しておきたい。

本節では、永久五年の祈雨において、清瀧神が祈雨神・龍神として機能した妥当性について論じた。なお、応徳二年より上醍醐円光院において行われた皇室関係の女性のための成仏祈禱の影響により、勝覚生存中、おそくとも十二世紀前半までには、清瀧神が龍女の姉妹へと変貌し、両部不二の具体として、二仏（准胝と如意輪）の垂迹として信仰された点も論じた。これは、清瀧神の信仰の形成を考える上で、円光院と清瀧宮との思想的関連が重要であるという説を述べたものである。したがって、初期に行われた醍醐寺における祈雨の力とは、少なくとも定海によって祈雨が実施されることにより、清瀧神に集約される龍神信仰、龍女思想と両部不二の観念がこれに依拠されるようになったと考えられる。

おわりに

本稿では、白河院政下に環境が悪化し、失敗する可能性が高くなった請雨経法の束縛を解くための対策として、寛治三年に醍醐寺における祈雨が台頭し、十二世紀初頭、その祈雨が同修法に代わるものとして再現されたという点を論じた。そして、勝覚が造営した清瀧宮の神は、十一世紀末―十二世紀前半の間、中宮賢子と数人の皇女の成仏祈願された上醍醐円光院と清瀧宮とが思想的に関連した結果、龍女のような龍神、及び両部不二の具体として二尊の垂迹に変貌したという論についても展開した。これは本稿の結論であるが、ここで、祈雨儀礼の変遷と清瀧神信仰の形成は、どのような意義をもつかという点に関して述べておきたい。

まず、この展開の影響から、そして、起源を祖師・開祖に仮託するという宗教的なプロセスを経ることにより、醍醐寺僧が龍女の姉妹と両部・二仏の合体としての清瀧神及び孔雀経に基づいた公的祈雨を行ったのは聖宝の時代からであると信じられるようになった。『醍醐寺縁起』の清瀧権現伝は、その顕著な例である。(83)ところが、以前に清瀧神が龍神として祀られていた可能性は残っても、醍醐寺僧が、請雨経法が開始される前の降雨により中止となった場合以外に、孔雀経の祈雨の宣旨を蒙った点と、龍女の姉妹と両部・二仏の合体としての清瀧神に降雨を祈願した点は、むしろ醍醐寺における祈雨が確立されて以後の伝統と見る方が妥当と思われる。しかし、この伝統に対する後世における信仰心により、十三・十四世紀以降の仏書に、その根拠がなくても、聖宝や観賢が孔雀経法を修し、雨を降らせたとする記述が記録されるに至った。この記述を歴史的批判的に読まなければ、真言宗の歴史の真相はつかめないのである。すなわち、醍醐寺における祈雨の成立は、それが従来の醍醐寺における祈雨伝統への変化と、真言宗祈雨法の歴史像を歪曲させる力となったという意義をもつのである。

そして、清瀧神信仰の形成には、次のような意義も見出せる。ここで具体的な例は挙げないが、概ね十二世紀末以降の中世の文献に、善如龍王（清瀧神の同類）または龍女、あるいは絡み合う二龍に重要な役割を与えながら、両部不二の概念を重視する神道流（両部神道）の思想が現れてくる。そのなかに、男女の和合は成道であるという説も登場した。その宗教思想の発達については、なお検討する余地が残るが、該当文献から醍醐寺との関係も少し確認することができる。したがって、醍醐寺で形成され、清瀧神に集約された信仰が、それらの宗教思想の形成に貢献したことが推察され、その貢献がどの程度のものであったかを研究することにより、中世における神道流の発達史に対する理解を深めることができると考えられる。筆者は、今後そのような研究をしていきたいと思う。

註

（1）聖賢撰『祈雨日記』（永久五年成立、東京大学史料編纂所架蔵影写本、建暦元年〈一二一一〉以降の書写）、『祈雨日記』（『続群書類従』二五下）。続群本『祈雨日記』に永久五年以後の祈雨記事があって、それは勝賢が聖賢本に加筆したものである（小倉慈司「『祈雨日記』とその増修過程」〈『書陵部紀要』第五一号、二〇〇〇年〉参照）。勝覚の実修のことは、教舜撰『秘鈔口決』（十三世紀成立）巻一一の「聖賢云、勝覚僧正於本寺令修雨法給孔雀経法也、釈迦堂乾角也、（中略）定賢法務存生時手替被修云々」（『真言宗全書』二八）という文による（聖賢は勝覚の弟子である）。義演著・醍醐寺文化財研究所編『醍醐寺新要録』（〈江戸初期成立、以下、『新要録』〉法藏館、一九九一年）巻第六「御読経事」にも、『覚禅鈔』からの引用として、同文が記されている。

（2）続群本『祈雨日記』、慶延撰・中島俊司編『醍醐雑事記』（〈平安後期成立、以下、『慶延記』〉再版発行、醍醐寺、一九七三年）巻第七「権僧正御房御修法修造等事」、『中右記』大治五年七月十一日条、『新要録』巻第六「御読経事」など。

（3）真言宗の祈雨儀礼の歴史について、詳しくは、藪元晶『雨乞儀礼の成立と展開』（岩田書院、二〇〇二年）を参照されたい。後世仏書で十世紀に孔雀経法を祈雨のために修したと言われる僧は、聖宝とその法流を汲んだ観賢・観宿・寛空である。それが史実と見なしがたいとする論拠に、拙稿「請雨経法と孔雀経法の研究――神泉苑における孔雀経法実修説への疑問」（『仏教史学研究』第四六巻第二号、二〇〇三年）を参照されたい。

（4）勝覚は天永三年（一一一二）、定海は天承二年（一一三二）に東寺長者に補任された（『密教大辞典』「勝覚」・「定海」項）。

（5）『慶延記』巻第二「清瀧宮」・「清瀧宮季御読経執事頭帳」、巻第四「清瀧宮」、そして、津田徹英「醍醐寺における清瀧権現の成立とその背景について――醍醐寺如意輪観音像考序説」（『慶応義塾大学三田哲学会大学院生論文集』第一集、一九九〇年）参照。

（6）『醍醐寺縁起』に「延喜二年二月七日、神〔宛女／神女〕降臨三密上乗之壇、語尊師曰、我是沙竭羅龍王之皇女、准胝如意輪化身也、昔有大唐之時、名我為青竜、吾住彼寺守仏法、故彼寺名青龍寺、是恵果京住之寺也、（後略）」（大日本仏教全書一一七）とある。

（7）藪註（3）前掲書一六三―一八八頁参照。

（8）『北山抄』「祈雨事」延喜二十二年（九二二）八月三日条、『貞信公記抄』天暦二年（九四八）五月十六日条。

（9）請雨経法に対して、孔雀経法をもって止雨も降雨も祈願できるのである（『仏母大孔雀明王経』T.19, No 982, 439a2-3)。

（10）以上は続群本・東大影写本『祈雨日記』による。

（11）『後二条師通記』永長元年六月十六日―二十六日条。二十五日条に「早旦雨散、僧覚法眼晴気之時所欲行也、延引之、甘雨雖下、明後日日次吉也、望期可有左右也」とあるが、二十六日にも雨が降ったので、翌日の請雨経法は延引された。勝覚がその後ついに請雨経法を実修したかどうかは史料上不明である。

（12）その時にまず勝覚の上臈である厳覚（康和四年〈一一〇二〉十二月に範俊から伝法灌頂を受けた小野流

の伝承者）がその命令を受けたが、彼は固辞したため、勝覚が召されたのである（勝覚撰・源師頼記『永久五年祈雨日記』〈『続群書類従』二五下、正治二年〔一二〇〇〕写〉参照）。

（13）以上は『永久五年祈雨日記』による。

（14）寛信撰『祈雨記』（永久五年成立、東京大学史料編纂所架蔵影写本、建保五年〈一二一七〉写）。

（15）『祈雨記』永久五年六月十四日条に「用途物等先例或召諸国或召所司、而今度依率爾自院令献給」とある。

（16）『覚禅鈔』巻第一九、TZ.4, 207a1-3.

（17）孔雀経御読経蔀屋の図には、拙稿「神泉苑における真言密教祈雨法の歴史と善如龍王の伝説」（『アジア遊学』第七九号、勉誠出版、二〇〇五年）参照。

（18）続群本『祈雨日記』、寛信撰『祈雨記』。

（19）続群本・東大影写本『祈雨日記』。

（20）註（15）参照。

（21）当条に「自源大納言（雅俊）御許告送云、如御修法浄衣青色也、是越中所課也、越中守為其子息仍令調備之処、今夜家女之中有夢、童男降自天、在浄衣裁縫所、其身着彼浄衣」とある。

（22）『永久五年請雨経法支度注進状』（『続群書類従』二五下）によれば、同年六月十日に勝覚が大青瓷器百口・小青瓷器百口、及び青色の法衣などの調進を朝廷に申請した。

（23）『大雲経祈雨壇法』T.19, No990, 493a15、『雨言雑秘記』（『続群書類従』二五下）「諸僧装束事」参照。

（24）『新儀式』（『群書類従』六）第四「祈雨祈霽事」。

（25）註（3）前掲拙稿参照。たとえば、『左経記』長元五年（一〇三二）五月十五日条によれば、仁海は同月一日より十五日まで請雨経法を行ったという。

（26）続群本『祈雨日記』。寛治三年七月に定賢、嘉承元年（一一〇六）七月に長者覚意も、十四日間孔雀経法を修した（同記参照）。

（27）横内裕人「仁和寺御室考——中世前期における院権力と真言密教」（『史林』第七九巻第四号、一九九六年）。

（28）『孔雀経御修法記大御室以後』（『続群書類従』二五下）参照。

（29）当時、請雨経法の実修者として、小野流・請雨経法相伝者の上臈が召されていた（続群本『祈雨日記』永保二年七月十六日条）。義範没後、請雨経法相伝者の上臈は、勝覚であった。
（30）詳しくは、津田註（5）前掲論文参照。
（31）続群書・東大影写本『祈雨日記』によれば、蔵人源盛雅が釈迦堂において修法を監視していたが、おそらく盛雅を通じて、勝覚の役割が朝廷に伝達されたと考えられよう。
（32）註（26）参照。
（33）『後二条師通記』永長元年六月十八日条参照。
（34）『秘鈔問答』巻第六の「秘密決疑抄云、宝心説云、三宝院《（勝覚）》僧正祈雨法令修給時、始被加二事、即水天供・孔雀経読経也、是無旧例云々」（T.79, No2536, 395c19-20）という文による。宝心は、永久五年における請雨経法の伴僧の一人であった（註（47）参照）。本稿図2は、土谷恵「中世初頭の仁和寺御流と三宝院流――守覚法親王と勝賢、請雨経法をめぐって」（阿部泰郎・山崎誠編『守覚法親王と仁和寺御流の文献学的研究』論文篇、勉誠社、一九九八年）所収の「神泉借屋指図」（永久五年の様、宝心が描いた図）に基づいている。
（35）たとえば聖賢撰『祈雨日記』（東大影写本）に「延喜年中、天下大旱、僧正聖宝、奉仕請雨経法、無験、其後修孔雀経法、甘雨流謝」と、「般若僧正《（観賢）》、於神泉修孔雀経法、又度々被修請雨法云々、見延喜御記殿上記等云々」とある。
（36）註（3）参照。
（37）白河院が勝覚には強制的に請雨経法を行わせ、定海には孔雀経御読経の執行を許したことは甚だ対照的であるが、これに関しては、勝覚が院権力と対立関係にあった源俊房の男、定海が院側近の源顕房の息子であった事実に起因する院の両者との関係と、永久五年撰述の祈雨日記類の影響力が働いていたと考えられる。しかし枚数の都合によりそれを本稿で論ずることは差し控えることとする。
（38）『玉葉』に「孔雀経法」とあるが、それは「孔雀経御読経」の誤解である。
（39）勝賢撰『建久二年祈雨日記』（高山寺典籍文書綜合調査団編『高山寺古典籍纂集』東京大学出版会、一九八八年）。
（40）勝賢撰『建久二年祈雨日記』（『続群書類従』二五下）・『玉葉』建久二年五月十四日条。

(41) 定海と乗海が孔雀経法ではなく同御読経を行ったのは、彼らが請雨経法の命を受けた時点で長者でなかったという地位の問題といえる。
(42) 続群本『祈雨日記』。
(43) 祈雨修法の勧賞は、十世紀後半以後、しばしば実修者に下賜されたが、神泉苑孔雀経御読経の勧賞の下賜は応保元年（一一六一）より古くは登場しない（藪註（3）前掲書二〇四・二一九頁）。
(44) 十二世紀後半以後、醍醐寺での祈雨は全てが請雨経法の中止・辞退によるものではなかった。その時に「清瀧御読経」という国家的祈雨儀礼が独立してきた。それ以来、醍醐寺の祈雨は、清瀧御読経の実施、あるいは請雨経法の代わりのものという二つの機能を有していた。勝賢が建久二年五月七日に清瀧宮で孔雀経御読経を、同十七日に請雨経法の代わりに三宝院で孔雀経法を修したことはその二重機能を明確にするものである（本文表1参照）。
(45) 筆者は、続群書本『永久五年祈雨日記』と、『[illegible]日記』（称名寺聖教第二七二函第三号、鎌倉後期写本）を参照した。後者は、久安三年（一一四七）に作られた勝覚の日記の複写本であるが、『永久五年祈雨日記』と同様、清瀧峰における祈雨についての割注を記す。
(46) 高山寺本『建久二年祈雨日記』同年五月十七日条に「上醍醐五大堂、広目天供永久例也、真賢阿闍梨」とある。
(47) 良勝は、永久五年の請雨経法で伴僧を勤めており、奥書を記した賢信（一一一八―八七）は、同じくその時に伴僧として奉仕していた賢覚（一〇八〇―一一五六）と宝心（一〇九二―一一七四）の弟子であった（永久五年の請雨経法の伴僧は『永久五年祈雨日記』に列記されている）。
(48) 空海が神泉苑で善如龍王に祈願したという伝説は少なくとも十世紀中頃より流布したものである（藪註（3）前掲書一四三―一四六頁）。
(49) 平成十七年の醍醐寺霊宝館展示会に展示された『清瀧権現講式』（通海撰、至徳二年〈一三八五〉写）の「醍醐味達池水、住神泉池煙浪、現善如龍王」という文による。
(50) 『新要録』巻第八清瀧宮篇「神秘事」の「或記」。
(51) 『清瀧御事私口決』（江戸中期写、称名寺聖教第三七二箱第五号『印融廿四帖』所収）。
(52) 続群本『建久二年祈雨日記』同年五月十七日・二十一日条。二十一日条に「及丑刻、予参拝殿、仏舎利一粒奉入五輪塔、安置宝殿内畢」とある。

(53)「第三日未尅許、清瀧峯聳黒雲、乾方雷電震動、京中雨散、第四日雷電震動降雨」とある。

(54) 同記同年五月二十二日条。この記事から、清瀧神と善如龍王が娑伽羅龍王の娘として「同類」である点、つまり本質が同じである存在と見なされた事実を読み取ることができる。

(55) 平雅行「女性と仏教」(塙書房、一九九二年)『日本中世の社会と仏教』参照。

(56)『扶桑略記』応徳元年九月二十二日・二十四日条。

(57)『古事談』巻第二(『新訂増補国史大系』一八)。

(58)『薄草子口決』巻第六、T.79, No2535, 209a20-23.

(59)『朝野群載』(『新訂増補国史大系』二九上) 巻第一六「仏事上」所収の円光院検校定賢の奏状文(応徳二年九月十三日筆)参照。

(60)『慶延記』巻第一「円光院」。『為房卿記』応徳二年七月十日条に「又醍醐御堂上棟立柱、奉為前中宮職、以本職納物、大夫所被造作也、件御堂仏壇之内、奉埋前宮御骨、移入金銅塔中、奉納石辛櫃」とある。

(61)『慶延記』巻第一「円光院別当」。

(62)『新要録』巻第一一、無量光院篇「草創事」。

(63)『慶延記』巻第一「安置御骨等事」、『新要録』巻第一一無量光院篇「草創事」。

(64)『新要録』巻第三、円光院篇「本願御骨石櫃事」。

(65) 同「修无垢浄光陀羅尼法事」所収の以下の文による。

雑抄云、円光院中宮崩御之後、遍智院義範僧都、依被申行、以頼照所被修件法也、件状云、

円光院

請定阿闍梨頼照寂円之弟子、号中理趣房也

右従来十五日、一七ヶ日之間、故中宮御祈、可被勤仕無垢浄光陀羅尼法之状、如件、

応徳二年九月十二日

別当権(義範)律師在判

(66) 上島享「法勝寺創建の歴史的意義——浄土信仰を中心に」(『院政期の内裏・大内裏と院御所』文理閣、二〇〇六年)二九八頁。氏はなお、仏塔を墓所とした天皇は白河上皇が最初であり、その遺骨も舎利のごとく仏塔に葬られたことを指摘している(二九五・二九六頁)。

(67)『密教大辞典』「大日如来」項、註（80）参照。

(68)『妙法蓮華経』「提婆達多品」T.9, No262, 35c6-26.龍女の成仏のレベルは宗派によって異なるが、同時代の真言宗では、龍女は究極成仏の思想を具現化したものと見なされた。詳しくは、信証撰『住心決疑抄』T.77, No2437, 516a1-3、北川真寛・土居夏樹「『一乗経劫』について――即身成仏思想に関する問題」（『密教文化研究所紀要』第一九号、二〇〇六年）参照。

(69)『慶延記』巻第一、一四頁（円光院）。『慶延記』巻第一〇、三八八頁（上醍醐清瀧宮）。『新要録』巻第八、四一七・四二九・四四三頁（下醍醐清瀧宮）。『慶延記』巻第二、五〇頁、『新要録』巻第一、三一―三二頁（准胝堂）。

(70)藪註（3）前掲書一八四頁参照。

(71)津田註（5）前掲論文参照。当史料は、『新要録』巻第二の「託宣事」の項目にも収められている。

(72)『実帰鈔』T.78, No2497, 714b18-20.

(73)『三宝院伝法血脈』（『続群書類従』二八下）。真海は、元の僧名は牪海といい、行善房阿闍梨という名でも知られていた（『野沢血脈集』二〈『真言宗全書』三九〉）。

(74)『白宝抄』「請雨経法雑集（中）」、TZ.10, 712b9-12.

(75)正木晃『知の教科書　密教』（講談社、二〇〇四年）一五一―一五五頁参照。

(76)本稿に便宜上、高野山所蔵の図像ではなく、それを忠実に模写した醍醐寺所蔵白描を掲載することにした。高野山所蔵の図像は、京都国立博物館編『弘法大師と密教美術　入定1150年』（朝日新聞社、一九八三年）参照。

(77)『慶延記』巻第一、『朝野群載』巻第一六、四〇八―四〇九頁。

(78)詳しくは、上島享「日本中世の神観念と国土観」（一宮研究会編『中世一宮制の歴史的展開　下　総合研究編』岩波書院、二〇〇四年）所収の「護持僧作法」参照。

(79)『𑖀𑖽清瀧』（『あん清瀧』）大須文庫58-51。当写本のマイクロフィルムは国文研（278-81-21）に蔵されている。当史料は、書写年代は不明であるが、『新要録』巻第八所収の「或記」と同文である。

(80)勝賢記・守覚輯『秘鈔』第六（法花法）に、「口伝云、如説文、結率都婆印、二大指小入掌、総以斯印為塔、是理智不二大日如来之三昧耶身也、以二大指入掌者為表両界大日也、（中略）即両部之大日令坐塔内

也、如此可観念之」（T.78, No2489, 509a22-a27）とある。直接に祈雨と関係する史料ではないが、この記述により、勝賢が仏塔を両部大日の象徴と解釈した事実は読み取ることができる。

（81）『幸心鈔』T.78, No2498, 749b27-c6.

（82）同じく憲深の物語を記す『報物集』にも、准胝が尼形、如意輪が女形という説のみがある（林文子「報物集」〈醍醐寺文化財研究所『研究紀要』第一四号、一九九四年〉一八四・一八五頁）。

（83）『醍醐寺縁起』では、延喜二年に聖宝の前に清瀧神が現れて以来（註（6）参照）、「因茲祈雨之時、孔雀経御読経同大法、仁王経御読経同大法、被　宣下」とも述べられている。

第八章　神輿入洛の儀礼と「洛中洛外」
——南北朝期から室町期の山門嗷訴をめぐって

松本郁代

はじめに

宗教儀礼の主体である神は、仏教や神祇思想によって変化する存在でもある。この変化とは、習合など神の神格そのものが単独で変化する場合もあるが、人による神への期待や信仰など、人為的な目的や願いによっても変化するものである。本稿で考察する山門嗷訴における神輿の神とは、山門系の寺社である日吉七社、京都の祇園社・北野社・京極寺・赤山明神の祭神であり、これらのうち、日吉社・祇園社・北野社の神は、神輿に座して祭礼にも登場する。(1) このように、嗷訴と祭礼という目的や時期が全く異なる場面においても、神の宗教的力が神事という儀礼的装いによって堅持されることで一定に保たれていたため、神としての秩序と効力が期待されたと考えられる。

延暦寺の衆徒が初めて日吉社神輿を奉じ山門嗷訴（以下山訴と称す）を行ったのは、嘉保二年（一〇九五）のことであり、(2) 日吉神輿が初めて内裏に振り捨てられたのが嘉応二年（一一七〇）であった。(3) そして、最後に神輿が鴨川を渡り入洛したのは応安七年（一三七四）といわれている。(4) いわば、この十一世紀の終わりから十四世紀後半の間は、神輿入洛を契機にした神輿の「神」が社会的に表面化した時期といえる。

嗷訴の儀礼的側面について論じる上で明確にしておくべきことは、まず、大衆による抗議行動と神輿入洛の違いについてである。通常、これらは山訴の一連の行為として捉えられている。しかし、本稿では、大衆の嗷訴決起に関わる一味同心や閉門・離山作法などについては、大衆が訴訟過程において主体的に起こした抗議行動の形として捉えている。この点に関しては、衣川仁氏が指摘されたように、大衆の抗議行動自体が、公家社会の宗教イデオロギー的な呪縛や暴力性に基づくものではなく、政治的に制御されうるものであり、示威表象的なものであったといえる。(5) しかし、神輿入洛という行為は、抗議行動の一つではあるが、大衆が神の作法に奉仕した上で、目的の遂行を可能にしたといえ、神がいなければ成立しないものであった。すなわち、神輿入洛とは、神を主体にした儀礼行為として捉えられると考えられる。

山門の守護神として日吉七社に鎮座する神を基本的な山王神の姿とすると、祭礼や嗷訴を目的として洛中へ登場する神とは、否応なく外部世界である公家社会や権力と関連をもつことになる。それは、神をめぐる環境が、神仏世界の次元ではなく、社会的・人為的な次元にまで広がり、それに伴いさまざまな神格が登場することを意味する。そして、かかる次元における神とは、人間との交流を可能とする社会的な神であるとともに、人為的に操作される可能性を孕む神格でもあったと考えられる。

よって、本稿では、先に示した南北朝期を中心とする山門嗷訴を契機とした神輿入洛によって、山王神が祭礼神から嗷訴神へと神格変化しつつ、山王神として一定の秩序を保った儀礼的神事の実態と、洛中に居す神の存在が及ぼした社会的影響の範囲について論じたい。

一　洛中騒動の山王神

1　神輿入洛という神事

嗷訴時における神の姿を捉える前提として、まず、嗷訴によって神輿入洛が行われるまでの室町期における延暦寺惣寺の手続きについて、下坂守氏の論考に従って確認しておきたい(6)。

山訴は、延暦寺の東塔（根本中堂）、西塔（釈迦堂）、横川（楞厳院）の三院（三塔）のいずれかが起こすもので、各院（塔）の閉籠衆といわれる集団が他の両院に対し、「同心」を呼びかけることから始まる。そして、山内へは、各院が管轄した日吉社の神輿動座の合力や幕府への内通の禁止、閉籠や評議への参加や堂舎閉門等を求め、末寺末社へは、同じく閉門を呼びかける衆議事書が送られた。そして、衆議に「同心」した院に日吉社神輿が振り上げられるなどして三塔僉議が成立し、正式に一山の嗷訴として決定する。さらに、山訴が決定した時点で、山門と末寺末社における一切の神事と仏事が停止され、末寺末社には神輿の動座命令が下達された(7)。ここまでは、大衆による抗議行動としての作法であるといえる。

そして、神輿入洛の準備が整えられ、下山し入洛した日吉社神輿は、末寺末社の神輿と合流するなどして、大衆らによって主に室町殿や陣中の付近に振り捨てられ(8)、振り捨てられた後の神輿は、延暦寺末社である祇園社などへ入社し、その間、延暦寺三院や末寺末社では、山訴が落居するまで堂舎閉籠と神事仏事の停止が続けられた。ただし、このような山訴における神輿が洛中に入る「神輿入洛」が成功した事例は応安七年（一三七四）六月二十日を最後とするため、それ以降の入洛はなくなるが、室町期以降も、神輿が入洛を目指し、洛外における動座や振り捨てが行われたことから、神輿入洛のための一連の行為は続いていたのである。

このように、山訴は、比叡山内の一院から一山全体を巻き込みながら、神輿動座を伴う「合力同心」の手続きを踏まえて成立した。そして神輿入洛に関しても、入洛から帰座まで一連の流れができあがっていたことから、これらを訴訟を目的とした一つの儀礼として捉えることができる。また、山門の大衆が神輿を動座するという行為は、本来の神事や仏事から外れたものであっても、常に神輿の神の「神慮」を背後にして行われていたことからも、一種の宗教儀礼であったと考えられる(9)。

そして、山訴が落居し訴訟自体が終了しても、神輿が造替されるまで基本的に帰座せず洛中洛外に留まり(10)、その間も、本社や末寺末社の祭礼が停止されていた点は(11)、かかる神輿の神が、嗷訴と祭礼の間を循環していたことを裏づけている(12)。この神の循環とは、すなわち、神事停止→神輿入洛→祭礼延引→神輿造替→帰座→祭礼再開、という一連の動向に見出すことができる。そして、この動向は同時に、神輿の神が洛中と洛外の地域一帯を循環するものでもあったと考えられる(13)。

もちろん、神輿入洛は、山訴における手続きや通常の神事と異なり、儀礼として次第に則った規則性や形式はもたず、その時々の実効性が求められた点で極めて状況的・実況的なものであった。さらに、神輿の動向ですら予期できなかった点で、神の存在は極めて不安定な状況におかれていたことになる。しかし、このような状況下における神輿入洛の儀礼的文脈とは、山訴開始時から山門が常に山王神という因果律を背景にもっていた点、かつ、叡山と京都を結ぶ洛中洛外を循環する神の自律性が認められる点にあると考えられる。

すなわち、嗷訴と祭礼を契機に表出した神とは、広く洛中洛外社会に対する社会的権能が授与されるのと同時に、また、かかる性質をもつ神がこれらの社会に受容されたことを意味する。そして、このような神が通用する有効範囲を具体的に追究することにより、神輿入洛によって変化する神の儀礼学的な位相を見出すことができると考えられる。

2　山訴の風流

中世において日吉社神輿が社会に現れたのは、前項で述べたように、祭礼と嗷訴時であり、神輿の神とは、これらの行事に登場していた。そして、政治的・人為的な山訴を背景とする神輿の神が、山王神の祭神として、祭礼と嗷訴の間を循環するように存在していた点は、祭礼と嗷訴が全く別物の行事・儀式ではなかったことを示している。

一方で、嗷訴時における神輿の神は、はたして洛中住民にどのように映ったのであろうか。まず、嗷訴によって神輿が入洛する前段階の史料から確認しよう。

応安元年（一三六八）八月二十五日、延暦寺三塔衆議によって神輿入洛が決定し、神輿に関わる次のような条々が挙げられた(14)。

一、賀茂河浮橋・山王畠仮屋事、可被厳密催立事、
一、師子・田楽以下色掌人、廿□（虫損）日早朝可有登山旨、可被相催事、
一、駕舁丁懸坂本在地人、自来廿七日暁量可有登山旨、可被加厳密之催促事、
一、入洛之日限既為近日□（虫損）者、寺家中之公人等悉令住山、可随所役事、
一、祇園・北野・京極寺神輿奉飾之、本社入洛之時、可奉振合之旨、可被相触事、

右条々によると、賀茂川を渡るための浮橋や神輿の仮屋を建てること、獅子舞や田楽の色掌人、「坂本在地人」からの駕舁丁を徴発登山させ、寺の執行機関である「寺家」の（山門）公人などを全て坂本から「住山」させ諸役に従わせること、末寺末社の祇園・北野・京極寺では日吉神輿との「振り合わせ」に備え神輿飾りをすることが命じられた。これらは、神輿動座と神輿入洛に備えた準備の具体的内容である[15]。

特に、神輿が比叡山から入洛を目指して下山する際には、神輿に獅子舞や田楽が付随していたことから、嗷訴の発生が暴力的な契機であっても、祭礼と同様に風流が尽くされていたことがわかる。また、この獅子舞や田楽は、神輿が入洛のために比叡山から下山する時のみならず、入洛して洛中に振り捨てられた神輿が、新しく作り替えられ日吉社へ上山する時の行列にも同様に付随していた[16]。

通常、寺社の祭礼には「渡物」という神事行列が渡御するのが習わしであった。十二世紀以降には、神事行列の中核に神輿や神木などが配され、そこに芸能集団の神楽や舞楽をはじめとする、獅子舞、田楽、王舞などの渡物、競技集団として競馬、流鏑馬などが催された。そして、嗷訴における獅子舞や田楽に代表される渡物については、「田楽が軍事的な示威行動の伴奏としての役割を果たした顕著な例」として「南都北嶺の権門寺社の嗷訴の場合」と、獅子舞や田楽を「武装勢力に随行する田楽が一種の軍楽として機能」したと位置づけられている[17]。

しかし、山訴における神輿入洛に関していえば、これらは、軍事的な「示威行為」としてだけではなく、神輿に伴う風流としても考えられる。この点については、嗷訴で使用した神輿をどのように扱うのか、という点と関わると思われる。また、入洛した神輿の造替に携わった「道々之輩」には、番匠・漆工・蒔絵師・銅細工・打物師・鋳物師・鏡造・鍛冶・平文師・玉造・貝摺・錦織・綾織・両面織・繍師・組師・茜染・紅染・紺搔・甲造・乱緒・油単・打殿・障子張・御細工・畳差などの職人が登場するが[18]、工芸や染織、組み立てに携わった職人の種類が、技術内容によってかなり細分化されていたことからも、神輿造替の技術が匠の技の結晶であったことを読み取ることができる。さらに、同記には「師子三頭内、小頭依回禄今度新造」と、嗷訴によって破損したと思われる獅子についても「通用御物」として新造されていた。これは、神輿造替の範囲が風流に関わる「御物」にも及んでいたことを示している。すなわち、本体である神輿以外に、風流に関わる獅子も神輿に付随するものとして捉えられていることから、獅子をはじめ風流に関わる「御物」も、実は神輿渡御の構成要素の一つであったことが判明する。したがって、神が動座する際には、乗り物としての神輿のみならず、それに付随する風流も一体のものとして捉えられていたのである。

一方、神輿が入洛した洛中に目を移すと、山訴時においても「自祇園社至出雲路辺路次之間、宮仕・神人等狼藉喧嘩出来及度々、見物之者等多被刃傷殺害云々」（『後愚昧記』応安二年八月三日条、以下、史料傍線部は引用者による）などの記事から、入洛した神輿を「見物」する人々がおり、通常の祭礼と同じように混乱に乗じた狼藉・喧嘩などが起きていたことがわかる。[19] このような事態が出来した理由として考えられるのは、入洛した神輿を神事の対象として扱う朝廷や、神輿造替の対象（「奉振儀」[20]）とすべきかの判断を行う幕府側の対応とは別に、洛中の人々にとって、風流が尽くされた神輿は「見物」の対象となるものであったからであろう。これは、祭礼にしろ嗷訴にしろ、その神輿がいかなる契機や状況にあっても、洛中社会では、神の乗り物として普遍的な価値が認められていたことを証左するものであると考えられる。

現在の日吉神輿は一基が一・五トンから二トンという重さであり、[21] 当時の神輿を担ぐエネルギーは計り知れない。これらの神輿を大衆が担いでいる様子を描いた絵画として、たとえば、江戸時代成立の『山法師嗷訴図屏風』（滋賀県立琵琶湖博物館所蔵）が存在する。[22] しかし、史実に照らせば、神輿を担いだのは、祭礼や強訴を問わず、特権的に神官や専門の担ぎ手（駕輿丁）が担いでいたとされている。[23]

いずれにしても、山訴の遂行を目的とする一過程に過ぎない神輿振りが、後世、叙述され、描写される対象となったのは、神輿に乗った神の動座が、山訴の示威行為としてのみならず、全体的には、神輿入洛とその渡物が一連のパフォーマンスとして認識されていたことを示唆している。ただ、洛中社会における嗷訴と祭礼で大きく異なったのは、天皇や公家を含む洛中住民にとって、嗷訴による神輿入洛が洛中の「騒動」「物騒」「如無皇憲」[24]として恐懼や嘆きを与えるものであり、さらに「天下大乱」「朝家重事」のこととして迎えられた点にある。確かに、神輿入洛の際には、神の力を鼓舞し、障碍を除くための高声なども伴い[25]、時に合戦となるような、非常時の空間を作り上げていた。よって、このような空間を経験し振り捨てられた神輿を「見物」する人々の視角や聴覚には、神輿という形象に嗷訴時における神の記憶を捉えていたと考えられる。

もう一つ、洛中社会では、山訴による神輿入洛の要因の一つを末法に求める傾向が強くあった。当時の日記には、神輿入洛を「末世無術」[26]や「誠台嶽之仏法滅尽之期至歟」、「天台之仏法可滅亡之時」[27]などとして、神輿入洛という社会不安が末法時の天台仏法に対する不信感として表現された。その一方で、このような末法を克服するのは天台を含む顕密仏教であるとの主張が存在したように[28]、山門嗷訴は、仏教界の思想動向を含んだ社会的問題を投げかけるものであった。そして、それは、確実に王法と仏法の相依という枠組みを仏法の内側からゆり動かし、合わせて末法期の不安定な仏法に神の力が加わることによって、「洛中騒動」という末法期的な状況を繰り広げたものであった[29]。

しかし、神輿入洛という異様さと神輿の華麗な風流は、末法期の神という観念も合わせて、洛中の人々を惹きつけたことは否めない。山訴が暴力と風流という二律背反的な装いをもちつつ、さらに、洛中の恐怖や危惧が掻き立てられた状況下における山王神の姿については、次項で説明したい。

3 洛中の山王神と猿

天皇や公家を含む洛中の住民にとって、目に見える嗷訴とは、神輿・神木の動座や入洛という形象であり、それらが実働する姿であった。しかし、南北朝期から室町期における山訴は、既に『平家物語』『元徳二年三月日吉社幷叡山行幸記』『太平記』など、山訴に関わる歴史叙述が成立していた時期に当たる。また、山門による嗷訴の形態も、次第に政治的に制御される柔軟性をもち、院政期以降は朝廷が大衆との直接的戦闘を回避する傾向が生まれ(30)、さらに、室町時代前期には、幕府による山門使節との交渉によって山訴が政治的に制御できるシステムが成立し、コントロール可能な嗷訴に変化していった。一方、山訴における神を主体的に捉えれば、山王神の「神威」によって仏法が優越される山訴の構造ができあがったと評価でき、山王神に対する社会的な存在価値が認められたと解釈できる。

このような山王神に直接的に関わった者として、既に、山本ひろ子氏は、山門では、正月と四月の祭礼、社頭仏事である礼拝講に出仕し、神輿の宗教的機能を管掌した巫覡集団「廊の御子」をはじめ、その中でも専門に神輿に関わり山王の託宣を行う童女「寄気殿《ヨリキドノ》」の存在を指摘された。氏は、巫者による託宣行為を「〈冥〉の論理が〈顕〉の世界とヴィヴィッドに交渉していたという時代の精神と情動」として位置づけられている(31)。よって、前項で述べたように、山訴によって生まれた王法と仏法に対する危機感とは、山本氏の概念を借りれば、さらに、歴史叙述や社会現象を介しながら〈冥〉と〈顕〉の世界を交錯し、さまざまな世界観を作り上げながら、社会的危機感として昇華されていくものと理解できよう。それは、前述した歴史叙述における山王神を追体験するものとして、同時に、その「神威」が衰えていないことの証明にもつながるものである。しかし、何よりも山王神との交流は、叙述世界のみならず、実際に洛中の住民が神との交流を体験し、そして、この体験が社会で共有されることによって初めて叙述の地平が開かれたと考えられる。

また、山王神が社会的に表れる契機となったのが、憑依託宣をはじめ、夢想、怪異、神罰であった。なかでも、山王における「猿」は、社会において比喩的にも実際的にも行動する神の使いであった。しかし、問題は、このような比喩的な「猿」が実際に果たした社会的役割である。もちろん、これらは、伝聞や文書などによる社会的媒体を通じて分析すべきものであるが、山訴をめぐる磁場が山門と洛中洛外である限り、その社会的機能は、洛中住民を媒介にして、一つの「〈顕〉の世界」を循環するものであったと考えられる。

次に示すのは、洞院公賢の日記『園太暦』に記された康永四年（一三四五）八月十二日付、安富民部大夫行長よる夢想の注進状である。(32) 当時山門は、同年七月八日から天龍寺供養をめぐって嗷訴を起こしており、山訴の真っ最中にあった。日記の翌日の八月十三日には山上動座した神輿が、その日のうちに帰座していた。

康永四年八月十二日、七社神輿可有入洛之由騒動之間、行長令驚嘆之処、其夜寅刻夢想曰、大ナル猿七疋群烈シ、シテノ著タル榊ヲ捧テ仙洞へ参ル、境節洞院殿御参アリ、猿申ヤウ、「是ハ日吉ヨリノ御使共ニテ候、此榊御所へマヒラセサセ給へ」トテ、御手移ニマヒラス、洞院殿トラセ給ヒテ御持参アリ、シテニテハナクテ神ノ御歌ナリ、洞院殿御奏聞之後、シテノ著タル榊ヲ持出サセ給ヒテ、猿ニタフ、御製ト覚ヘテ、是モ御歌ナリ、

憑ソヨ日吉ノ神ノマスカ、ミカケテノ後ハナニカクモラム、

猿是ヲ給リテ、御社ヘカヘリ参ルト覚ヘテ夢醒了、

右の注進によると、夢想に関わる人物としては、夢想の当事者安富行長、そして夢想の中に登場した「日

吉ヨリノ御使共」の七疋の猿、日記の記主であり、猿と「御所」（天皇）の間に立ち交渉した洞院殿（洞院公賢）、御歌を詠じた光明天皇である。

夢想であるため場の設定や時間的推移の矛盾は追わないが、七疋の猿は日吉七社の神輿の神の使いとして、「シテ（紙垂）」の著いた榊＝「神ノ御歌」を天皇に渡し、その返歌を天皇から与えられたことから、これらの猿は、神と天皇とが夢想の中で交渉する媒介者としての役割を負っていたことを示す。実際には、行長の中で一方的に展開されているようにみえる夢想であるが[34]、その広がりが社会と連続していく契機があった[33]。次に示す八月十七日付、洞院公賢宛の遍照寺宮益性消息には、

抑不思議事ハ今度山門訴訟最中哉、武家之奉行中之宿老者夢想事候、自山王歌を読て、其御方へ被進候けり、返歌又申されて候ける御歌とて、語申事候、則可参申之由内々申候間、尤可然由仰含了、武衛とも可申由申候、神慮ニも通たる御事にて候けるとて、畏恐申候、且拭感涙式候、定其仁近日可参申候、歌も其仁参時可啓候、返々殊勝事候、

と記され、先の行長の夢想が事実として踏まえられ、話が展開されている。

公賢はこの内容について「頗雖不足信用」と評していた。その二カ月後の十月十日、遍照寺宮から再び「最前と申候き、以自筆如此記進候、可進之由内々申候、神感尤目出御事候、此事武衛可奏聞由申候、云々」と、消息と夢想が一緒に届けられた。行長は、注進状の末尾に「倩案之」として「天龍寺供養之日臨幸之間、不可有御入洛之儀、天下可属無為之条掲焉也、可信可仰而已」と結んでいる。

夢想に登場した洞院公賢は「感悦」と日記の冒頭に書いているが、実は、この夢想のバックグラウンドに

は、それぞれ夢想に登場しその内容を記録に残した洞院公賢、その内容を本人へ伝えた遍照寺宮、さらに消息部分に登場する「武衛」＝蔵人で左兵衛権佐の柳原忠光、[35]そして、夢想を公賢から奏聞された天皇がいた。そして、彼らが同じ夢想の内容を伝えられ、共有することにより、結果的に公家や朝廷は、この夢想を皆で二次的に体験したのであった。こうして、本来は行長の個人的な「夢想」が、人々の伝聞を経て体験化されることにより、洛中社会に何らかの意味を示唆する山王神の姿として展開したのであった。

夢想による天皇の返歌の目的は、神輿の動座をやめさせる、すなわち、山訴の停止であったと考えられる。そして返歌に登場する「日吉ノ神ノマスカ、ミ」とは、座《ま》す／真澄《ます》カガミとして、山王神の霊が宿っている日吉七社の鏡を指すと考えられ、それが神輿動座によって欠《か》けた／翔《か》けた後は、どうしてかカガミが色艶を失い曇った状態になってしまうであろう、というものである。この返歌は、山訴による神輿動座自体が山王神の神威が弱まることにつながり、ひいては朝廷権威の低下につながることを託したものであった。いわば、夢想を媒介に山王神の意志を奉じた七疋の猿が〈顕〉の世界をかけめぐり、榊に記された神の歌に対する返歌をとおして天皇が落居を訴えたのである。

古来より、神語や託宣など神のコトバは、ウタ（歌）に詠まれることで翻訳され、人に伝達されてきた。[36]したがって、猿が奉じた和歌を神の言葉とすると、それを夢想した行長は、神の意志を伝達した者（ヨミ手）であり、和歌が公家社会に連鎖し解読・翻訳されたところに、山王神の存在意義を認めることができよう。つまり、山王神は、このような〈冥〉の論理を借りながら、叡山と洛中である〈顕〉の世界をかけめぐり、さらに公家社会における〈顕〉の論理の内に解釈されたといえる。そして、その解釈には、洛中で活躍した山王神の使いであった猿をはじめ、〈冥〉と〈顕〉の世界を行き交うことができた、中世に有効であった人間と神仏の交流方法と媒体が存在していたのである。

よって山王神をめぐる嗷訴の儀礼的空間とは、洛中／洛外という地理的空間に加え、神と人間が交流する冥／顕の時空間とが交差する広大な世界でもあり、神の権能とはその時空間に及ぼされるものであったと考えられる。

二　「無神」の山訴

嗷訴における神、山訴における山王神が居す神輿は、たとえ、神輿が入洛しても、常に神が居す状態ではなかった。たとえば、応安七年（一三七四）六月二十日の山訴は、通常の神輿入洛と様相が違い「山門神輿入洛、（応安二四廿一）入洛古神輿也、先代未聞也、神木・神輿同時在洛始歟」[37]という状態であった[38]。この「古神輿」とは、嗷訴で既に使用された神輿を指している。周知の通り、山訴で使用された神輿は、朝廷が新造するのが常であったが、南北朝時代から室町時代には、何らかの事情で神輿造替が遅延したために、日吉以下末社の祭礼が延引するという二次的影響が頻発していた。かかる「古神輿」とは、この造替が行われる前に再び山訴に使用された神輿のことであり、新造に対する「古」の意味であった。これは、神輿に座す「神」の在／不在と関係する表現であった。

この「古神輿」が「神輿」として初めて入洛したのは、**表1**に示した通り、応安元年八月二十九日の日吉社神輿三基（八王子・十禅師・客人）と、応安二年四月二十日の残りの四基（大宮・聖真子・二宮・三宮）の二度に亘る山訴の際であった。この山訴の発端は、南禅寺の定山祖禅が著した『続正法論』であった[39]。定山は、八宗や四箇大寺が禅宗の一隅にも及ばないものであるとし、特に延暦寺と園城寺の存在を「特夫延暦寺之法師等者、唯為七社之獼猴、似于人而非人者也」、「復園城寺之悪党等者、独為三井之蝦蟆、於于畜尤劣者也」などと誹ったことにより、山門が禅宗勢力を威嚇するために、著者定山の流罪と南禅寺の楼門破却を求め[40]、山門の要求が受け入れられる形で落居していた。

しかし、問題はこれで終わらなかった。表1に示したように、応安七年に再び入洛したという「古神輿」は、「抑今度神輿、先年帰座之後、雖有造替之沙汰、不及遵行之間、重可奉振棄旧輿由、（中略）不及造替▨神輿重入洛、無先規乎[41]」とされ、今度はこれらの神輿造替を求めて嗷訴が行われたのであった。

表1に示した応安元年と翌年の神輿入洛は、それぞれ別の神輿が入洛したことから、「古輿」ではなく通常の神輿入洛として認識されていたが、その六年後の入洛は、神輿造替のための「神輿重入洛」であり、完全に目的が本末転倒した山訴であった[42]。表1の記事に示したように、応安元年と応安二年の嗷訴を経て、応安四年から応安六年まで、朝廷側も神輿造替の準備を行っていたが、遅々として進まず、応安六年の六月に一度、造替を訴え山上に「輿」動座するが、その時は仮帰座に終わり、応安七年の六月に、ついに神不在の「輿」入洛という事態に至ったことがわかる。

嗷訴本来の意味からすれば、神輿は万全な状態であってこそ、その神威が発揮されるのであるが、その前提となる神輿の回復を求めての嗷訴が発生したのである。つまり、ここでは、神輿による嗷訴が目的遂行のための手段ではなく、神のための嗷訴という逆転的な目的遂行のための手段に成り代わっていたことを示している。

次に示す史料は、応安七年の山訴における「旧神輿」の扱い方について記されているものである[43]。

依造替遅々奉入之云々、但神無乗御之儀、旧神輿許奉返入之儀也云々、然間今度衆徒等一人毛不供奉、以公人等許奉入之由有其聞、為後日猶可尋一定、追人々説云、如衆徒事書者、奉返入旧御輿之由載之、

如座主宮令旨者、空輿之由被載之云々、然者無神乗之儀、奉入御輿許之□無子細歟、

すなわち、神輿造替が遅れているので、山門が神の乗らない「旧御輿」を洛中へ奉返しにきた際、その「御輿」に供奉する大衆が一人もいなかった旨が記されている。これは、従来の神輿入洛が風流を伴ったことに鑑みれば、今回の「神輿重入洛」は全く本来の神輿入洛と別の扱われ方であったと解される。さらに、神輿入洛の際に供奉したのは公人だけで山徒がいなかったということは、山門も神輿が「無神」であることを承知で入洛し、そのような対応をしていたことが判明する。

また、山門側も単なる「輿」となった神輿の存在を良しとしていなかった点は、「神輿重入洛」の前年の応安六年六月二十九日、神輿造替を求め「誡希代」の嗷訴を行ったことからもわかるが、この時は、山上に神輿を動かすに留まり、入洛には至らなかった[44]。

さらに、この史料に登場する「神輿重入洛」に関する延暦寺衆徒事書には、神輿のことを「旧御輿」、また青蓮院宮尊道法親王（一三三二—一四〇二）の令旨には「空輿」と書かれており、いわば「無神」の神輿は、単なる「輿」である旨が説明されている。つまり、応安七年に初めて行われた「輿」の入洛は、通常の神輿入洛ではなく、「無神」の山訴であったのである。しかし、このような「無神」という認識の裏には、やはり山訴の現場において、通常の神輿入洛が見せかけとしてではなく、観念的な部分で神の存在が非常に重要な位置を占めていたことを示している。また、洛中住民が振り捨てられた神輿を「見物」したのは、既に神が去った後でも、神が居した乗り物であったことに対する神への信仰に他ならないと思われる。

山門によるこの「神輿重入洛」の問題は、単に山門が神のいない「空輿」を返却したことに留まるものではなく、「今度但為古輿之間、不奉移御神躰云々、同夜奉入祇園社、神儀無御入洛之間、不及備神供云々[45]」

表1　神輿再入洛から帰座、祭礼の再開まで（応安元年から康暦二年まで）

時期	入洛の神輿	動座・振り捨ての場	奉渡／奉帰の場	神輿の状態	備考
応安元年（一三六八）八月二十九日	日吉社八王子	河合社東（多々須河原）	祇園社（舞殿）	八月二十九日動座～翌年八月三日仮帰座	南禅寺定山流罪
	日吉社十禅師	河合社東（多々須河原）	祇園社（西間）		
	日吉社客人	一条東洞院（内裏北門）	祇園社（東間）		
	赤山明神	一条東洞院（内裏北門）	祇陀林寺→祇園社		
	京極寺	一条東洞院（内裏北門）	祇陀林寺→祇園社		
	北野社王子殿	一条西洞院（大峯所）	北野本社（廊）		
	北野社大御前	一条西洞院（大峯所）	北野本社（廊）		
	祇園社八大王子	四条京極	祇園社（舞殿正面）		
応安二年（一三六九）四月二十日	日吉社大宮	内裏北門（内裏北築垣北）	祇園社（舞殿）	四月二十日入洛～八月三日仮帰座	南禅寺楼門破却
	日吉社聖真子	一条東洞院（正親町高倉辺）	祇園社（西間）		
	日吉社二宮	一条東洞院（正親町高倉辺）	祇園社（東間）		
	日吉社三宮	一条東洞院（正親町高倉辺）	祇園社（未申）		
	祇園社大宮	四条東洞院（北東頬）	祇園社（礼堂）		
	祇園社少将井	四条東洞院（北東頬）	祇園社（礼堂）		
応安四年（一三七一）三月十二日	日吉社神輿造替の功程を検知（『師守記』）				
七月十三・二十二日	日吉社神輿造替遅延により祇園社閉門、「大訴」を朝廷で議論（『社家記録』）				
十二月二十三日	造替に向けて、本社で神輿実検（『師守記』）				
応安五年（一三七二）七月十一日	造替料足として諸国に段銭を賦課、祇園社を開門させる（『社家記録』）				
九月二十四日	日吉社・祇園社の造替奉行が決まる（『社家記録　裏文書』）				
十月十日	後光厳上皇、神輿造替諸国段銭を院御領以下三社領・三代御起請符地への賦課を許可（『後愚昧記』）				
十一月十六日	造替に向けて、主典代・庁官など再び本社へ参向し実検（『師守記』）				
応安六年（一三七三）六月二十九日	日吉七社神輿	山上	―	六月二十九日動座→仮帰座	神輿造替を求め嗷訴

応安六年（一三七三）八月四日	武家・院沙汰により造替行事所（一条万里小路）が造立、造替料不足（『師守記』）			
八月十日	神輿造替行事始が行われる（『後愚昧記』）			
十二月二十七日	幕府、日吉神輿造替の奉行人の重服（八月二十五日〜）の除服を沙汰す			
応安七年（一三七四）六月二十日	日吉社神輿①	一条万里小路（造替行事所）	六月二十一日祇園社	六月二十日動座〜康暦二年六月二十五日	神輿造替を求め嗷訴「神輿重入洛」
	日吉社神輿②	一条京極（河崎西門西辺）	六月二十一日祇園社		
	日吉社神輿③	一条京極（河崎西門西辺）	六月二十一日祇園社		
	日吉社神輿④	一条京極（河崎西門西辺）	六月二十一日祇園社		
	日吉社神輿⑤	出雲路辺	六月二十一日祇園社		
	日吉社神輿⑥	出雲路辺	六月二十一日祇園社		
	日吉社神輿⑦	出雲路辺	六月二十一日祇園社		
	赤山明神	出雲路辺	六月二十一日祇園社		
	京極寺	出雲路辺	六月二十一日祇園社		
	北野社①	一条大宮	六月二十一日北野社		
	祇園社八大王子	四条京極	六月二十一日祇園社		
永和元年（一三七五）七月二十六日	武家沙汰による日吉神輿造替始（『愚管記』）				
永和五年（一三七九）二月九日	神輿造替を幕府に促す（『愚管記』）				
康暦元年（一三七九）六月八日	日吉社旧輿帰座。（『日吉神輿入洛記』）				
康暦二年（一三八〇）六月二十五日	神輿を三日間かけて飾る（『祇園社記』第一〇）				
六月二十九日	神輿造替、帰座（『祇園社記』第一〇）				
十二月十五日	日吉祭礼が行われる（『祇園社記』第一〇）				

※注：元号は北朝に統一した。神輿入洛に関する史料の典拠は、特に記していない事項については『大日本史料』同年月日条の所収の記事を基本に参照した。また、応安七年の神輿入洛に関して、日吉社（①〜⑦）と北野社（①）の神輿の番号は神輿の呼称が不明なため、入洛した神輿の基数を示すため番号を示した。康暦二年の間における造替行事の動向については全てを網羅しているわけではない。

と、「古輿」であるため「御神躰」が移されず[46]、祇園社に安置されても、通常の神輿入洛ではないため、神供を備えるにも及ばなかったというものであった。

すなわち、神が乗らない「輿」とは、神事を含めてその扱い方が変わる、神事の儀礼的な装いを必要としない「無神」の「輿」というものであった。この輿は、神事を不要とするが、神の居す神輿が修理されなければ、結局、神輿に乗った神が御旅所にお出ましになる祭礼の執行を妨げる要因ともなった。いずれにしても嗷訴と祭礼には、神が居すことのできる清浄な神輿が必要とされたのである。

そもそも山訴が決起されるのと同時に、山門の末寺末社の神事が一切停止され、これに伴い自動的に末寺末社の祭礼停止が行われた。すなわち、山門が末寺末社へ下達した組織的な神事の停止であった[47]。しかし、応安三年から応安六年にかけては、一度山訴が落居していたにもかかわらず、その間ずっと祭礼が停止されていた。これは、神輿の造替が行われないための「祭礼停止」であり、神輿入洛が引き起こした二次的な「祭礼停止」の期間であったといえる。また、この間、入洛した神輿もずっと「無神」の状態であった。

南禅寺の定山祖禅による旧仏教非難に端を発し、山訴が行われた応安元年から応安七年の間はもちろんのこと、その十二年後の康暦二年（一三八〇）六月に造替が完了し帰座するまでの間、朝廷や幕府側によって神輿造替の準備はされていたが、結局、費用の不足により造替されなかったのである。このような非常事態によって、この間、本来、例年の行事として行われるべき祭礼が延引されたことは、神仏に対する人々の認識にも影響を与えたのではないか。したがって、この期間、洛中社会においてこの「輿」の神がどのように扱われていたのかを読み取ることにより、逆に「無神」の「輿」と、祭礼や嗷訴における山王神の存在意義を見出すことができると考えられる。

応安三年（一三七〇）六月七日付の公卿の日記には、「今日祇園御輿迎也、然而神輿不令出少将　院《（井カ）》給云々、是日吉神輿入洛之後、未及造替之間、当社神輿同不及其沙汰、仍如此云々、先例也云々、可勘知之事也(48)」と、神輿入洛後に神輿が造替されていないため祭礼を延引することは、「先例」によるものとする記事がみられる。そして、応安七年に空の神輿が入洛した後も「北野祭延引、依山門訴訟、日吉神輿（但空輿）、御在洛□、当社神輿御動座之故也(49)」として、造替を求めた山訴のために北野祭が延引になったという記事もある。これは、山門による末寺末社支配の関係から、山訴による神事停止に伴う祭礼の延引として解される。

そして、毎年のように祭礼が停止になると、たとえば、永和四年（一三七八）六月には「今日祇園御輿迎也、而神輿（山門）造替未事終之間、彼社（祇園）、神輿同不出来、仍此間年々無御輿迎、今年又同前也(50)」と、祇園社に日吉社神輿が安置されているため、祭礼の停止が「同前」という認識になり、祭礼延引が次第に社会的に日常化していく過程をそこに読み取ることができる。

しかし、その間、神輿は単なる「無神」の「輿」であっても神に対する認識も確かに存在していた。すなわち、「神輿造替遅々訴也云々、延慶雖経七ヶ年不及此儀、此時始例之条、可謂希代之儀、兼日不風聞、俄今日奉帰入也、可有大事之間風聞之間、怖畏之処、無為、可謂珍重之也(51)」と、延慶年間（一三〇八～一三一一）に七年も神輿の造替が遅延した例を挙げた上で(52)、この「大事」を畏怖する声や、さらに、「是則日吉神輿、数年雖有御在洛、造替事一切無沙汰之間、為神罰之由乗人口歟(53)」と、神罰を恐れる認識が存在していた。

次に挙げる史料は、この「神罰」に関わるものとして、延慶年間の嗷訴から結局、丸九年の間祭礼が行われず、初めて「仮輿」で祇園（神）輿迎が行われた際のものである(54)。

文保二年六月十四日御輿迎、同廿一日御霊会、但仮輿也、（以本造替未作、神輿為仮輿、）仮輿奉行尚春（刑部卿）僧都也、（割注中略）是仮輿於当社者初例也、申行初例依神罰、同六月十四日御迎奉拝、即自当座栄晴付同病、廿三日他界畢、病疾病也、自文保二年至于元応二年、以仮輿被遂行祭礼畢、

すなわち、文保二年（一三一八）から元応二年（一三二〇）の間、「仮輿」で祇園祭礼が行われたという。しかし、初例を申し行った「神罰」として当座の栄晴が疾病により他界したと説明されており、神輿が造替されないため祭礼を「仮輿」で行うのに躊躇する先例として捉えられている。また、神輿が造替されない場合、神が「神罰」を与える存在として考えられていたことがわかる。それは、神輿がいかに「無神」の状態であっても、神輿を離れた神がどこかに存在しているとの認識を裏づけているものであり、そこから「神罰」という解釈が生まれ、その畏怖が社会的な認識として成立していたと考えられる。

つまり、祭礼の延引や停止を「先例」「同前」として容認する社会的・日常的な認識が生まれていた一方で、山訴による神事の停止や延引とは別次元における洛中社会では、「神輿」を失った神の存在までもが捉えられていた点を読み取ることができる。(55) それは、まさしく洛中に留まっていた「無神」の「神威」であったといえるのではないか。

応安七年（一三七四）の神輿造替の訴えに端を発した「輿」入洛は、結局、康暦二年（一三八〇）六月に新造された神輿が帰座し、さっそく、その年末の十二月十五日に日吉社の祭礼が執行された。そして、その後、祭礼が何らかの事情によって延引しても、その年内に祭礼を行うことが恒常化された。(56)

このように、通常の日吉の祭礼日が卯月中の申の日であったにもかかわらず、年末に行われた点は、洛中洛外社会における神に対する認識とも関わると考えられる。すなわち、年に一度行われる祭礼とは、神とその信仰圏に生きる人間と神との交流の機会であり、信仰圏の一年のサイクルの中に神を呼び戻す祭礼をとお

して、神による地域の安定が期待された[57]。それは、異例な時期の祭礼であっても、神の社会的権能を保つ上で必要なことであったと思われる。

応安七年の山訴における空の神輿による入洛は「無神」であったが、その間、「神」は新しい神輿での祭礼を待ち、それを見聞していた洛中社会では、祭礼が執行されないことに対する「神罰」という認識を共有しながら、神の存在を捉えていたのである。したがって、嗷訴で延引した祭礼が再開されるまでの一連の動向には、嗷訴から祭礼へと連続する神の社会的な循環と、神への作法を読み取ることができる。しかし、その後、神輿入洛そのものもなくなってゆく。

三　鴨川と山王神のメカニズム

本節では、前節までに論じてきた神輿入洛の際に人々が捕捉した神輿の「神」の姿を、さらに確定する意味で、山訴における神輿の「神」の有効範囲について追究したい。これは、神輿を「入洛」と認定する場所と関係するものであったと考えられる。

山訴の際、神輿入洛を目指しながらも、何らかの事情で入洛する前に振り捨てられることが度々あった。以下に示す史料は、永享六年（一四三四）十月四日、神輿入洛が「必定」であったにもかかわらず、突如、修学院の辺りに神輿が振り捨てられた「前代未聞」の事態に対し、数日間にわたって議論された際の満済准后（一三七八〜一四三五）による記事である[58]。

かかる振り捨てで問題となったのは、「神輿不越河者、非奉振儀」と、鴨／賀茂河（以下「鴨川」と称す）を越えたか否かで「奉振儀」が決められ、それによって神輿に対する扱いが全く違ってくる点であった。

神輿が修学院に振り捨てられたその翌々日の十月六日には、振り捨てられたこの客人神輿について、「客人神輿如一昨日、未不動堂与修学院之間、砂河原ト云所ニ御座、巫女一人、宮仕一人奉祗候計云々、以外々々、不越河原間、為公方ハ依非奉振儀、如先例神輿御沙汰無之歟、為山門ハ又奉振心中間、不及奉帰座、客人神輿落居如何」と、修学院の砂河原に「御座」する神輿に巫女と宮仕が仕え、本社へ帰座していないことに対し、この神輿が「河原」＝鴨川を越えていないため「公方」は、「非奉振儀」とするのに対し、「山門」は「心中」で「奉振」として、客人神輿の落居の仕方に戸惑っていた。[59]なぜ、そのような場所に振り捨てられたのか、という問題に対しては、「神輿前方轅一方分析云々、此則神慮無御同心故歟云々、仍此在所ニ奉振捨云々、但此轅折事不分明、正奉見者来間、具相尋処、奉居御輿前方ノクラ懸ノ脚折間、御輿モ前方へ傾云々、此儀治定歟」と、神輿の轅や前方の脚が折れたためと、物理的な判断を下した一方で、「神慮無御同心」として、山門が「神慮」の同心を得られなかったためと分析されていた。[60]

神輿故障のため入洛が頓挫したことに対し、このように解釈された背景には、山訴における神輿の入洛や振り合わせが、単に末寺末社を巻き込んだ組織上の行為としてのみならず、同時に「神慮」という神の同心も伴うものとして認識されていたことを意味する。[61]また、山王神が山訴の落居を求め、使いの「猿」を介して洛中社会をかけめぐった事例については、第一節で述べたが、これも大衆を守る神としての姿であろう。このように、山王神と山門の大衆との「同心」は、神輿入洛が始まった頃からの基本原則であったのである。しかし、この史料に登場する神輿の「奉振儀」とは、神輿入洛の見極めと同時に、洛中と洛外地域における神輿の「神」に対する責任所在を見極めることを意味したように、朝廷や幕府がこの問題に直面した時、たとえ「神慮」と大衆が「同心」していたとしても、両者の関係は洛中と洛外で切り離されるべきものであったことが判明する。

したがって、山訴において洛中の神輿と洛外のそれとでは「神慮」の意味が全く違ったのである。そこに、「神慮」という神の問題が関わっていただけに、神輿の鴨川越えだけを入洛の認定の判断にしていいものか、同記にはさらに「先例」を探しながらの記述が続いている。

すなわち、一つめは、文永六年（一二六九）正月十日に「賀茂河原切堤辺」で日吉神輿四基が振り捨てられ、先例に任せて祇園社へ入社したこと、また、「中御門室町并烏丸」で振られた北野神輿二基は、本社へ帰座したこと、二つめは、応安元年（一三六八）八月二十九日に八王子と十禅師神輿の二基が「鴨河原」に振り置かれた際、十禅師の神輿が武家によって祇園社へ入社されたことが記されていた。そして、「両ヶ先例自条［　　］沙汰了、此儀雖為洛外、任例□（神カ）輿奉入祇園社也、今度又可被准彼例歟云々、予奉同心了」と、この先例に任せて「洛外」であっても祇園社へ入社しようということになった。

しかし、さらに、今回の事例により近い先例として、保安四年（一一二三）七月十八日、日吉社七基の神輿入洛を挙げ、武家と「垂《サカリ》松辺」で応戦した際、神人が神輿を捨て分散し、祇園の院内（恐らく感神院か）に大衆が立て籠もり合戦に及び、そして二十一日に、「日吉神輿自川［　　］（合社カ）送赤山明神社西坂下、洛下神民巫□依宣旨参向云々、九月二日、本院令献新造神輿七基於日吉給云々、　今度客人神輿奉入赤山社事、此例歟」と、賀茂川と高野川の合流地点の中洲にあった河合社から赤山明神社に送り返された事例が説明されていた。実際には、この先例に従ったようである。(62) そして、「所詮神輿不越河原者、非奉振儀云々、先例如此云々、仍今度モ非奉振分歟、但諸家意見不同、多分儀不越河者非奉振儀云々」として、「河原」を越えない神輿は、「非奉振儀」とした。その決定は九月七日、室町殿で行われた。すなわち、

就其不越河原者、依為洛外、神輿御請取之儀無之由、世俗申習歟、雖然又先例雖不越河、神輿御請取之

儀、其例候哉、然者雖何篇候、神輿被侵雨露、御躰無勿躰候歟、以御敬神早々可被加御下知之条、尤珍重存、且先例之様御尋諸家、可有御沙汰歟云々、此旨以便宜可被披露之条、本望云々、

とされた。右のやりとりから、神輿が振り捨てられる場によっては、「非奉振儀」、つまり「入洛」と認定されなかったことがわかる。つまり、神輿の請取や造替が行われないという手続き上の取り決めはもちろん、神輿に乗った神の影響範囲をも自ずと限定するものであったのである。

また、「神輿被侵雨露、御躰無勿躰候歟」という部分から、「河原」を越えずともその「御躰」である神体が認識されていたことは重要である。しかし、「河原」を越えていないため「無勿躰」という認識に留まっていた点で、神に対する具体的な祟りや災異を惹起する緊迫した危機感までは伝わってこない。よって、神輿に居す神とは、鴨川を越えなければ、動座しても「洛中」にまで影響を及ぼさないという、朝廷と幕府による政治的な了解をそこに読み取ることができるのではないか。つまり、鴨川の東西を境にして、洛中に「神慮」が及ばない、洛中では鴨川より東の「神」は無効であるという認識が作られたのである。

そして、かかる神の及ぼす範囲の決定が「河原」を神輿が越えること、つまり鴨川越えにかかっていた点で、洛中における鴨の「河原」の存在意義は、単なる洛外との境界線としての意味だけではなかったと考えられる。こうした一方で、「山下奉振捨神輿万人参詣云々、自公方不可然之由被制止云々」[63]として、幕府による制止も憚らず、鴨川を渡り、振り捨てられた神輿に参詣しようとする人々が多く登場したのである。

翻って鑑みるに、第一節で論じたように、神輿入洛の準備として、まず「賀茂河浮橋」の準備を挙げていたことからも、山門は神輿が鴨川を渡ることを前提に入洛を目指していたことがわかる。また、造替された神輿が日吉や祇園社へ帰座、入社する際にも「経河原」でのルートが存在した[64]。この時、「橋破損之間、浮

橋亘之」と、橋が破損しても浮橋が懸けられ渡っていた。これらは、通常、鴨川が洛中の東を南北に沿って流れていたことから、そこを越えなくては入洛できないという地理的な問題として捉えられる傾向が強いが、実は、そこは入洛判断を含む、神の有効性を見極める重要な地点であったといえよう。

さらに、この問題は、次の貞和元年（一三四五）付の史料に示すように天皇の神輿に対する作法にまで及ぶものであった。

抑神輿日吉、入洛、奉振棄于陣中之時、主上設御座於地上座之流例也、（中略）但是宗廟例也、於社稷神者、若可有崇敬之浅深歟、於日吉神輿未見先例之間、心中不決、仍今日使春宮大夫申院、帰来伝報命云、此事於先規者不詳、然而正於京内奉棄置地上者、猶可降地、雖為河原辺、自川以西者已可為洛中也、自鴨川以東者可為洛外也、以此分可進止也、是偏御今案也、

（『京都御所東山御文庫記録』光明院宸記、貞和元年八月十三日条裏書）

すなわち、冒頭にあるように、天皇は神輿が入洛し、陣中に振り捨てられた際、地上に御座を設け座すことが「流例」すなわち慣例であったという。かかる天皇の作法は、基本的には神体に対する神事として考えられる。[65] しかし、この作法は、宗廟の神輿が入洛した場合であり、社稷神である日吉社については「先例」がなく、[66]「先規」不詳であるため、「京内」の「地上」に捨て置かれた神輿に対しては、地に降りることにした旨が記されていた点である。そして、鴨川の「河原」であっても「河原」の西は「洛中」であり、東は「洛外」であることが説明され、そこでも「河原」が一つのポイントとなっていたことがわかる。これは、「今案」とあるように、貞和元年（一三四五）時点で決められた、日吉社神輿に対し天皇の作法を必要とする地理的な範囲としてであった。しかし、奉振された神輿が御所の門前に振り捨てられた際に天皇が行った

作法としては、次のような史料が残っている。

去廿五日夜、依当番候　禁裏、神輿奉振之間、於桟敷御所伺見、門々武士皆帯甲冑、揚強張並鉸相待、奉振神輿之衆徒以下叫喚、武士又合声、只今又戦場之気色也、而二条面唐門火忽付燃歟、（中略）神輿奉居門外之時、主上御庭上敷御座、殿下令候給、（以下略）

（『民経記』文永元年三月二十九日条）

これは、文永元年（一二六四）三月二十五日、神輿が入洛し奉振された後、神輿が禁裏の「門外」に居す状態となった際、傍線部のように、天皇が「御庭上」に御座を敷き、そこに座したというものであり、先ほど示した天皇の作法と共通する所作である。

いずれにしても、貞和元年の史料によると、奉振された神輿に対する天皇の作法の遂行には、神輿の入洛が前提としてあった。そして、その入洛とは、神輿が「河原」を越えたか否かが判断基準になっていた点に加えて、さらに、鴨川が洛中洛外の境であり、天皇の神輿に対する作法も「京内」にある場合に限定されたのである。このことからも、「洛中」と「洛外」における神輿では、天皇の作法をはじめ、その扱い方が徹底して異なり、いわば、これが一つの社会通念として成立していたと考えられる。そして、鴨川という一つの川のラインは、単なる内と外の境界線としての機能のみならず、「神威」が天皇に及ぶ境界線として、「神」の有効範囲を区切る川としても認識されていたことがわかる。

中世における鴨川は、南北に流れる宗教的な境界線であった一方で、芸能興行や納涼の場として、あるいは、そこに携わった河原者、彼らが扱った穢れやキヨメの問題を孕みながら、洛中の人々の生活の一部にとけ込んでいた場でもあった(67)。しかし、神輿入洛を伴った山訴の社会的メルクマールであった「河原」の存在は、公界として洛中住民に身近でありながらも、洛中と洛外との観念的な距離の遠さを保つものであった。

むすびにかえて

山訴の一過程であった神輿入洛は、洛外から洛中へ入洛することにより、洛中社会にさまざまな影響を及ぼした。この社会とは、神輿の「神」が祭礼と嗷訴によって循環したことによって生じた一時的な共同体として捉えることができる。この共同体こそが、かかる神輿入洛の力が及んだ範囲であり、儀礼の現場としての「洛中洛外」であった。

神輿の「神」が「居」すという嗷訴を契機に、「洛中洛外」社会を行き交ったことにより、その「神」はあらゆる形で登場し、さまざまな方法で認識された。また、このような神輿を感知する社会的基盤があったからこそ、神輿入洛が単なる山門の示威行動で完遂することなく、現場住民を巻き込んだ「洛中騒動」となったのである。

また、この「洛中洛外」とは、日吉社という比叡山の「神」を媒介にした共同体であったことから、人々は、非日常的な祭礼の享楽や嗷訴の恐懼を抱きつつ、公家や武家権門と寺家権門の対立を現場住民として体験することによって、神輿の「神」を受け入れる社会的通念や認識を身につけたと考えられる。

最近の欧米における儀礼学研究では、一定の規律性や形式を保持したものを儀礼とするだけではなく、社会的要因などによって機能が変化するものも儀礼 Ritual とされ[68]、可変的な意味をもつ儀礼の存在が注目を浴びている。中世日本の洛中社会では、まさに神輿入洛という儀礼を介して住民が神を捉え、次第に朝廷や幕府にコントロールされた山訴や神事とは別の次元における「神」の存在を享受する一時的な社会共同体が成立していたといえる。これは、儀礼によって与えられる権能の射程が、宗教界のみならず、社会的次元にも及んでいたことを裏づけている。

山訴による神輿入洛という行為は、寺院史・仏教史の中では一過性の出来事である。しかし、その過程には、嗷訴による交渉方法の変化や、新仏教である禅宗の隆盛など歴史的背景の変化と、山門組織や宗教理念の問題が絡み合っていた。このような中、神輿入洛による「神」の位相が「洛中洛外」に成立したと考えられる。

中世における儀礼とは、神輿入洛にかかわらず「先例」や「流例」といった過去の事例に従おうとする指向性を強くもっていたが、それは決して行為の凡例としてではなく、過去の歴史に断片化された「先例」を集め、その事例を繰り返すことにより、次に必要となる新しい儀礼を生み出すためのステップとしての側面を強くもつものであった。だからこそ、「先例」は法制化されず、社会的通念として解消されるものであったと考えられる。

また、儀礼の場となった都と叡山のライン、すなわち、洛中と洛外の境界線としての鴨川とは、神輿の入洛を認定する際や課税区域など制度的に利用されることがあった。しかし、本稿で明らかにしたように、天皇が「先例」により洛外に振り捨てられた神輿に対し跪かなかった一方で、人々が神輿に参詣するために鴨川の東へ渡った事例から、洛中洛外の境界はあくまでも制度上のものであったといえる。

したがって、中世における神輿入洛とは、洛中洛外という社会に、神の存在を見立て、上演の場としたといえる。神輿入洛はその意味で社会的儀礼であったと考えられる。また、その儀礼は、常に山訴による「先例」という擬制を装いながら、実のところ、山訴による神輿入洛は、神の入洛として社会的に咀嚼されていたのであった。

しかし、神輿入洛にみられる儀礼の力学とは、最終的には〈冥〉と〈顕〉、〈夢〉と〈現〉、〈聖〉と〈俗〉などの二項対立的な歴史観を貫通するものでなければならず、その歴史的文脈は現在の我々にとっては、洛中と洛外を隔てた鴨川のように近くて遠い。

註

（1）たとえば、三枝暁子「南北朝期における山門・祇園社の本末関係と京都支配」（『史学雑誌』一一〇―一、二〇〇一年）では、山門と祇園社の本末関係をとおした京都支配が成立していた点について詳細に論じられている。このような本末関係の在り方は、嗷訴における神輿振り合わせに関しても同様の論理が働いていたと考えられる。

（2）『中右記』嘉保二年十月二十四日条。神輿は上山に留まり、入洛に至らなかった。なお、十二世紀半ばまでの嗷訴による神輿・神木の動座・入洛については、衣川仁「強訴考」（『中世寺院勢力論』吉川弘文館、二〇〇七年、初出二〇〇二年）一九六―二〇一頁の表に詳しい。

（3）保安四年（一一二三）七月十五日を日吉七社神輿の入洛の初めとする記録もある（『祇園社記　第一』）が、この時、鴨川を渡り入洛したかについては不明。

（4）下坂守「「山訴」の実相とその歴史的意義」（河音能平・福田栄次郎編『延暦寺と中世社会』法藏館、二〇〇四年）一七五頁の註（2）参照。また、氏によると、嘉吉元年（一四四一）以降の山訴は、最終的に幕府が山門の要求を受け入れる「裁許」の形をとったと指摘されている（同論文、一六六頁）。この時期が神輿入洛の最後となったのは、裁許によって神輿を入洛させる必要性がなくなったことと関係すると考えられる。

（5）衣川仁「強訴考」（註（2）前掲書）参照。

（6）下坂守「「山訴」の実相とその歴史的意義」（註（4）前掲書）参照。この事例は、文安五年（一四四八）から同六年（一四四九）にかけて、西塔が実行主体となった山訴をもとに分析された山訴手続きであるが、南北朝期においても同様の手続きであったと考えられる。

（7）この辺の次第については、康正元年（一四五五）八月七日に末社の北野社に下知された山門根本中堂閉籠衆による末社触書の内容にもとづく（『三年一請会停止記録』、『北野天満宮史料古記録』所収）。

（8）桃崎有一郎「中世里内裏の空間構造と「陣」――「陣」の多義性と「陣中」の範囲」（『日本歴史』六八六、二〇〇五年）は、「「陣中」には①准大内裏領域、②内裏門内を指す」（三〇頁）「里内裏において本来宮中と見なされるべき空間を「宮中」と呼び得なかった」「市街地の第宅という里内裏の形態的制約を根本的に解消させないまま平安宮大内裏的構造を観念的に踏襲した（三一頁）」と指摘されている。もともと内裏に振り捨てられた神輿が、陣中に振り捨てられるようになった動向を考える上で示唆的である。

（9）これは、大衆（衆徒）が日吉山王を産土神として信仰し、団結の紐帯としていた点と関わると考えられる。この点については、下坂守「堅田大責と坂本の馬借」（北西弘先生還暦記念会編『中世社会と一向一揆』吉川弘文館、一九八五年）、「中世寺院における大衆と「惣寺」」、「延暦寺大衆と日吉小五月会（その二）」（同『中世寺院社会の研究』思文閣出版、二〇〇一年）参照。また、この間、大衆が一味同心の儀式を行い、山訴における結束意識を高めていた点については、勝俣鎮夫『一揆』（岩波書店、一九八二年）参照。

（10）入洛後振り捨てられた神輿が必ずしも祇園社などの仮屋に安置されたわけではなく、仮帰座した例もある。

（11）日吉祭の延引が自動的に祇園祭の延引を引き起こしたのではなく、山門側による祭礼の妨害工作が行われた点については、下坂守「「山訴」の実相とその歴史的意義」（註（4）前掲書、一八三頁）註（29）の史料14の解説、註（30）のなかで指摘されているが、本稿では、祭礼の停止が求められたという点で、嗷訴と祭礼が連環していたと考えたい。

（12）このことは、山訴時に入洛した神輿が神供の対象となっていたことから、山訴時に唯一例外的な神事の対象であったのが神輿であったこととと関係する。この点については本文で論じる。

（13）「洛中」と「洛外」との境界線やそこでの宗教活動につていは、拙稿「室町期における「鎮護国家」の社会的展開――「洛中洛外」と鴨河原をめぐって」（『巡礼記研究』第四集、慶應義塾大学、二〇〇七年）で論じた。

（14）「祇園社記」第一〇（『八坂神社記録』（三））所収。

(15) 丹生谷哲一「犬神人小考」(『身分・差別と中世社会』塙書房、二〇〇五年) 二八二―二八八頁でも挙げられている。なお、この史料解釈については、下坂守氏からご教示を得た。
(16) たとえば日吉社神輿の聖真子が奉献される行列は、「聖真子神輿一基先奉献、七社悉院庁沙汰、〈庁務資重／奉行〉、以一条高倉為行事所歟、自行事所奉渡祇園社、悉奉飾之、先社司着狩衣之者九人、各騎馬、水干鞍、畝、総鞦、次師子・田楽、次神輿、(以下略)」(『公衡公記』正和四年四月二十五日条)というもので、神輿が飾られた上で、まず、狩衣を着し騎乗した神官が九人供奉し、獅子舞と田楽が入り、そして神輿という行列の構成であった。
(17) 西岡芳文「田楽―その起源と機能を探る」(網野善彦編『職人と芸能』吉川弘文館、一九九四年) 一七二頁。
(18) 『公衡公記』正和四年四月二十五日条。同記には、神輿造替の具体的な部分(「今度新加」)が説明されており、嗷訴によって傷んだ神輿の部分を読み取ることができると共に、造替された神輿の壮麗な姿を復元できる。
(19) 網野善彦「中世の飛礫について」(『異形の王権』平凡社、一九九三年) 参照。また、戦国期の祇園会における喧嘩の史料を一覧にされた河内将芳「祇園会神輿駕輿丁と今宮神人――室町・戦国期における」(『立命館文学』五九六、二〇〇六年、一〇頁) によると、駕輿丁が巻き込まれた喧嘩が多いことを指摘されている。また、神輿は入洛すれば、日吉社神輿に限らず見物の対象となっていた。
(20) 『満済准后日記』永享六年十月五日条から数日間登場する用語であり、この点については、第三節で論じる。
(21) 『比叡山の天台と美術』(京都国立博物館、一九八六年) には、現在の日吉社金銅装神輿、『北野天満宮神宝展』(京都国立博物館、二〇〇一年) には、北野社の金銅装神輿が掲載されている。
(22) 「山法師嗷訴図屏風」六曲一双、江戸時代。なお、嗷訴を通史的に論じた英語論文による研究成果として、**Mikael S. Adolphoson,** ***The Gates of Power Monks, Courtiers, and Warriours in Premodern Japan*** (ハワイ大学出版、二〇〇〇年) が挙げられるが、この中でも本屏風は嗷訴の大衆の武力を象徴するものとして取り上げられている (The Power of the Swordの項 pp276–279)。
(23) 祭礼と嗷訴の際に神輿をかつぐ専門の駕輿丁がいたことについては、豊田武「四府駕輿丁座」(『豊田武著作集一巻　座の研究』吉川弘文館、一九八二年) をはじめ、河内将芳「祇園会神輿駕輿丁と今宮神人―

—室町・戦国期における」(『立命館文学』五九六、二〇〇六年)によって具体的な分析が行われている。しかし、史料には、時々「山門大衆奉舁七社神輿」(『満済准后日記』永享六年十月六日条)などといった表現が出てくることから、何故『嗷訴図屏風』のように描かれたのかについては、熟考する必要がある。また、描かれたという点に着目すれば、江戸時代に制作された『平家物語絵巻』「(下)神輿振事」(林原美術館所蔵)の中の神輿振りの場面なども含め、表象としての解釈も可能であると考えられる(桜井陽子編『平家物語絵巻』林原美術館、一九九二年)参照。

(24)『玉葉』承安三年十一月六日条。

(25)網野善彦「高声と微音」(『ことばの文化史　中世1』平凡社、一九八八年)参照。

(26)『殿暦』長治二年正月一日条。

(27)『玉葉』寿永二年十二月九日条。

(28)山訴における山門の主張として、「顕密両宗外、雑行非法輩、為国土衰滅洪基、可被停止之事」の一条には、「恣雑行雑類、満洛中洛外、而衆徒等譲末世之形儀、不企出物之訴訟者、忽及顕密正法之荒廃、可為悪鬼狂乱之国土」(『南禅寺対治訴訟』、『大日本史料』第六編之二九冊)と表現されている。この論理展開については、拙稿「室町期における「鎮護国家」の社会的展開——「洛中洛外」と鴨河原をめぐって」(『巡礼記研究』第四集、二〇〇七年)で論じた。

(29)下坂守氏は、「山訴とはイデオロギー的にいえば、「仏法」を体現する延暦寺が政治権力としての「王法」との共存放棄を宣言する行為であった」(「「山訴」の実相とその歴史的意義」、前掲書註(4)、一七三頁)と位置づけられた上で、「「仏法」から見放された「王法」であったればこそ、彼らは果敢にそれに挑むことができたのであり、さらにいえばその同じ心理状況こそが土一揆を呼び起こしたもの」(一七五頁)と、錯綜した王法と仏法の問題が、社会や民衆に結びつくものであった点を指摘されている。

(30)衣川仁「強訴考」(註(2)前掲書)参照。

(31)山本ひろ子「御輿振り　その中世的表象」(『GS　特集戦争放棄』vol4、一九八六年)参照。なお、本論文は、門屋温氏からシンポジウム終了後にご教示を受けたことの一つである。

(32)夢想の内容は『園太暦』貞和元年十月十日条に掲載。

(33)酒井紀美「夢語り共同体」(『夢語り・夢解きの中世』(朝日新聞社、二〇〇一年)では、「夢語り共同体」

という菅原昭英氏（「夢を信じた世界」『日本学』五、一九八四年）の概念を踏まえ、「閉鎖的ではない「夢語り共同体」」（八八頁）の存在意義を、「兼実（※引用者注―夢を見た九条兼実）を中心とした同心円構造のなかの限られた人びとのあいだに形成されている閉鎖的な世界ではなく、その円の外側に向かって開かれた社会性をもっていた」（九〇頁）と評価された点は、本稿とも連続する中世の社会観である。

(34) この益性ついては諸説ある。『園太暦』（続群書類従完成会本）貞和元年八月十七日条に引用された書状の差出人は「慈性」、十月十日付の書状の差出人は「覚性」とあり、本来一致すべき名前が異なって記載されている。一方、『大日本史料』第六編之九冊に記載の『園太暦』の同記事には、八月十七日付の差出人が「益性」、十月十日付の差出人が「普（益カ）性」と記されている。しかし、公賢の日記本文にこの手紙の差出人を「遍昭（照※続群書類従本）寺宮被投消息」と表記していることから、「遍昭（照）寺宮」すなわち、亀山天皇皇子で仁和寺上乗院の二品親王「益性」（下河原宮）であると判断した。『野沢血脈宗巻第三巻』（『真言宗全書』三九）の「第二十四代法助准三后―〈菩提院〉了遍―益助―〈遍照寺三品〉益性親王―……」（〈　〉内は朱字）と記載されているのをはじめ、『仁和寺史料』寺誌編一所収「仁和寺諸院家記（恵山書写本下）」記載の上乗院、遍照寺の項目参。

(35) 史料における「武衛」とは、兵衛府の唐名であるが、『園太暦』文和二年四月十四日条に登場する消息「蔵人、左兵衛権佐（柳原）忠光」に比定されると考えられる。

(36) 兵藤裕己「和歌と天皇」（『王権と物語』青弓社、一九八九年）。

(37) 『皇年代私記』後円融院、応安七年六月二十日条。

(38) 神木と神輿の在洛については、正和三年（一三一四）閏三月四日、石清水八幡宮の神輿が嗷訴で入洛した際、花園天皇が日記に「本社神輿有入洛、況亦神輿神木同時計会、未有先例歟」（『花園天皇宸記』正和三年閏三月四日条）として、石清水八幡宮神輿と、三月十七日に既に入洛していた春日神木が「同時計会」したことが先例になかったことが記されていることから、応安二年の場合は、日吉神輿と神木に限る「同時在洛」であったと考えられる。

(39) 『続正法論』については、辻善之助『日本仏教史』第四巻、中世篇之三（岩波書店、一九四九年初版）『大日本史料』第六編二九冊、『祇園社記』一〇（『八坂神社記録』三）に翻刻所収。

(40) この山門による「南禅寺退治」についての思想的展開は、山門による「鎮護国家」や「王法仏法」の論理が新たな仏教の登場によって瓦解する過程の問題であり、特に、『正法論』と『続正法論』をめぐる山門の思想的動向と動揺については、別稿で論じる予定。

(41) 『愚管記』応安七年六月二十日条(裏書)。

(42) 応安元年と応安二年に入洛した神輿は、応安二年に「吉良々坂御登山」をして帰座しているが、これは坂本で神輿造替行事を行おうとした点と関わるのかもしれない。しかし、先規にないことから結局京都で造替することがよしとされた(『日吉神輿御入洛見聞略記』)。

(43) 『師守記』応安七年六月二十日条

(44) 『愚管記』応安六年六月二十九日条。

(45) 『日吉神輿御入洛見聞略記』応安七年六月二十日条。

(46) 「慶長一二年造営遷宮記録」(『北野天満宮史料　古記録』所収)には、遷宮作法として、神体を神輿(鳳輦)で遷す作法が説明されている。

(47) 下坂守「中世寺院における大衆と「惣寺」」(『中世寺院社会の研究』思文閣出版、二〇〇一年)、同「「山訴」の実相とその歴史的意義」(註(4)前掲書)参照。

(48) 『後愚昧記』応安三年六月七日条。

(49) 『師守記』応安七年八月四日条。

(50) 『後愚昧記』永和四年六月七日条。

(51) 『後愚昧記』応安七年六月二十日条。

(52) この嗷訴は、真言僧益信僧正の大師号停止を求め、延慶二年(一三〇九)七月二十八日に入洛した神輿(日吉神輿三基、赤山・祇園・北野・京極寺)、翌日に日吉神輿四基が入洛、翌年(一三一〇)末に帰座したが、造替は正和四年(一三一五)四月二十八日まで行われなかったことを指す(『日吉山王権現知新記巻中』)。

(53) 『日吉神輿御入洛見聞略記』康暦元年閏四月十四日条。

(54) 『社家条々記録』(『八坂神社記録』二)所収。

(55) この点に関しては、山本ひろ子氏(註(31)前掲論文)で、「祭礼がと絶えがちなことに「冥慮」の否定的発動をみたのだ。神々の沈黙である」（六九四頁）と論じられた点と同じ文脈にある。

(56) 下坂守「延暦寺大衆と日吉五月会（その二）——室町幕府の対大衆政策」（註（9）前掲書）、同「「山訴」の実相とその歴史的意義」（註（4）前掲書、第三章「日吉の祭礼と祇園祭・北野祭」）、河内将芳「室町期祇園会に関する一考察」（『中世京都の都市と宗教』思文閣出版、二〇〇六年）では、日吉祭の延引に伴う祇園社、北野社の祭礼延引、その再開が通常の祭礼時期ではなく年末に差し迫った時期に多く行われた点について論じられている。なぜ、年内、あるいは現在でいう年度内に祭礼を行う必要があったのかについては、下坂氏が祭礼延引の時期と天災や怪異が連続して起きた時期が重なり、山訴により土一揆が誘発されたことに伴い、祭礼の延引が社会的問題となった点と関わることが指摘されたが（同書、一七〇—一七三頁）、政治的・社会的な観点からのみならず、神事の問題としても考えることができる。

(57) 民俗学的には、一年を二期に分けて考える考え方もある。

(58) 『満済准后日記』永享六年年十月七日条。

(59) 『看聞日記』永享六年十月七日条には、「神輿ハ非入洛之儀之間、不可有造替之儀云々、此方よりハ不可被綺申、山徒為計可有帰座歟」とある。

(60) 『師郷記』永享六年十月五日条にも「山門悉不同心」と記された。

(61) 勝俣鎮夫『一揆』（岩波書店、一九八二年）参照。

(62) 『師郷記』永享六年十二月二十八日条には「客人御輿、此間御座赤山社、今日御帰座」とあり、保安四年の先例に従ったことがわかる。

(63) 『看聞日記』永享六年十月十三日条。

(64) 帰座のためのルートとして、祇園社を経由した聖真子神輿の場合、「一条高倉（造替行事所）—一条西行—東洞院南行—四条東行—経河原—至社頭—南楼門入御」、「祇園社—四条西行—京極北行—一条東行—出雲路大路北行—経河原—西坂本より登山」、というルートであり、他の六基神輿は、一条高倉（造替行事所）—東洞院南行—三条東行—経河原—白河—粟田口—山科—至大津—浜北行—唐崎—戸津北行—河原口末路西行—作道北行—馬場西行—入御、というルートであり、神輿は唐崎で神官に渡されるのが先例であった（『公衡公記』正和四年四月二十五日条）。

(65) 永享七年に行われた北野社における「紅白両社御遷宮」の際の神体を遷す場面で、「神体役者」が「覆面手袋ヲ沙汰」し、出仕者が着用した上で、「御神体御出之間者両人座ヲ下テ庭上ニ跪」（『神記』）と説明されている。これは遷宮の神体に対するものであるが、天皇の行為は、座を神体より下に設けるという意味で、この「庭上」に跪く行為と共通すると考えられる。また、この天皇の作法は、文保三年（一三一九）正月十九日、東大寺八幡宮神輿が入洛した際、「自一昨日毎日於庭上拝神輿」（『花園天皇宸記』文保三年正月二十一日条）と、庭上で拝す所作を行っていた。ただ、日吉社が宗廟にランクされるかどうかで所作が異なるとされた点や、鴨川という境界線が日吉社神輿入洛にあった点は、山王神と王権、洛中における鴨川の意義を考える上で興味深い。

(66) しかし、『神記』（『北野天満宮史料　古記録』）には、「宗廟ノ神ト申ハ王ノ神ニ御成アルヲ申也、今ノ八幡・平野ノ御事也、日吉大宮ハ宗廟ト習也、二宮ヲハ社ノ神ト習也、社トハ土ヲ示ト書故也、然間国土ノ精霊ニ御座故也、此界ノ地主ニテ御座也、稷ノ神ト申ハ余ノ五社ノ御事ヲ習也、稷ハ五穀ノ精霊也」と説明され、本来の宗廟では八幡と平野であるが、日吉社の中でも大宮を宗廟と習うとし、二宮を社稷であると主張している。

(67) 川嶋將生「鴨川の歴史的景観——中・近世の文化史的側面から」（『「洛中洛外」の社会史』思文閣出版、一九九九年）、同「中・近世を中心とした鴨川の歴史的景観」（『平成八・九年文部科学省科学研究費補助金基盤研究（C）研究成果報告書　河川景観とイメージの形成に関する歴史地理学的研究』、研究代表者吉越昭久、一九九八年）参照。

(68) 本書序章参照。

付記

本稿は、二〇〇六年九月に立命館大学アート・リサーチセンターで行われた立命館大学二十一世紀COEプログラム国際シンポジウム「儀礼の力」での報告をもとにした。席上貴重なご意見とご教示をしてくださった阿部泰郎氏、門屋温氏、川嶋將生氏、フランソワ・ラショー氏をはじめ、本稿をなすにあたり史料解釈についてのご教示を得た下坂守氏には、末筆ながら記して謝意を表します。

特論　儀礼と宗教テクスト——中世密教聖教の権能をめぐりて

阿部泰郎

はじめに

日本中世の宗教は、それを教理や思想として概念において捉えるより、儀礼という現象においてこそ、その特質をすぐれて把握できると思われる。社会的かつ文化的現象としての宗教は、儀礼とそれを営む人間集団の行為、そこに創り出される言説や表象、それらが機能することにおいて発揮される場の力学など、それぞれの相を探りつつ、総じて儀礼の権能という視点から認識することが可能である。同時に、それらの諸位相の各水準を統一的に、テクストという次元で捉える方法的観点を導入するならば、すなわちそれらの過程の全体がテクスト学の対象として包括されよう。こうした問題意識のもとに中世宗教の世界を眺めるのみならず分け入って切断面を開示してみる——いわば〝輪切り〟にしてみるならば、そこからは既成の学問分野のもとで領域毎に範疇化された研究では容易に対象化できなかった事象が立ちあがってくるであろう。また、個別の研究で分断されていて意識化されなかった課題が相互の連関のなかに浮かびあがる、その契機ともなるだろう。

一　守覚法親王の宗教テクスト

こうした課題に応える格好のフィールドとして、中世の宗教テクストがある。それは、国家体制と深く結びついていた寺社権門とりわけ顕密仏教が形成し伝承した書物文書群であり、総じて「聖教」と呼ばれる。その中核を成すのが、仏事法会や修法等の儀礼のために作られ用いられた〝儀礼テクスト〟である。これは、真言密教の伝統的な分類呼称では、経典の注釈や論議問答を中心とした「教相」書に対するカテゴリーとしての「事相」書に重なるものだが、中世寺院社会の実態としては前者の講経論義法会等の具や所産としての教相書をも包摂して儀礼テクストとして一括できよう。その典型とはいかなるものか。それを、中世密教界でその中心にあって活動した事相家でありかつ著作者であった人物の創り出したテクスト自体に語らせよう。

院政期（十二世紀）に活動した「北院御室《きたいんおむろ》」守覚《しゅかく》法親王（一一五〇―一二〇二）の制作した厖大な聖教および著作は、如上の観点からみれば最も豊かにして歴史的に確実な素材を提供している。平安前期（九―十世紀）の宇多法皇以来、皇室と深く結びついた真言密教は、仁和寺を拠に法流を相承し、院政期に至り、大御室性信を経て、白河院の皇子中御室覚行より法親王という新たな身分のもとに、院権力と連携した顕密仏教界の統率を企てた。それは、さらに、同じく白河院皇子である高野御室覚法、鳥羽院五宮紫金台寺御室覚性と継承され、その間に国家仏事の執行を司る僧綱所と真言密教による国家修法を司る法務を支配する権威を獲得するに至り、一方で小野・広沢の両法流の統合も目指したのである。それは、他の諸流に超越した仁和寺御室独自の密教法流である「御流」の創出に結実し、すなわち御流聖教という宗教テクスト体系の形成が目指された。守覚法親王の生涯は、これらの課題を実現すべく費やされたと言ってよい。

守覚の著作についての調査研究は、主としてその拠となった仁和寺の御経蔵に伝来する聖教の文献学的調査を通して行われ、その成果として明らかにされた。彼の編著になる御流聖教の全体像は、自らの編んだ『密要鈔目録』に体系的に示されている。この目録には、「愚作」として己の著作を六部（元は甲乙丙丁の四部）に網羅し、初入門の四度加行から灌頂、諸尊法と別尊法および作法、そして御修法に至る秘密事相の習修・伝授から修法実践のためのテクストが系統立てて配列されているが、御経蔵にはその目録の構成に従って保存された守覚自筆を含む聖教群が伝来している。この、目録によって体系化され秩序化されると共に位相化された『密要鈔』聖教が(1)、御室法親王の御流にとって最も上位かつ中枢として尊貴な宗教テクストだとすれば、また、その周縁に位置し、中心を支えるべき諸法流の聖教テクストも必要であった。そうした守覚が伝受ないし召し集めた諸流の名匠たちの事相聖教の、これも守覚の編んだ目録が『文車第二目録』として真福寺大須文庫から見いだされた(2)。広沢と小野の両流に大別され、さらに十四部に分かたれた諸法流の、諸師に伝えられ、あるいは彼らの自ら著した聖教が、この目録に網羅されている。その中心は諸尊法の集成であり、広沢流では覚成、小野流では勝賢の尊法集がその中核をなすが、それらは守覚自身が編纂したものであるという注記も目録には記されている。また、その一部は、やはり仁和寺御経蔵に守覚自筆本として伝存している。

守覚が法親王かつ惣法務として国家仏教儀礼を統率する権能を行使した、その役割をテクスト生成の上で実現したのが、そのテクストの書誌的特徴から『紺表紙小双紙』と通称される仏事法会次第書の一大類聚である(3)。仁和寺御経蔵に伝来する、鎌倉初期に法親王に仕える房官であった任尊が作成を担った三百余帖の次第書群は、守覚の日次記に照らせば、実際に営まれた仏事法会の記録を土台として、あるべき行事を想定して用意された規範的な擬作も含めた、法親王の司るべき院政期宮廷の仏教儀礼体系の全体像が悉くテクスト化されたものである。それは、秘密事相儀礼のテクストとしての『密要鈔』中において、特に修法の頂点として『御修法次第』の一結が(4)(守覚自筆本として)備わるのに丁度対をなすようにして制作された、顕教仏事儀礼のテクストであり、両者は併せて院政期(十二世紀)当時の真言密教儀礼の全貌を映し出すものであった。

さらに守覚は、それらの修法と仏事法会の諸儀礼について、その実修に際して読誦されるべき作文としての表白の著作および編纂を営んでいる。『密要鈔』の中核たる諸尊法集成「尊法抄」(秘鈔)については、紺表紙小双紙中の『諸尊功能』(秘鈔表白)がそれに相当し、表白作文のためには『密要鈔』中の修法マニュアルとしての『修法要抄』中の第六巻「啓白諸句」が備わる。表白の集成としては、自作を聚めた『表白御草』をはじめ、同時代の作を広く聚めた十二巻本『表白集』と、前代の御室および仁和寺僧の作を聚めた二十二巻本『表白集』(5)が伝わる。それは院政期文化の視野のもとで世俗の側と対比するなら、大江匡房による『江家次第』と『江都督納言願文集』に匹敵するテクストといえるであろう。

宗教テクストの領域における守覚の創造的な活動は、筆者による仁和寺聖教の調査を含めて、従来の調査によって知られた以上の文献群においてその全貌を尽くしたと思われた。しかるに、一方で継続して行われた真福寺大須文庫の調査の過程で、さらに守覚の関与した宗教テクストの一群が新たに確認された。それは諸尊法や灌頂の修法儀礼の秘事口伝を記録集成した御流聖教の一体系である。この体系の認知には、目録というメタ・テクストが用いられている。すなわち「御流三宝院」聖教の秘伝領域を網羅した『野決目録』一巻を指標《インデックス》として、それが記載するところの百八十余巻一具が大須文庫に伝来しており(第四一合・儀海伝授観応三年宥恵写本)、それらはいわば『野決』具書と称すべき聖教である。『野決目録』は、守覚の『文車第二目録』中の小野方に属す「野月抄」乙部のうちに含まれる「野決十二巻」の目録を首に配す。これは醍醐寺三宝院の勝賢（〜一一九六）が守覚の問いに答え小野流諸尊法の秘伝の口決を守覚が記録した集成であるが、『野決目録』はその下にさらに六部から成る秘伝テクスト群の目録が配列されており、『野決』具書もそれに対応する六群の巻子本で構成されている。その各部の内訳は次の如くである。

①野決挿秘中目録／已上二度分三蔵大師御作 已上四人 醍醐僧正北院御室御問答 親王作　②行抄目録／已上三度分角洞院僧正北院親王御問答親王守覚御作
③親抄目録親王一人御作 無問答／已上三十巻　④切紙深秘目録十七巻　⑤本抄目録／已上十八巻　⑥又目録

その末尾には目録全体の識語と思しい次の奥書がある。

御流三宝院目録私記之、此抄者、在梵本、或三蔵御伝、或青龍和尚御伝、或大師、又醍醐僧正与北院御室御問答抄也、

守覚は、勝賢から注進された小野流諸尊法の次第を『野決』と『野月抄』として類聚し、それを広沢流の覚成から提供され自ら編んだ『沢抄』と『沢見抄』の類聚と併せ、綜合して『秘抄』（御流の目録である『密要鈔目録』上は「尊法抄」と名付けられる）を制作した。これは中世の三宝院流でも諸尊法集成の正典《スタンダード》として重んじられるが、それらを補完する秘伝口決集として『野決』もまた重書であった。右の識語によれば後人の編になる目録であるが、その示すところ、『野決』以下の六部の具書も悉く守覚の関与する聖教であり、不空や空海の御作をも含め、勝賢が守覚の求めに応じて提供した、その秘密開示のプロセス（多く問答形式

から成る）を含めてテクスト化（それを「抄」と称する）されたものであった。事実、具書の各巻を検ずれば、全体の構成の要となる①挿秘と⑤本抄の中の数巻に守覚の識語が付され、また幾許かの巻には守覚と勝賢の往復消息ないし問答が首尾に配されている。

その数例を挙げれば、『野決目録』では①挿秘中の冒頭に位置する『真言出現本地偈』は「仏法求学沙門守覚」と記し、同じ挿秘中の『金剛胎蔵秘密式』には「我大師自勝賢伝之」と記す仁安三年（一一六八）の守覚伝受識語があり、全体の中で唯一の年代を示す。また同じく『六月抄』には「依仁和寺宮仰、集深重口決文証、奉之醍醐寺三宝院中大事、角洞院勝賢」の勝賢伝授識語が付される。⑤本抄の冒頭に配される『大伝法灌頂注式』にも「沙門守覚」と始まる識語があり、自ら尋ね探って得た式を「僧正」に示して伝授を得た旨を記す。『大結界常住大伽藍法』にはこの「三国相重《（ママ）》之大法、両部秘密之大事」について守覚により他見を禁ずる制誡識語が、また本抄末に位置する『第一命法』については、爾前の具書全体を指すと思しく「惣注置二《（ママ）》百八十余巻中、雑抄四巻者、宗旨奥頤、仏法枢機也、於親疎、聊不及視聴、是則、或受師々口伝、或拾経々本説、拾詮要者也」という、署名こそないが守覚と推定される識語を付してある。加えて、①と⑤の複数の巻の首尾に加えられ、その本文の一部とも化している守覚と勝賢の消息ないし問答の記述からは、「委細注給候者、弥我大師とこそ奉仰崇候はめ」（⑤『行抄灌頂』）と、守覚が煩を厭わず参向して衷心から勝賢に秘密の伝授を乞い、勝賢もまた「委細御尋候之間、儀軌本経、論蔵伝記、私口伝等、毎御定被見して注進仕候」（同）とその熱誠に応えて本書や秘伝を注進する関係が窺える。これらの記事を本文に副えることにより、そのテクストの真正性が保証されると同時に、「重書」としてのステイタスが規定される。それは、この具書全体が「御流三宝院」という野決両流の統合の頂点に位置する格別な超越的聖教としてのアウラを帯びるための必須の装置ともいえよう。

この『野決』具書という秘伝テクスト群が殊に注目されるのは、単に守覚の新たな著作が確認されたからばかりではない。その中に、複数の神祇に関するテクスト、いわゆる神祇書が含まれており、それが『野決目録』によれば各部（①②⑤⑥）の要というべき位置に配されているゆえである。つまり、法親王による真言密教の秘伝テクスト体系の中核の位置を、神祇を主題とする宗教テクストが占めていることになる。それは、『野決』具書という聖教の有する思想上の多元的な重層性を端的に示すものでもあった。これらの神祇書は、①挿秘中に『天照二所坐皇大神正殿観』『八幡本地行法次第（外題「大日次第」）』（『目録』題「二所皇大八幡巻」）、②行抄に『両宮形文深釈』『神代本縁深釈』（『目録』題「心経法複神代上下」）、⑤本抄に『天照皇太神遷幸時代抄』（『目録』題「遷幸時代抄」）、⑥又目録に『神性東通記』（『目録』題「自性抖擻」）の六巻六点である。これらの神祇書は、十三世紀末から十四世紀にかけて西大寺流律僧の関与する真言寺院聖教中に散見し、それぞれの作者や成立は明らかでなく、鎌倉中後期の頃の成立と推定されていた。(6) しかるに、『野決目録』の配列によると神祇書群では首に位置する、『天照皇大神』の末に付されている守覚問・勝賢答と思しい往反状によれば、伊勢神宮二所の本地とその法楽作法を問う守覚に対して、勝賢は内外宮の表象する密教上の深義を開示しており、それは已下の具書中の神祇書全体の文脈が指示されていると見なしてよい。そのなかには、真言神道の重要な神祇書たる『大和葛城宝山記』に共通する伝行基所説の神宮本地—縁起説も含まれ、一方、⑤『天照皇太神遷幸時代抄』は、初期の伊勢神道書『倭姫命世記』の抄出というべき伊勢鎮座縁起説を、精細な白描図像を併せて表現しており、その冒頭に掲げられた円鏡相中の神体図と神器図は、①『正殿観』の所説とも呼応するものとして、真言神道書中の聖典というべき『麗気記』の神体図像の原型とも見なしうるものである。これら神祇書を含む『野決』具書成立の下限は、一部後補の可能性を認めるとしても、基本的には勝賢入滅の建久七年（一一九六）となり、全体は十二世紀末以前に遡ると推定される。

『正殿観』末尾の問答記では、守覚が勝賢の伊勢参宮に言及しており、それは勝賢が重源の請により参宮し大般若経供養を営んだ建久四年（一一九三）以降のことかと推測される。一連の神祇書中には、伊勢と並ぶ宗廟として朝廷に重んじられた八幡神の本地法楽の次第を記した①『大日次第』のごとく、道場観と印明を中心とした法儀書も含まれており、それらは①『正殿観』と共に密教の儀軌に相当する儀礼テクストといってよい。これに②『両宮形文深釈』の縁起説から偈頌・本尊観・曼荼羅に相当する側面と⑤『遷幸時代抄』の縁起説と図像を併せ、最後に⑥『自性抖擻』では、字音と訓点を組み合わせた神秘的表記を介して高野山に入定した空海が神宮に顕現する冥告（神託）というべき秘説テクストが配されて、全体として密教が創出した神道説のコスモロジカルな体系が志向されるテクスト群と化している。総じて、これらの神祇書は、中世真言神道説の最初期の、編纂され体系化したテクストとして、しかも密教のテクスト生成の方法に拠って創り出されたものである。その全体からは、その秘伝テクスト体系の全体の不可欠な一部として有機的に配置された〝神祇〟カテゴリーの布置が浮かびあがる。それはまた、勝賢と守覚による、著作主体と成立年代をほぼ特定できる、中世の宗教思想上のテクストにあって、座標として位置付けることの可能な、希有な事例といえよう。(7)

この、神祇書を含む『野決』具書の一部は、早くに関東に流伝していたものらしく、金沢称名寺二世釼阿の写本として金沢文庫寄託聖教中にも、その一部は尊経閣文庫等に散逸しておりながら、その幾許かを見出すことができる。『野決目録』のもとにほぼ完全な形で伝来する真福寺本もまた、十四世紀初に（おそらく鎌倉に下向していた）宏瑜から関東下野国の鑁海に伝わり、それが武蔵高幡の儀海を介して宥恵に伝写され、やはり関東を経由しての伝来であることが注意される。ここに注意されるのは、称名寺と真福寺が共に真言神道の聖典というべき延喜帝の「御作」とも伝える『麗気記』十八巻の古写本を伝えていることである。(8)

『麗気記』は、中世真言密教における〝神道〟の展開のもとで、鎌倉中期以降に創出された伊勢両宮を両部曼荼羅としてその縁起説から社殿の形文の秘事等を経典儀軌に準ずる形式でテクスト化した神祇書の一体系である。真福寺本『麗気記』についてみれば、その写本の体裁は宥恵による『野決』具書と共通しており、また儀海から宥恵へ伝授された印信と血脈も付属している。(9) ゆえに、それらは一具として伝来したと見なしてよい。『野決』具書と『麗気記』の両者は、「御流」としての三宝院法流の真言密教聖教の伝流において、おそらく同一カテゴリーで相互に連携したテクストであったと思われる。

『麗気記』の注目すべき特質は、その伝授が「麗気灌頂」と称する儀礼を介して相承されることである。(10) 麗気灌頂は、真言密教における「神道」伝授の儀礼、いわゆる神祇灌頂の中心を成すものであった。それは中世密教法流体系の一角として、その伝法相承を担う重要なカテゴリーでもあった。この麗気灌頂による「神道」伝授の具体相は、神祇書テクストの次元では、口決を集成した『神祇秘鈔』(11) が代表し、また自らその相承阿闍梨として各種の著作を遺した天台僧良遍の『神代巻私見聞』(応永三十一年)が、詳細に記述するところである。(12)『日本書紀』神代巻と『麗気記』を神典として談義講説し灌頂による相承を行う「神道《シントウ》」の一流伝授は、室町初期の良遍や道祥・春瑜などの顕密僧から了誉のごとき浄土僧にも広がり、室町後期には一層広汎な展開を示して「御流神道」と呼ばれ、切紙による印信を用いた伝授儀礼の体系として近世まで真言寺院の内部で命脈を保った。(13) 次第に加上され増加する印信の中には、「麗気灌頂」以外にも「何某灌頂」と称される各別な印明を中心とした伝授次第が複数含まれる。それら「大日本紀灌頂」や「伊勢灌頂」等に混ざって、「即位灌頂」ないし「輪王灌頂」という、天皇の即位に際し授与されるべきものとされた印信や作法次第の一群が見出される。中世密教が生み出した神道は、その儀礼において世俗の王が誕生することを仮想した権能を有するテクストを創出したのである。すなわち、ここに即位灌頂もしくは即位法という秘密儀礼とそのテクストの領域が改めて注視される。

二　即位灌頂という儀礼テクスト

中世の王権国家体制と深く結びついた顕密仏教の体系にあって、その連関ないし結合の究極の位置にある秘法とその儀礼が即位法であり即位灌頂であろう。この即位法の「因縁」つまり神話として創り出された物語や説話は、中世芸能や文学の領域にもあらわれ、聖徳太子伝の絵解きや『太平記』の物語中の説話、能や舞曲などを媒体として中世社会に汎く流布し、民衆に共有される〝知〟の体系の一部となった。[14]この即位法の、密教の修法儀礼として創出され実修されるのは、院政期の初頭、後三条天皇の即位式においてのことと伝えられ、鎌倉初期の慈円『夢想記』[15]で、それを大江匡房の記録に拠るものとして言及するが、実態は明らかでなく、確実な史料上の実修は正応元年（一二八八）伏見天皇の即位式まで降ることになる。[16]この段階は、既にしてその秘儀が定着し、現実の王権を成立させる為に欠かせない装置として機能を発揮した消息を証言するものといってよい。それは天皇が〝王〟になることを身・口・意の三業において実践する所作《パフォーマンス》であり、いわば〝王の身体〟を自ら仏としてテクスト化する行為に他ならない。これを支える法と儀礼のテクストは、いつ形成されたのか。たとえばそれを聖教の上で確認しようとするなら、前節に述べた守覚の御流においては未だ管見に入らない。その周辺に位置する仁和寺僧禅覚の記録抄出集成『三僧記類聚』に断片的に言及されるにとどまるのである。

松本郁代氏の『中世王権と即位灌頂』[17]は、この即位法を中心主題として、中世の真言密教が主体となって王権を構想（仮想）するために形成した、いわば〝記号の森〟に分け入り、その言説が表象する王権の象徴的国家像と、その体系が意味するものを進んで読み取ろうとする試みである。その素材かつ検討の対象として、東寺観智院聖教など京都周辺の真言寺院経蔵に伝来する、南北朝から室町期にかけての即位法関係聖教を紹介し分類整理する。この分析が示す基本的な認識は、即位法のテクストが印明を中核とした「即位灌頂」という儀礼の為のテクストであることだ。そこに提示される資料と考察は、貴重な成果であるが、中世顕密仏教全体からすれば、限定された法流の一部が抽出されて扱われるにとどまっており、その聖教体系中の位置付けは未だ明らかにはなっていない。なお遡って鎌倉期とそれ以前の即位法聖教は、先行研究においても未だ知られるに至らなかったのである。しかし、それは、中央の顕密大寺院ではなく、むしろ東国の地方拠点寺院の経蔵に伝来していた。図らずも前節に扱った守覚による御流聖教と同じく、金沢称名寺と大須真福寺の聖教中に、それらは見出されるのである。

金沢称名寺に伝来した即位法関係聖教は、早く櫛田良洪氏がその一部について言及していたが(18)、その全貌が西岡芳文氏によって纏って紹介・公刊された（金沢文庫特別展図録『陰陽道×《カケル》密教』(19)）。それは、この展観の主題でもある陰陽道の式占祭祀に用いられる、式盤を以てする「盤法」を採り入れた密教修法としての聖天法と吒枳尼《ダキニ》天法の関連聖教を一括して扱うものであるから、即位法のみが対象とされるのではない。だがそれゆえに、かえって中世密教儀礼体系の中での即位法の位置が窺える企画構成でもあった。特に聖天や吒枳尼天という「天部」を即位法がその本尊とし、その尊法において修されるものであることは、さらに弁財天など他の天部や文殊・如意輪等の別尊法・秘法との関連においても注目される現象である。称名寺聖教中に伝来した即位法関係聖教は、鎌倉中後期に流布していた複数の聖教の組み合わせから成る一群の伝本で、私見によればおよそ四群に分かたれる。甲群は釼阿による手沢本の四帖の一結、加えて全文が釼阿自筆になる一帖がある。乙群は秀範手沢本だが釼阿による外題を付す一結。丙群も同じく秀範手沢釼阿外題の一結。

丁群は熈允の手沢本の一結である。それらの装丁は全て枡型折本で共通する。表紙外題は打付け書で、本文は表裏を通して書写される分もあり、中世事相聖教の中では最もコンパクトで簡便な体裁といえよう。これらは、全て吒枳尼天すなわち胎蔵界外部の天衆として最下等の鬼女神で人の精魂を喰う奪精鬼を本尊とする、「頓成悉地法」とも称される修法であることが、第一に注目される。

全体を代表するのが、称名寺二世釼阿（―一三三七）の書写（本文は別筆）になる甲群の四帖一具、その包紙に「輪王汀(灌頂)別名高御座作法」と題する。各帖の概容は次のようなものである（以下各帖は全て外題により示す）。①『吒枳尼（梵字）』は、吒枳尼法の印明を中心に師説と口決問答を含み、末尾に伝授識語を付す。②『即位』は、吒枳尼法による即位法としての印明について注す。④『頓成悉地大事等』（内題「輪王灌頂大事」）は、印を示し、後に問答記において本尊秘観について問答する。このうち②は、真福寺聖教中にも鎌倉末期写本を伝え、この法が当時の東国真言寺院間で一定の享受がなされていたことを示している。

甲群の③『頓成悉地法事』によれば、この法には、一、通常の吒枳尼祭祀法（浅略）二、普通行法（常途）三、盤法（最極秘密）四、輪王灌頂（「御即位ノ時令レ伝《タマフ》大事ナリ」）の四重の別があるとしており、これは甲群の一結のみならず、他の群についても適用されよう。甲―②『即位最極秘々（内題）』はその第四重に相当し、また甲―④も「輪王灌頂大事」という内題を付し、内容に「盤物印（最極ノ大事也）」も含まれることからすれば、三重と四重を兼ねるものであろう。①『吒枳尼法』の奥書は、これを観宿から神護寺の鑒教という平安中期の真言僧が伝えたとされる。次いで伝受識語には、久安二年（一一四六）宗観、仁安元年（一一六六）晴兼、嘉応二年（一一七〇）観西、正治二年（一二〇〇）禅遍の伝受書写識語が示される。十世紀の観宿はともあれ、その伝受記を信ずるなら、既に十二世紀にはこの吒枳尼法は「輪王灌頂」として形成相伝されていたことになる。禅遍は後に宏教と名を改め、広沢の法流のうち西院流を関東に弘め、多数の事相書を著した僧である。さらに②『即位』末尾の相承記には、この法を「法性寺殿下」(藤原忠通)が白河院と「知足院殿」(忠実)より伝受し、その仔細を存知する為に覚忠(天台寺門派)に問うたところ東寺の門人に伝えるものであると答えたという旨が記され(真福寺本も同文)、その真偽は措くとしても、院政期に院と摂関および顕密僧によって即位法が伝授ないし取り沙汰されていたとする伝承がその聖教に付属するのである。

この即位法(輪王灌頂)一結の甲群に連なるものとして、外題のみならず本文も全て釼阿筆になる『輪王灌頂口決私』一帖がある。これは真言方を含む天台方の即位法で、これをやはり輪王灌頂として説く口決である。はじめに即位灌頂について「帝王即位儀」の作法から説き、次いで印明作法について十種にわたり順次説いていく。なかんずく、「盤物印」の説を含み、これも盤法と関連するものであり、末に法花四要品の説を挙げて、甲群『即位』と同じく真言と天台を摂した顕密仏教の法としての特質を備えている。また、末尾には智證大師として稲荷(吒枳尼)と熊野権現を同体として「(熊野)三山悉吒《ク》天也」と明かす。これはその末に「隆弁伝」と注され、鎌倉中期に鶴岡別当として幕府に仕えて威勢を振い三井寺長吏となった隆弁僧正の所説と見られ、つまり寺門派の伝えた即位法の口決と思しい。このうち、四要品の注には観音品に付けて「鄭玄菊水」の故事に言及する一節が見え、これはいわゆる「菊慈童」説話、鎌倉期に天台恵心流で形成された即位法の因縁の存在を示唆するものだろう。

乙群の三帖は、釼阿と同時代に活動した称名寺僧秀範による、盤法を含む甲群と同じ鑒教伝とする真言方の吒枳尼法で、即位法とは称さない。本奥書に建長五年(一二五三)書写識語を掲げる正和三年(一三一四)写本である。その①『頓成悉地祭祀法緇素通用』は略次第で祭文を載せる。②『頓成悉地法鑒教』(外題『吒枳尼天供養次第』)はその広次第であり、本奥書に保延二年(一一三六)「或師本」による書写識語と建長五年書写識語を載せる。③『頓成悉地盤法次第鑒教』は、その「盤法」としての次第であり、中心に「封盤」から「解盤」に至る盤法作法を配し、壇図や口伝、問答記を加える。この本奥書には建仁三年（一二〇三）「善―」の伝受識語が掲げられる。これらと一具と思しい秀範写と推定される『別行儀軌』（内題「吒枳尼王邏閦那別行儀軌」）一帖は、盤法を含む吒枳尼法の典拠となる儀軌形式で「南城青馬寺不空奉　詔訳」に仮託する、おそらくは本朝撰述である。吒枳尼の根本呪以下、印・呪、曼荼羅法そして盤の印明を掲げ、これにより極楽往生すると説く。後半に供養法・相応法・安置本尊法・修行法を説く。本書は、真福寺聖教中にも先述の『即位』と同筆一具の一帖として伝えられる。なお、この『別行儀軌』は乙―②にも引用参照されている。

丙群は、乙群と同じく秀範手沢本ながら釼阿の外題を付す天台方の辰狐王（吒枳尼）法としての二帖一具、その②に正和三年に「厳師雑記」を以て「口筆」すという識語があり、その点で乙群と一連の写本と見なせる。①『辰菩薩口伝』（内題「如意宝珠王菩薩口決」）一帖は、安然と智證（円珍）に託した口決として、吒枳尼法と吒枳尼天が法花経二十八品に配当されて解釈される。②『辰菩薩口伝上口決』（内題「辰王口決」）も、「当尊《ハ》真言法花《ノ》惣躰也」と、吒枳尼天を顕密の至極を体現する天尊としてその秘伝を説く。なお、これらと一具と思しいのが同じく釼阿外題・秀範筆になる『乙足神供祭文』で、辰狐王本縁というべき祭文本文のみで構成されるが、吒枳尼女天の八大童子が遊行中に大鯰に呑まれ、秦乙足なる翁（すなわち稲荷）に助けられた報恩にその名を称えれば必ず福徳に預かると説く。以上の三帖は天台法花の立場から吒枳尼（辰狐王）法を説くもので、祭文形式の縁起が含まれ、稲荷社の伝承とも通ずることが注意される。

丁群は、釼阿の弟子熈允の手沢本で十一帖から成る吒枳尼法の一結である。その中核は①『頓成悉地盤法次第私』で、これは乙―③秀範本『頓成悉地盤法次第鑒教』と共通し、より詳細な広次第である。その本文末尾に「伝聞《ク》、彼栄西僧正《ノ》行儀、又以如別行軌……」とあって、台密葉上流の祖師でもある栄西がこの法を修したと伝えるのは興味深い。また、①に対応する詳細な口伝の集成が②『頓成悉地口伝集』である。その中心は「番（盤）法」を主とした諸作法の口伝であり、また、その一々に対応する口伝の本文や図が、以下独立した一帖となって全体を構成する（③盤法本尊図④天巾〈盤〉地巾図⑤盤封口伝⑥盤惣呪⑦盤建立最極秘々中書別伝⑧頓成悉地法敬重施深義⑨頓成悉地法口決問答私相承血脈灌頂大事考　さらにこの乙群と共通する次第の略本二帖分が確認される。このうち一帖は真福寺聖教中に先述の分と一具同筆で見出される）。この一結も即位法ないし輪王灌頂を表示しないが、ただ②の口伝集中に如意宝珠印について「最極大事印、輪王灌頂印也」と言及があり、その関連を示している。また、法の因縁として「太宰大弐末成」の福徳成就と、丙群の『秦乙足祭文』に共通した本縁を断片的ながら説く（加えて天王寺の鎮守に吒枳尼天を祀ったという所伝も）ことが含まれており注目される。より興味深いのは、そこにこの法を「隠形法」として修して帝の后を犯したと説く伝承であり、それは『今昔物語集』の説話に共通する話柄である。即位法に関して丁群一結は情報に乏しいが、重要なのは⑨末尾「相承血脈」の示すこの法の相承次第であろう。これは称名寺聖教中で別に紙背文書として伝存する『吒枳尼血脈』（仁平四年〈一一五四〉澄心本奥書、元亨二年〈一三二二〉書写）と共通する次第であり、大日如来から不空、珍賀、空海、円賀、さらに観宿から鑒教、乗運と併行して「高大夫」すなわち高向公輔つまり湛慶阿闍梨に伝わり、さらに日蔵などへ伝わったとする。この湛慶もまた『今昔物語集』に、女犯による破戒が露見して還俗した僧として、その因縁が物語として収められている（その物語は、宋代の『太平広記』に見える、某家の少女と結婚する定めを占いに告げられた学生が、その少女を害そうとするが危うく命を助かり、結局後にその女と結ばれることになった、といういわゆる〝定婚店〟譚を用いている）。この、僧であっても免れぬ人の定め、いわゆる〝逃れぬ契り〟の物語は、やがて中世には女犯破戒の伝承をもつ浄蔵についても語られ（『三国伝記』『とはずがたり』）、あるいは賢学という名で道成寺伝承と融合した物語草子（『日高川草紙』）として絵巻化されて室町期には流布していた伝承である。このような伝承を纏う人物の名を吒枳尼法の血脈中に見出すことはきわめて示唆的である。それは、即位法の縁起が摂録の祖としての鎌足をめぐって、吒枳尼の変化身である狐から授かった鎌により入鹿を誅したという物語を説きいだし、それが中世神道の深奥に生み出された神話であったことと根を同じくする、中世世界を深く貫流する仏教神話の文脈を秘めているであろう。[20]

これらの即位法ないし輪王灌頂を含む吒枳尼天法の一連の聖教は、それ自体が別尊法として、次第—口決—作法—図像および祭文等の詞章から成る複雑な儀礼テクストとして構成されているが、それらが成り立つため、儀礼を支える根拠としての「儀軌」が備わることが注意される。この『別行儀軌』を含みつつ、右の称名寺聖教における吒枳尼天法の全体のうちから、即位法および輪王灌頂の聖教を抽出した同筆一具四帖の粘葉装聖教を、大須真福寺聖教中に見出すことができる。元亨四年（一三二四）伊賀国井田寺で写された旨を識語に載せる写本の存在は、その流布が鎌倉幕府権力の中枢に近侍した釼阿周辺に限らず、広汎な層に享受されていた消息を窺わせるものである。

『別行儀軌』が示す吒枳尼天法の、盤法を含む修法の典拠テクストの存在は、さらにより遡った院政期の写本として、仁和寺心蓮院聖教中に『多聞吒枳尼経』（内題「吒枳尼変現自在経」）保延五年（一一三九）書写奥書をもつ枡型粘葉装一帖を指摘することができる。それは「健陀羅国」の狐の本縁として、貧しい土器作りに釈尊が前世の因縁を説くという設定で、福徳を得る功徳を示す本朝撰述経典である。それは修法に沿った作法を中心とする『別行儀軌』より縁起説を中心とした、本地譚に近いテクストである。[21]

院政期から鎌倉時代にかけて成立し形成されてきた吒枳尼法（および盤法）による即位法の、輪王灌頂という儀礼としての真言秘法の体系について、右の称名寺聖教以上に最も詳細な解説を施す聖教テクストが、架蔵の『輪王灌頂口伝』（枡型綴葉装、鎌倉時代末期写本）一帖である。(22) 本書は、国王が金輪聖王として即位する時に受ける「代々《ノ》摂政家《ニ》習《ヒ》伝《ヘテ》行」われる儀式作法としての輪王灌頂について、法を構成する「印真言」を明かしその意義を説くテクストで、全体に句切り点と仮名訓を施して読みを示す仮名交り文体で書かれるのは、擬似的な口語の水準で秘伝が開示される口決だからである。印真言は、一、智法身印―智拳印　二、理法身印―五行惣印／内外五古印　三、統化自在印―如意宝珠印／盤法惣印　四、金剛縛印―月輪印／浄菩提心院／如意珠印　五、非内非外印―阿弥陀最極秘印として示される。冒頭には、輪王灌頂が、大日如来の等流身であり、その所変が文殊であるところの「天尊」（吒枳尼天）について、如来が人間の執着を断つ方便として仮に大貪の形を顕し、世間の栄花の第一たる帝王の位について灌頂の方法を以て説いたものと説く。次いで各印について、それぞれの意義と功徳が明かされる。特に第三の印については、その深義を浅略から深秘、三重から四重を示しつつ、これが天尊の秘呪であることの因縁として、衆生の精魂を食す吒枳尼に対し、人の愁をとどめるため仏が業報の尽きた人の死する時に食えと勅し、そのために仏が天尊の威徳を増す秘呪を授けたのに由来するという。『大日経疏』にもとづくこの縁起説は称名寺聖教の『輪王灌頂』一結中には見えず、本書にのみ知られるところである。また、第三と第四の印については、問答形式でこの法についての習いや伝授の意義を明かし、そこで根拠となる経軌や論疏とその本文を掲出して解説している。その一部については「折紙」で別途示すとする分もあり、この法の伝受において本書の口伝に加えて各種の位相のテクストが多元的に用いられているらしい。なお、その典拠なる経軌等の一部は、『別行儀軌』を含めて称名寺聖教『輪王灌頂』一結中の『頓成悉地法事』の問答記に引かれる書目と一致している。特に本書で注目すべきは最後の第五、非内非外印についての所説である。これが理智不二の義を表す密教の源底として阿弥陀の最極秘印であり、それは衆生成仏の心蓮である蓮花三昧の境地として殊に秘蔵すべきものと説く。そしてこの法の奥旨が業障深く罪悪深重の衆生を哀れんだ阿弥陀仏の往生へ導く救済であることを明かすに至る。ここに頓成悉地の現世の福徳を吒枳尼天に祈る煩悩の全面的肯定と表面には見える即位法が、悪業の凡夫を極楽へ引摂する浄土教の思想と通底するものであることが示唆されるのである。

中世には、即位法や守覚の『野決』具書のような密教の秘法に限らず、中世の社会を構成する諸流・諸道が悉く秘伝を形成し、その言説において己の家を成り立たせる。創出される秘伝のテクストはその知の体系を表象すべく可視化されたシステムである。そこに「口伝」ないし「口決」としてその奥義をその表記や問答体を含め口頭的言説を借りて記述するテクスト生成の運動が要請されてくる。三宝院―御流の形成において勝賢から守覚への口決伝受のテクスト化に臨んで神祇書が形成され、また同じく顕密仏教が王権と結合する、その接点としての即位法―輪王灌頂が思想として生成されるのに際して口伝というテクストが記述されているのである。こうした営みは、守覚の如き密教界の頂点に立つ貴種ならずとも、名を匿した顕密学僧たちが為すところであったが、彼らは修法や本尊図像なども新たに創り出し、それらと聖教も併せて一具のテクストとして制作されるものであった。口伝はそのテクスト体系の要となる位置にあったといえよう。

吒枳尼天法としての即位法については、称名寺聖教の血脈や相承次第によれば、その院政期の系譜中に覚鑁の名が見える。彼は、鳥羽院と美福門院の厚い帰依と寄進を受けて高野山上に大伝法院を開き、真言教学の刷新と興隆を企てた仁和寺出身の学侶であったが、その活動と存在には、同時代から「天狗」の影が噂されていた人物でもある（忠実『中外抄』）。門地によらぬ立身と王からの速疾というべき信仰を得たその強烈なカリスマが、そのような認識を喚《よ》びおこしたものであろうか。一方で覚鑁自身においても、空海の『十住心論』や『即身成仏義』など御書を講ずる真言談義の聞書である『打聞集』の中に、即位法の縁起説の萌芽というべき説話の断片を語っていることは興味深い事実である。その著『五字九輪秘釈』に真言と浄土教の融合を試みた覚鑁の周辺に、遥かに即位法―輪王灌頂という儀礼の思想の種子が胚胎する可能性も検討されてよい。

おわりに

中世の日本に展開した密教儀礼は、厖大な各種位相のテクストによって営まれ、それは同時に豊かなテクストを生み出す母胎となった。中世寺院の聖教文献の半ばは、そうした儀礼に用いる為の、またはその所産としてのテクストによって占められているといってよい。加えて、儀礼に用いるべく製作されたり使用される尊象／道具／荘厳／道場ひいては消費される用途物や導師已下の役者の働きと所作に至るまで、全てがテクストであり、そこで実修される儀礼のパフォーマンスとそれを見物聴聞する場の全体がテクストを現出することになる。それらの、儀礼のためのテクストから、儀礼というテクストまでを俯瞰することが、中世の密教の領域においては可能なのである。

この複雑にして精緻な儀礼テクストの体系は、中世に密教が王権と深く結びついて発展する過程で創りあげられていった。その点で、事相聖教と呼ばれるそれらのテクスト体系は権力の体系でもある。その体系とは如何なるものか。将来検討されるべき普遍的な宗教―儀礼テクスト研究のための試案として、最新の寺院資料文献の調査と研究から得られた知見を加えて、仮説を提示するならば、それは以下のように分節されよう。

それは、まず根拠としての教典（とその注釈）や（その修法バージョンとしての）儀軌という水準で基盤が備えられる。すなわち典拠テクストの位相が成立する。それらは一切経や祖師の請来目録に位置付けられる。次いで、実践のためには、次第（プログラム）として通時的に分節された実修に必要な手順が修法本尊毎に示され、運用にあたっては各種の詞章と作法が用意される。これらは、「法則」とも呼ばれ、その音声や所作までが口承（口伝）を含めてテクスト化され、これらは狭義の儀式テクストの位相として把握される。各種の尊法の次第が部類されて集成されれば、それは尊法集として密教事相書の中核をなすものとなる。そこには、堂荘厳を指示する差図や修法の壇図、道具図、本尊図像、曼荼羅等の各種の図像が（道場観や本尊観の如く）含まれ、さらに実修のために観想され実際に描かれ、修法のバリエーションに応じて創られた各種バージョンが収集編集されれば、それは図像集となる。これらは図像テクストの位相も兼ね備えているのである。また、実際に催されたドキュメントが「日記」として担当者に記録され、または主催者にも報告され、先例として保管され、抄出部類されて再利用に供される。これは記録テクストの位相といえよう。さらには、その効験と感応の逸話や伝承について験記が添えられることがあり、これは本尊の因縁や縁起とも呼応して、いわば神話テクストの位相を占めるものである。あるいは、表白・願文などの作文や陀羅尼・呪願・讃ないし教化に至る各種詞章は、自体が言語表現において儀礼の意味を表象し、それが集成されれば、詩文集や和歌集と等価なステイタスを与えられて、文芸テクストの位相を作り出している。一箇の儀礼が行われる際には、これら各種の位相のテクストにおいて、厖大なストックの中からふさわしいテクストが択び出され、組み合わせられて、条件に叶う形に改変して当座に臨むのである。特に文芸テクストの位相については、要求に応じて新たに創作され、その文詞が儀式を象る記念碑として後世に遺される。一方、法会のような公開的儀礼の当座では、導師や説経師による自由な説法の詞が演《の》べられ、声明や音楽ないし舞などの芸能も感興を喚《よ》びおこし、一座が成就することになる。それは密教修法では隠密に成就するものであるが、同様な創造的側面は必ず存在する。〝儀礼の力〟は、このような多元的な位相を示す儀礼テクストが創出される、その運動の交響のうちに見いだされることだろう。

註

(1) 阿部・山崎誠編『守覚法親王と仁和寺御流の文献学的研究』(勉誠社、一九九八年)。
(2) 国文学研究資料館編(山崎誠責任編集)真福寺善本叢刊第二期第一巻『真福寺目録集二』(臨川書店、二〇〇五年〈阿部解題〉)。
(3) 仁和寺紺表紙小双紙研究会編『守覚法親王の儀礼世界』(勉誠社、一九九五年)。
(4) 註(1)前掲書、資料篇(仁和寺蔵御流聖教)所収。
(5) 阿部・山崎・福島金治編『守覚法親王と仁和寺御流の文献学的研究』資料編(金沢文庫蔵御流聖教)(勉誠出版、二〇〇〇年)、所収。
(6) 国文学研究資料館、(伊藤聡編)真福寺善本叢刊第八巻『両部神道』(臨川書店、一九九八年)に①『八幡本地行法次第』を除いた全点が収録される。伊藤氏による解題参照。
(7) 阿部『書かれたものとしての神道』(コロンビア大学、日本宗教研究所「中世神道」学会報告予稿集、二〇〇七年)。
(8) 麗気記研究会編『麗気記』上巻(法藏館、二〇〇三年)。
(9) 伊藤聡「中世密教における神道相承について——特に麗気灌頂相承血脈をめぐって」(今谷明編『王権と神祇』思文閣出版、二〇〇二年)。
(10) 伊藤聡「神祇灌頂の世界」(奈良国立博物館「神仏習合」展公開公演会資料、二〇〇七年)。
(11) 国文学研究資料館編(阿部責任編集)真福寺善本叢刊第九巻『中世日本紀集』(臨川書店、二〇〇〇年)所収。
(12) 伊藤正義先生古稀記念刊行会『磯馴帖』「村雨篇」(和泉書院、二〇〇二年)所収。
(13) 「御流神道」(久保田収『中世神道の研究』神道史学会、一九五九年)。
(14) 阿部「即位法の儀礼と縁起」(『創造の世界』九三号、小学館、一九九〇年)。
(15) 赤松俊秀『鎌倉仏教の研究』(法藏館、一九五六年)。

(16) 上川通夫「即位灌頂の成立」(初出一九九二年、のちに『日本中世仏教形成史論』〈校倉書房、二〇〇七年〉所収)。
(17) 森話社、二〇〇五年。
(18) 「神祇灌頂の展開」(『真言密教成立過程の研究』山喜房佛書林、一九六八年)。
(19) 神奈川県立金沢文庫特別展観図録(西岡芳文編)、二〇〇七年。
(20) 彌永信美『大黒天変相　仏教神話学Ⅰ』(法藏館、二〇〇五年)。
(21) 阿部「宝珠と王権――中世王権と密教儀礼」(『岩波講座東洋思想、日本思想Ⅱ』、一九八九年)。入江多美「日光山輪王寺蔵「伊頭那(飯縄)曼荼羅図」について」(『栃木県立博物館研究紀要――人文』第二五号、二〇〇八年)によれば、南北朝時代の下野国宇都宮大明神の社僧であった貞禅が日光山に奉納した飯縄(吒枳尼天)曼荼羅の中核部分が、この『多聞吒枳尼経』の所説に拠った図像であることが指摘されており、盤法との関連も論ぜられている。同論文が指摘するように、貞禅は応永六年(一三九九)に二荒山神社に「日本紀三巻(神代上下と神武紀)」と具書として「麗気記」十八巻および「神系図一巻」を奉納しており(二荒山神社蔵春慶塗筥銘)、経典の書写、縁起制作などを含めた宗教テクストの担い手として注目すべき存在である。
(22) 阿部「中世宗教思想文献の研究(3)『輪王灌頂口伝』翻刻と解題」(『名古屋大学文学部研究論集』文学五五、二〇〇九年)。

あとがき

本論文集の刊行は、予定した刊行時期から三年の年月がかかりました。この間、本論集の編集をとおして、異なる方法論や理論の相互理解を求め合うのは挑戦であり、価値のある仕事であったと考えています。そして、執筆者各位には、論文に対する編者の要求に忍耐強く応えていただきましたことを大変感謝しております。本プロジェクトが開始された当時は、各執筆者とともに研究活動する機会はほとんどありませんでしたが、本書を契機として、他のプロジェクトで再び活動の場を共有することができており、その意味でも実りある成果であったと思います。

このプロジェクトを可能としてくださった、全ての人々に対する感謝の意を表す機会を与えられたことは、私たち編者の喜びでもあります。まず、シンポジウムを開催してくださった立命館大学アート・リサーチセンターの皆様に感謝いたします。特に、当時立命館大学二十一世紀COEプログラムの拠点リーダーであった川嶋將生先生（現立命館大学名誉教授、同大学アート・リサーチセンター研究顧問）に感謝申し上げます。川嶋先生は、日本学術振興会外国人特別研究員としてルチア・ドルチェを立命館大学アート・リサーチセンターで受け入れてくださり、ロンドン大学SOAS日本宗教研究センター（CSJR）との共同シンポジウム開催のために多くの時間を費やしていただきました。

そして、シンポジウムの各セッションでディスカッサントをしてくださった阿部泰郎氏（名古屋大学）、門屋温氏（早稲田大学）、フランソワ・ラショー氏（国立フランス極東学院）に感謝申し上げます。阿部泰郎氏が、本書に特論を寄稿してくださったことは大変喜ばしいことです。また、特に感謝の意をお伝えしたいのは、当日会場に参加してくださった日本の宗教研究を専門とする中世史、美術史、人類学など分野の異なる多くの人たちが積極的に発言し、熟考してくださったことにより、「儀礼の力」というトピックに豊かな理解を得られた点です。

本書所収論文では、多くの図版を使用させていただきました。図版の使用をご許可くださいました勧修寺・高野山親王院・金剛山寺・称名寺（金沢文庫）・真福寺・醍醐寺・知恩院・仁和寺・畠山記念館・藤田美術館・三室戸寺・妙本寺（千葉県安房郡）・立命館大学アート・リサーチセンター（藤井永観文庫）（五十音順・敬称略）には、ここに記して感謝申し上げますことをお許しください。特に、真福寺と仁和寺には、新出資料の掲載をご配慮いただきましたこと、誠に感謝申し上げます。

最後に、本書が出版されるにあたり、本プロジェクトが開催したシンポジウムの当初からご参加いただき、この出版まで私たちを心強く温かく支えてくださった法藏館編集長の戸城三千代氏に心より感謝申し上げます。

二〇一〇年二月吉日

ルチア・ドルチェ／松本　郁代

儀礼にみる日本の仏教　東大寺・興福寺・薬師寺　奈良女子大学古代学学術研究センター設立準備室編　二、六〇〇円

声明は音楽のふるさと　岩田宗一著　一、七六〇円

中世の女性と仏教　西口順子著　二、三〇〇円

いざなぎ流　祭文と儀礼　斎藤英喜著　三、六〇〇円

大黒天変相　仏教神話学Ⅰ　彌永信美著　一四、〇〇〇円

観音変容譚　仏教神話学Ⅱ　彌永信美著　一八、〇〇〇円

悔過会と芸能　佐藤道子著　一四、〇〇〇円

文観房弘真と美術　内田啓一著　八、〇〇〇円

密教空間史論　冨島義幸著　九、五〇〇円

仏教音楽辞典〈CD付〉　天納傳中・岩田宗一・播磨照浩ほか編　二四、二七二円

法藏館　価格税別

編者略歴

ルチア・ドルチェ（Lucia DOLCE）

1964年生まれ。現在、ロンドン大学アジア・アフリカ学院人文学部准教授、日本宗教研究所所長。日本宗教史、仏教学。主な論文に、*Esoteric Patterns in Nichiren's Interpretation of the Lotus Sutra*（Leiden University, 2002）, "Taimitsu Hermeneutical and Ritual Practices"（2006）（編）*The Worship of Stars in Japanese Religious Practice*（2006）など。

松本郁代（まつもと　いくよ）

1974年生まれ。現在、横浜市立大学国際総合科学部准教授、立命館大学衣笠総合研究機構特別招聘准教授。日本中世史、文化史。主な論文に、「中世仏教と秘儀伝授――灌頂と神話の文化的共有」（『世界の日本研究　日本の仏教学者：21世紀の仏教学にむけて』国際日本文化研究センター、2008年）。著書に『中世王権と即位灌頂』（森話社、2005年）、共編著『風俗絵画の文化学』（思文閣出版社、2009年）など。

儀礼の力――中世宗教の実践世界

二〇一〇年四月三〇日　初版第一刷発行

著　者　ルチア・ドルチェ／松本郁代

発行者　西村明高

発行所　株式会社　法藏館

京都市下京区正面通烏丸東入

郵便番号　六〇〇-八一五三

電話　〇七五-三四三-〇〇三〇（編集）

〇七五-三四三-五六五六（営業）

装幀者　高麗隆彦

印刷・製本　亜細亜印刷株式会社

ISBN 978-4-8318-7670-6 C3015

THE POWER OF RITUAL
THE WORLD OF RELIGIOUS PRACTICE IN MEDIEVAL JAPAN

Edited by
Lucia DOLCE and MATSUMOTO Ikuyo

CONTENTS

ABSTRACTS

PART I THE PERFORMANCE OF RITUAL

Petitions and Rituals for the Gods of Curse: A Genealogy of the 'Curse Festival' of Izanagiryū

SAITŌ Hideki, Bukkyō University

Izanagiryū, the religious tradition of Monobe village in Kōchi prefecture, is well known for the massive number of ritual petitions passed down from generation to generation. These petitions have received some attention as examples of orally transmitted literature, in the same category as *otogizōshi*, Buddhist sermons and folk tales. It is, however, essential to realize that these invocations are inseparable from the rituals executed by the masters of Izanagiryū, the *tayū*. Their recitation is at the core of the liturgical performances of Izanagiryū. They are ritual language.

Among such invocations, the 'petitions for cursing' (*suso*) are a prominent characteristic of Izanagiryū. They are recited before the execution of the main ritual, as part of the procedures called *toriwake*, which is a rite to remove impurity and defilements from each village house. The petitions narrate the circumstances in which a curse (a karmic exorcism) started in this world, and how this curse came to be worshipped in order to be appeased. The narrative stages Buddhist characters, such as the Buddha Sakyamuni and Devadatta, and a figure called Tōdojomon no miko, who developed the technique of cursing and eventually came to be venerated as the God of Curse. The celebrant intones a 'praise to the god of curse' (*Namu jusoshin*) and performs the ritual on the basis of an

origin tale which recounts how Tōdojomon worshipped and appeased the god of curse. The ritual thus becomes the concrete reenactment of the world described in the petition.

The petitions and rituals for the god of curse which have been handed down in the Izanagi-ryū have an Onmyōdō genealogy. An entry in the *Onmyōdōsai yōmotsu chō*, for instance, states that what was called 'liturgy for curses' should be regarded as the basic cursing exorcism used by *onmyōji* (*karin harai*). Petitions for the god of curses were also handed down within the Tsuchimikado family of Onmyō specialists, as attested by their *Saimon burui*, compiled in the second half of the sixteenth century. Yet other documents from different archival collections confirm that from the late medieval period multiple types of invocations to the gods of curse were transmitted in Shugendō, and were included in popular exorcist prayers and *kagura*.

This chapter explores the peculiarities of the petitions for cursing used by Izanagiryū, comparing them to other source material related to the gods of curse. It also suggests a methodological perspective for analysing these petitions as ritual language.

Aesthetic Vocalization and Empowerment: The Performance of the Lotus Repentance

Fumi OUCHI, Miyagi gakuin Women's University/School of Oriental and African Studies, University of London

Hokkesenbō, a repentance liturgy based on the Lotus *samādhi*, is one of the most essential rituals in the Japanese Tendai tradition. From the mid

Heian to the medieval period, not only did it play an important role in Japanese religious life, but was also used as a motif in literature, and was connected with political empowerment. This chapter discusses what produced such distinctive positioning of the *hokkesenbō* and what it signified. It first explores the *hokkesenbō* from a doctrinal point of view, and situates it in the socio-cultural context in which it developed. It then looks at the performative dimension of the ritual, focusing on its musical nature, and considers the types of power that the liturgy created. Based on these analyses, the chapter highlights what ritual dynamics were engendered and how they worked in the performance of the *hokkesenbō*.

The chapter analyses different types of writings regarding *hokkesenbō*, such as doctrinal texts on the Lotus *samādhi* compiled in China by the founder of Tiantai, Zhiyi, Japanese medieval commentaries and Buddhist tales. Zhiyi considered sutra recitation tantamount to contemplation, which was the most profound practice in the Tiantai system. This understanding developed in an original fashion in Japan. Japanese Tendai monks enacted the *hokkesenbō* as *shōmyō* (liturgical chanting), whose refined musical performance was thought to produce the attainment of Buddhahood. Medieval theoretical writings on *shōmyō* enumerated features such as correct pitch, method of grace notes, and refined vocalisation as important points for the performance. These features were systematised as a series of vocal techniques for producing touching and sophisticated enactment. Thus when the *hokkesenbō* was performed as a *shōmyō* tune, both the aesthetic authority embodied in the vocal techniques and the religious authority given by a Tendai repentance ritual were conveyed to the listeners, in the form of a beautiful sound produced by the performers' body. In this sense the performance of the liturgy worked as an opportunity to reconfirm and reproduce the dual power given to it. At the

same time these factors functioned in the realm of political networks, demonstrating that the enacting of an aesthetic performance of the repentance liturgy yielded political power to the practitioners and the participants.

Visionary Icons: The Production of Dream-Inspired Images of Buddhas and Kami

TANAKA Takako, Kōnan University

The making of images of deities (kami and buddhas) that have been 'perceived' in dreams according to the directions given in the dream has hitherto not been object of research in the fields of art history and religious history. This chapter discusses such images from the perspective of Japanese literary studies, in particular the legends and myths that make the genre of *setsuwa*. It suggests that there are two patterns in which the images seen in a dream are represented. According to one pattern, tales and legends related to the image already existed, and the pictorialization was based on those narratives. According to the other pattern, the actual icons existed first, and legends were created in order to explain the origin of those images. In the first case, because the legends were written down, it was possible to make the icons using the descriptions therein contained as models. When the deities received in the dream were buddhas and other esoteric deities, one can point out a striking peculiarity: the shape that these deities took in the visual representations was almost never drawn from ritual manuals.

This chapter discusses famous 'visionary icons,' such as the Yellow

Fudō and its connection to Enchin, and the Chikō mandala of Gangōji and the legends that associate it to two monks of this temple. It suggests that there is a fundamental connection between visionary dreams on the one hand, and ritual on the other. Dreams in ancient times came to function as a conduit for human beings to receive the revelations of the gods. Thus it possible to view them as one form of ritual aimed at connecting oneself with the world of the buddhas and kami. Furthermore, the icons produced after the dream were legitimized not only by the dream in which they appeared, but also by their continuous ritual use, as attested by the production of multiple copies of these icons.

PART II THE RITUAL BODY

Esoteric Rituals and the Power of Wishing: A Critical Assessment of the Hōkyōshō and the Skull Liturgy of the Juhō yōjin shū

IYANAGA Nobumi, École française d'Extrême-Orient, Tokyo

This chapter addresses a number of questions surrounding a medieval ritual that has been highlighted as an example of Japanese esoteric heretical practices: the skull liturgy (*dokuro honzon girei*). It first presents a critical assessment of the *Hōkyōshō* of Yūkai (1375), a fundamental text on which all the subsequent discourse on medieval Shingon "heresies," and in particular the so-called Tachikawa-ryū, was based. It demonstrates that there is very little information on the Tachikawa-ryū in the *Hōkyōshō* and practically all of it is taken from earlier sources. The *Hōkyōshō* is a

very biased and little reliable document. The conclusion of this study is that the Tachikawa-ryū was not responsible for the sexual teachings described in the *Juhō yōjin shū* (1268), which was one of the main sources of the *Hōkyōshō*.

The second part of the chapter presents the skull liturgy, the central topic of the *Juhō yōjin shū*. This is a very peculiar ritual, similar in certain aspects to the ritual of making artificial jewels (*nōsashō hōju*), which is described in works such as Kūkai's apocryphal *Testament* (*Goyuigō*). One of the main characteristics of the liturgy is that all the ritual elements are "translated" into a "bodily dimension." This is apparently due to the idea that the mysterious nature of bodily processes, the process of sexual reproduction in particular, can be assimilated to the nature of magical power. Another remarkable characteristic is its very persistent emphasis on the repetition of ritual elements. After describing the skull ritual, the *Juhō yōjin shū* quotes a tale from the *Toshiyori zuinō*, a treatise on Japanese poetry of the early twelfth century, related to a poem of the *Man'yōshū*. This citation provides the author of the *Juhō yōjin shū* evidence to conclude that if one's wishes are strong enough, even the demon of a grave will be pleased and respond to the prayer with efficacy. The "strength of wishing" mentioned here explains the numerous repetitions of ritual elements in the liturgy.

These sources highlight that esoteric rituals assume the power of wishing as a premise to their efficacy, although they rarely express it in such an explicit way as in the discussion of the skull ritual. The use of a literary source such as the *Toshiyori zuinō* gives grounds to emphasize this point. It may be suggested that the tendency of Japanese Buddhism to approach reality with a "mind-only" philosophy (*yuishin shisō*) was in the background of such conceptions.

Ritualizing Duality: Fudō, Aizen, and the Secret Iconography of Empowerment

Lucia DOLCE, School of Oriental and African Studies, University of London

Several new esoteric rituals, focused on icons not documented in canonical or early Japanese sources, were created in medieval Japan. These liturgical inventions exploited the logic of association that prevailed in contemporary hermeneutics, and may be read at different levels. From a socio-historical point of view, they were presented as 'exclusive' secret knowledge and served at once to legitimize the existence of different lineages and the extra-sectarian dynamics of political power. At the religio-philosophical level, they offered new interpretations of the empowerment that could be gained through the practice of esoteric Buddhism. Sectarian scholarship has deemed many of these rituals to represent only heretical and marginal groups. Yet important material that has recently been unveiled in the mediaeval archives of Japanese temples, such as Shinpukuji in Nagoya, demonstrates that these liturgical interpretations were in fact shared by orthodox branches of the esoteric world and produced by major figures of the religious establishment.

This chapter explores the ritual tradition that combined the cult of two Kings of Knowledge, Fudō and Aizen. A correlation between Fudō and Aizen is not present in canonical sources, but was constructed in Japan, probably in the Insei period. By the fourteenth century the pair was associated to the wish-fulfilling jewel, in an obscure ritual practice that sources name *sanzon gōgyō* (the practice of the union of the sacred

triad). Scholars have noted this liturgy for the symbolism of imperial power it conveys. This chapter analyzes its performative content. It draws on a number of iconographic sources of different provenance, from Nichiren's *Fudō Aizen kankenki* to illustrated commentaries to the *Goyuigō* (the apocryphal 'Testament' of Kūkai) and related unpublished sources compiled by Tōmitsu lineages. It suggests that these liturgical narratives developed a distinct perspective on non-duality, even when produced in the context of political legitimacy.

The evolution of the combinatory liturgies focused on Fudō and Aizen exemplifies the dynamics of ritual articulation and change. Using new and traditional concepts, including 'colour-coded' sexual metaphors, medieval ritual exegetes transformed the bipolar pattern represented by the pair Fudō/Aizen into a threefold interpretative structure, wherein the central object of worship epitomized the perfected body of enlightenment, attainable only liturgically. The ritual visualizations of duality and its over-coming thus devised provide grounds for reconsidering the modalities of a practitioner's empowerment and the potential transformation embodied in the ritual act. They also unveil the process of ritualization of funda-mental tenets of Buddhism which was underway in the medieval period, and the extent to which a multilayered 'unorthodox' imagery was neces-sary to disclose new perceptions of buddhahood.

PART III THE SOCIO-POLITICAL DYNAMICS OF RITUAL

Ritual, Devotion, and Social Life at Medieval Hokkeji

Lori MEEKS, University of Southern California

This chapter explores ritual life at the Ritsu convent Hokkeji, drawing on a number of understudied sources. One of the primary sources under consideration here is the 1322 *Hokke metsuzaiji nenjū gyōji*. This text is important for three reasons. First, it speaks to the sheer quantity of large-scale ceremonies at Hokkeji. Insofar as contextual information allows us to infer that many of these ceremonies were aimed at lay audiences, the fact that Hokkeji hosted so many ceremonies suggests that its nuns had close relationships with lay patrons. Secondly, the *Hokke metsuzaiji nenjū gyōji* does not reflect any concern with the soteriological obstacles associated with womanhood. That is, the text suggests that nuns at Hokkeji did not focus on special rituals believed to help save women. Instead, they performed the same rites and ceremonies as their male contemporaries. Third, the *Hokke metsuzaiji nenjū gyōji* sheds light on the role that Hokkeji's founding figure, Queen-Consort Kōmyō, played in the convent's ritual life. One of the major rituals included in the *Hokke metsuzaiji nenjū gyōji* is a seven-day Brahma Net Ceremony held in Kōmyō's honor. According to the late medieval journal *Daijōin jisha zōjiki*, recorded by priests holding the *monzeki* position at Kōfukuji's Daijōin, Hokkeji nuns continued to perform this ceremony throughout the medieval period. In his entries in the *Daijōin jisha zōjiki*, the *monzeki* priest Jinson (1430-1508) mentions that he made regular trips to the annual Brahma Net Ceremony at Hokkeji. On these occasions he would audit the services, pay his respects to the abbess, and enjoy the Hokkeji bath.

Close examination of the Brahma Net Ceremony provides insight into the ways in which Hokkeji nuns interacted both with Buddhist priests and with local lay populations. That Hokkeji's greatest ceremony was one held in honor of Queen-Consort Kōmyō also reflects the ideo-

logical interests of Hokkeji nuns. Following a wider trend found in *set-suwa* and other popular literature, documents from medieval Hokkeji deify Kōmyō, treating her as the patron goddess of the convent. Hokkeji sources suggest that the nuns took great pride in the personage of Kōmyō, and that their practices and beliefs focused more on devotion to the Queen-Consort than on concerns about the soteriological obstacles of women.

This study suggests, then, not only that laypeople and priests in the Nara area recognized Hokkeji nuns as qualified performers of ritual, but also that Hokkeji nuns actively created their own ritual tradition. Studies of doctrine alone might lead one to conclude that Buddhism made no place for women, but attention to ritual life at Hokkeji enables us to see how nuns succeeded in making a place for themselves in monastic and lay circles alike. In particular, the Brahma Net Ceremony allowed Hokkeji nuns to internalize, through ritual performance and storytelling, their place in the glorious lineage of Empress Kōmyō.

The Establishment of Prayers for Rain at Daigoji and the Dragon Princess Seiryō

Steven TRENSON, Kyoto University / École Pratique des Hautes Études, Paris

At the end of the eleventh century Daigoji monks began offering prayers for rain based on the *Peacock Sutra* (*Kujakukyō*) at their own temple. This new development in the history of Shingon rainmaking triggered the disappearance of the ancient ritual of the *Rain Prayer Sutra* (*Shōugyōhō*), which in times of drought had been regularly performed at the royal gar-

den Shinzen'en since the end of the ninth century. A ritual shift thus occurred, but the circumstances surrounding the transition are unclear. At the same time Daigoji monks promoted the cult of the dragon princess Seiryō, the protective deity of the temple. According to medieval sources, Seiryō was considered to be the daughter of the sea dragon king Sāgara (hence, a sister of the dragon maiden of the *Lotus Sutra*), an avatar of two forms of Kannon, and a deity closely related to the dragon king Zennyo of Shinzen'en. However, the few existent studies on this issue generally situate the emergence of such a belief in the second half of the twelfth century.

This chapter re-examines the historical and religious background of the establishment of rain prayers at Daigoji and the promotion of the Seiryō dragon cult. Firstly, it argues that rain prayers at Daigoji were established as an alternative to the ritual of the *Rain Prayer Sutra*, which had seriously declined due to a number of compromising factors. This proves that the ritual shift was far from being a minor and simple change, as the received view maintains. Secondly, it suggests that the protective deity of Daigoji had already been identified as a dragon closely related to the above-mentioned deities from an earlier period, at least from the first half of the twelfth century. Prayers for the attainment of buddhahood of Kenshi, Emperor Shirakawa's wife, had influenced this trend. In 1085 a fragment of the queen's funeral ashes had been put in a stūpa and buried under the altar of Enkōin, one of the Daigoji subtemples. Here the two fundamental mandalas of Shingon Buddhism were installed as the primary object of worship. This study contends that the esoteric concepts upheld at Enkōin were associated with the dragon and this stimulated the development of the belief in a "dragon princess" incarnating the principles of the two mandalas.

Carrying the Abodes of the Kami into the Capital: The Ritualized Protests of Enryakuji Monks from the Nanbokuchō through the Muromachi Period

MATSUMOTO Ikuyo, Yokohama City University

From the latter half of the eleventh century through the latter half of the fifteenth century, the Assembly of Monks at both Enryakuji and Kōfukuji regularly made political demands of the court and *bakufu* by carrying out *gōso*, or 'divine protests.' As part of these protests, the monks would carry into the capital the portable shrines of Hiyoshi Shrine or the sacred trees of Kasuga Shrine, thought to house the divine bodies of the *kami* of these temples temporarily, and throw them about in order to attract the attention they sought. Such protests have long been cited as examples of religious violence and group consensus building. Few studies, however, have focused on the ritual aspects of these protests. This chapter considers the significance of the action of carrying a portable shrine into the capital, in terms of both religious and political empowerment. In particular, I consider the effects that the protests had on the Hiyoshi Shrine itself. What did such movements of the *kami* mean? What happened to the home shrine when the divine body of its *kami* took off in a portable shrine and was no longer present for the *matsuri*?

As Shimosaka Mamoru has demonstrated, the *gōso* of the Enryakuji Monks regularly resulted in the delay of the Hiyoshi Matsuri. Furthermore, the protests ended up delaying the Gion and Kitano Matsuri as well, because once the Hiyoshi portable shrines entered the capital they were joined by the Gion and Kitano shrines. From this we can see that even if the divine body of the *kami* was in the capital as part of a *gōso*,

it could not return to its home shrine for a *matsuri* until its portable shrine, polluted by the act of violent protest, was built afresh. In other words, we can categorize the entire series of events, from the portable shrines entrance into the capital, to their return to Hiyoshi Shrine, as a set of linked ritual events. The "divine power" that entered Kyoto at the time of the protests via the portable shrines was composed of both the negative power that upset the usual protocol of the *matsuri* and the positive power that enabled the Assembly of Monks to force their demands upon the political order. The "divine power" of the *kami* thus empowered the protest as well as the *matsuri*. Both of these ritual actions shared, socially and politically, the same "divine power."

Rituals and Religious Texts: The Performativity of the Sacred Writings of Medieval Esoteric Buddhism

ABE Yasurō, Nagoya University

This concluding essay is a reflection on the textual dimension of ritual. It draws attention to the importance of ritual texts within the corpus of sacred writings preserved in medieval temples archives, highlighting their sheer number. It proposes a new notion of ritual text, which goes beyond the traditional division of doctrinal (*kyōsō*) and liturgical (*jisō*) writings proper to esoteric Buddhism, and sees the ritual text as an overarching genre that incorporates other formats of religious texts. Starting from the premise that most medieval religious texts dealt with rituals, or were produced for ritual use, or were an outcome of ritual activity, the essay explores the variety of such 'ritual texts.' It offers a typological distinction between canonical liturgical models (*giki*), ritual programs (*shidai*) and

oral instructions for ritual performance (*hossoku*). To these it links other types of ritual-related texts, such as iconographic manuals, which provide the visual material necessary to religious practice, manuals for liturgical debates, doctrinal treatises and records of actual performances. All these documents constitute the world of medieval ritual textuality. Ultimately the essay aims at showing the process that made texts for rituals into texts as ritual.

This understanding of ritual texts applies to both the exoteric and esoteric context. The essay discusses in some detail the textual production of the esoteric world, drawing examples from important medieval collections, in particular those in the archives of Ninnaji in Kyoto, Shinpukuji in Nagoya and Shōmyōji in Kanazawa. The starting point of this analysis is the extensive production of Shukaku Hōsshinnō (1150-1203), the Ninnaji prince-abbot who attempted a systematisation of the esoteric ritual tradition by bringing together material of the two main Shingon lineages, Hirosawa and Ono. The various catalogues of ritual material that Shukaku compiled may be regarded as indexes to the medieval world of ritual and as meta-texts. Secondly, the essay discusses the construction of specific rituals concerned with the political sphere, namely, the rites of imperial enthronment (*sokui kanjō*) and related practices such as the *dakinihō* and the *rinnōhō*. Attention is also given to ritual texts devoted to the kami, such as the *Reikiki*, which were clearly modelled after esoteric ritual texts. This system of ritual textuality is considered as part of the process that bound esoteric Buddhism to imperial power. In short, the essay emphasizes the dynamics of production of ritual texts as an example of the power of ritual.

◆執筆者略歴（五十音順）

阿部泰郎（あべ　やすろう）
一九五三年生まれ。現在、名古屋大学文学研究科教授、国立歴史民俗博物館客員教授。日本中世宗教文芸、宗教テクスト学。著書に『湯屋の皇后』（名古屋大学出版会、一九九八年）、『聖者の推参』（同、二〇〇一年）、共編著『守覚法親王と仁和寺御流の文献学的研究』（勉誠社、一九九八年）など。

彌永信美（いやなが　のぶみ）
一九四八年生まれ。現在、フランス国立極東学院東京支部代表。仏教学、神話学、文化学。著書に『幻想の東洋』上・下（ちくま学芸文庫、二〇〇五年）、『大黒天変相――仏教神話学Ⅰ』、『観音変容譚――仏教神話学Ⅱ』（法藏館、二〇〇二年）など。

大内典（おおうち　ふみ）
一九六〇年生まれ。現在、宮城学院女子大学学芸学部音楽科教授。音楽文化学。論文に、"Buddhist Liturgical Chanting in Japan : Vocalisation and the Practice of Attaining Buddhahood" in *Ritual Dynamics and the Science of Ritual. Vol. I Grammars and Morphologies of Ritual Practices in Asia* (Harrassowitz Publishing House, 近刊) など。

斎藤英喜（さいとう　ひでき）
一九五五年生まれ。現在、佛教大学歴史学部教授。神話伝承学、宗教文化論。主な著書に『いざなぎ流　祭文と儀礼』（法藏館、二〇〇二年）、『読み替えられた日本神話』（講談社現代新書、二〇〇六年）、『陰陽道の神々』（思文閣出版、二〇〇七年）など。

スティーブン・トレンソン（Steven TRENSON）
一九七六年生まれ。現在、京都大学大学院人間環境学研究科日本学術振興会外国人特別研究員、フランス国立高等学院宗教学部博士研究員。日本中世史、仏教史。論文に「請雨経法と孔雀経法の研究――神泉苑における孔雀経法実修説への疑問」『仏教史学研究』四六―二、二〇〇三年など。

田中貴子（たなか　たかこ）
一九六〇年生まれ。現在、甲南大学文学部教授。日本中世文学、宗教文学。著書に『渓嵐拾葉集の世界』（名古屋大学出版会、二〇〇三年）、『あやかし考』（平凡社、二〇〇四年）、『尼になった女たち』（大東出版社、二〇〇五年）など。

松本郁代（まつもと　いくよ）
→奥付に、記載。

ルチア・ドルチェ（Lucia DOLCE）
→奥付に、記載。

ローリ・ミークス（Lori MEEKS）
一九七六年生まれ。現在、南カリフォルニア大学宗教学部東アジア言語文化准教授。日本仏教史、女性史。*Hokkeji and the Reemergence of Female Monastic Orders in Premodern Japan* (University of Hawai'i Press, 2010)、共編著、*Buddhist Monasticism in East Asia* (Routledge, 2010)。